HOMO LEGENS

STYLES ET PRATIQUES DE LECTURE : ANALYSES COMPARÉES DES TRADITIONS ORALES ET ÉCRITES AU MOYEN ÂGE

STYLES AND PRACTICES OF READING: COMPARATIVE ANALYSES OF ORAL AND WRITTEN TRADITIONS IN THE MIDDLE AGES

sous la direction de

Svetlana Loutchitsky et Marie-Christine Varol

BREPOLS

British Library Cataloguing in Publication Data

Homo legens : styles et pratiques de lecture: analyses comparees des traditions orales et ecrites au Moyen Age = styles and practices of reading : comparative analyses of oral and written traditions in the Middle Ages. – (Utrecht studies in medieval literacy ; v. 26)
1. Literature, Medieval–History and criticism. 2. Written communication–History–To 1500. 3. Oral communication--History–To 1500. 4. Narration (Rhetoric)–History–To 1500. 5. Transmission of texts–History–To 1500.
6. Literature and society–History–To 1500.
I. Series II. Loutchitsky, Svetlana. III. Varol-Bornes, Marie-Christine
809'.02-dc22

ISBN-13: 9782503534091

D/2010/0095/34

ISBN-13: 978-2-503-53409-1

Printed in the USA on acid-free paper

Table des matières

Introduction

SVETLANA LOUTCHITSKY et MARIE-CHRISTINE VAROL

Le présent livre fait le bilan de la recherche menée dans le cadre du Programme International d'Études Avancées "*Homo legens*" soutenu par la Maison des Sciences de l'Homme (Avril-Juin 2006). L'idée de ce projet était d'étudier la communication orale et la communication écrite en contact, les modes divers du passage de l'oral à l'écrit et de l'écrit à l'oral dans la littérature médiévale (bien que notre travail ne portât pas seulement sur le Moyen Âge). Pour ce faire, nous nous sommes proposé d'étudier des corpus de textes appartenant à des régions diverses de l'Occident, du Proche Orient et de l'Asie Mineure. Il s'agit d'aires très variées sous le rapport de la géographie et des langues : l'Empire byzantin, l'Espagne médiévale, les États croisés, l'Anatolie médiévale. Nous étudions deux cas similaires – le monde judéo-espagnol où il n'y pas eu de solution de continuité entre le Moyen Âge et la période contemporaine et la Turquie où ce lien qui existe entre oral et écrit s'est perpétué sans la coupure supposée de la Renaissance.

Le noyau dur de notre équipe était représenté par les historiens et les philologues qui ont entrepris la recherche d'ensemble de groupes de textes analogues afin d'élaborer une méthodologie de la recherche de la tradition orale. Marie Christine Varol (INALCO – Paris) a étudié le proverbier judéo-espagnol contemporain et ses liens avec des textes de sagesse du Moyen Âge. La question que s'est posée Arzu Oztürkmen (Université du Bosphore) porte sur la façon dont les récits folkloriques ont été mis à l'écrit en Turquie médiévale et le rapport à la façon dont ils ont été performés. Sophia Menache (Université de Haifa) analysait les interactions entre le texte, le contexte et la tradition orale à partir des textes historiques du XIVe siècle. Tivadar Palágyi (Université de Budapest) a mené une étude comparée de textes historiques savants et de leurs versions vulgarisées pour y chercher les marques d'oralité et analyser la syntaxe orale. À partir de chroniques et de chansons de geste de la croisade Svetlana Loutchitsky (Institut d'histoire générale, Moscou) a étudié la situation de l'oralité à l'époque des croisades.

Dès le début notre projet se voulait interdisciplinaire. Nous avons tenu à associer à notre travail des chercheurs venus d'horizons différents. Nos recherches passaient par des disciplines et des domaines de connaissances divers. Pour donner l'idée de ce travail en groupe nous allons d'abord évoquer les étapes principales de notre parcours.

Notre séminaire a fonctionné pendant trois mois. Nous nous sommes réunis pour la première fois le 19 Avril 2006 pour écouter Sophia Menache qui a parlé de l'oralité dans les chroniques médiévales ("Orality in Chronicles : The interrelationship of texts and contexts"). Le rapport de Marina Paramonova (Université de Moscou, "Tradition écrite et tradition orale dans la littérature de la Russie ancienne") présenté le 27 Avril a permis de poursuivre la discussion des problèmes de l'oralité dans les monuments de la littérature médiévale. Le 4 Mai nous avons écouté deux communications sur l'état du problème dans l'historiographie – la première, de Svetlana Loutchitsky portait sur "La société médiévale entre l'oral et l'écrit : Les débats historiographiques" et la seconde, d'Arzu Oztürkmen, sur "Oral history and history of orality : Ethnography as a tool for historical imagination". Ensuite l'heure est venue de discuter ce problème à partir des sources concrètes. Pendant la réunion suivante qui s'est tenue le 5 Mai deux membres de notre équipe sont intervenus : Marie Christine Varol ("Entre l'oral et l'écrit : Proverbes et *exempla*") et Tivadar Palágyi ("Indices d'oralité dans quelques sources byzantines, latines et romanes").

Cette série de réunions tenues depuis le début du mois d'Avril a préparé la première journée d'études ("Pratiques de lecture : Une enquête à poursuivre") qui a eu lieu le 19 Mai 2006. Le rapprochement scientifique qui se dessinait entre nous à ce moment–là devait être concrétisé par la discussion sur les problèmes de l'histoire orale. Il a été décidé de mener cette discussion avec les représentants d'autres disciplines comme l'ethnologie, l'anthropologie et la littérature orale. C'est pourquoi cette journée d'études (qui a bénéficié d'une large assistance) a été ouverte par le rapport d'Ursula Baumgardt (CNRS/INALCO) "De quelques problèmes d'analyse en littérature orale africaine" qui a analysé certains genres de la littérature d'Afrique noire : contes populaires, légendes, chants et a souligné le prestige de ces genres dans des sociétés où pourtant l'écriture existe.

Le rapport d'Ursula Baumgardt a été suivi par les communications de Marie-Christine Varol, Tivadar Palágyi, Svetlana Loutchitsky, Arzu Oztürkmen, Marina Gaillard, Marta Lopez-Izquierdo et les interventions des exposants et de l'assistance au cours de la discussion. Dans son intervention ("Alexandre le Grand dans le proverbier judéo-espagnol") M.-C. Varol a analysé les liens intertextuels existant entre les textes médiévaux sur Alexandre, les exempla et les proverbes. Marina Gaillard (CNRS/INALCO) a essayé de déchiffrer les modes de lecture et d'appropriation des textes littéraires de l'Iran médiéval ("Quelques observations relatives à la prose romanesque de l'Orient médiéval"). Elle a fondé son étude sur le roman médiéval d'Alexandre (Darab Nameh) de Tarsusi. Les relations complexes entre tradition orale et écrite ont été examinées par Marta Lopez-Izquierdo (Université Paris 8) qui a tenté de dégager les traces d'oralité dans *La Celestina* de Fernando de Rojas ("Langue parlée et langue savante dans *La Celestina*"). C'est dans la même perspective de recherche que s'est inscrite la communication de Tivadar Palágyi ("Langue savante et langue vernaculaire dans l'*Alexiade* d'Anne Comnène") consacrée à l'analyse de la structure de la métaphrase dans les textes savants d'Anne Comnène.

Dans sa communication, Arzu Oztürkmen ("Texts and performance in medieval Turkish literature : Thoughts and historical and literary research") a étudié plusieurs manuscrits du XVe siècle de l'Anatolie médiévale en appliquant les méthodes de la recherche en folklore. Enfin, Svetlana Loutchitsky a éclairci dans son intervention ("Les rapports entre oral et écrit dans les sources relatives à la Première croisade") la discussion historiographique des XIXe-XXe siècles en ce qui concerne les sources de la Première croisade et analysé les liens entres les chansons de geste et les textes historiques.

Après cette date, les contacts fructueux se sont multipliés au sein du groupe des historiens et des philologues qui faisaient partie de notre équipe. D'autre part, des ethnologues et des anthropologues ont adhéré à notre projet et y ont ajouté leurs apports. Nous avons réussi à mêler, à croiser, autant qu'il est possible, les différentes approches de la recherche sur l'oralité. Le 20 Mai nous nous sommes réunis pour écouter la communication d'Anaïs Wion (Université de Hambourg/CNRS) "Écrit et oral : Deux modes de transmission de l'histoire dans l'Éthiopie chrétienne") qui nous a montré que dans la société éthiopienne les données historiques étaient transmises soit par l'intermédiaire de la tradition orale, soit par la voie de la tradition écrite grâce à la mise par écrit des chroniques royales. Dans sa recherche elle a combiné les approches historique et anthropologique. Elle a montré comment la tradition orale pouvait suppléer aux manques des chroniques, livrer d'autres lectures des événements ou fournir le récit d'épisodes tus par ces dernières. Elle a montré comment écrit et oral fonctionnaient en complémentarité sur son terrain d'étude.

En même temps d'autres liens se tissaient qui devaient modifier notre projet initial. Le 6 Juin nous avons écouté Pascal Bacuez (UNESCO, "De quelques relations entre littérature orale et littérature écrite en Afrique") qui nous a parlé de l'apport des ethnologues dans l'étude de l'oralité, puis Florentina Badalanova (British Museum, "Abraham : The father of all Faiths (folklore, ethnography, literature)" dont le rapport a donné la dimension nouvelle à notre recherche. En effet, elle étudiait les relations complexes entre tradition visuelle, écrite et orale qui ont participé à la création de l'image d'Abraham, père de toutes les religions. Florentina a avancé l'hypothèse selon laquelle c'était justement la tradition orale qui était la source principale des images visuelles. Enfin, Timur Beisembiev (Académie des Sciences du Kazakhstan) a présenté dans sa communication ("Les traces d'oralité dans les épopées de l'Asie centrale") les résultats de ses recherches sur l'épopée de Gengis Khan et a tâché de reconstituer l'évolution de la tradition orale dans les sociétés de l'Asie centrale entre le XIVe et le XVIe siècles.

Nous avons alors entrepris d'organiser la deuxième journée d'études, le 21 Juin, pour laquelle nous avons pris la décision d'inviter des spécialistes d'ethnographie, de littérature et de philologie afin d'approfondir la discussion de ces problèmes.

La discussion finale qui a eu lieu pendant cette deuxième journée d'études a donné sa dimension véritable à notre projet. Pendant cette discussion nous avons abordé les problèmes importants de la recherche des pratiques de lecture et des relations entre culture écrite et orale. Oya Pançaroglu (Université d'Oxford/Université d'Ankara) a poursuivi la réflexion initiée par F. Badalanova sur les relations entre tradition écrite, orale et visuelle ("The craft of poetry and imagery in the illustrated Persian romances of Varga and Gulshau"). Tivadar Palágyi ("Métaphrase et mise en roman : Étude comparée des indices d'oralité chez Anne Comnène et Guillaume de Tyr") a continué sa recherche des traces d'oralité au niveau de la syntaxe et au niveau de la structure en comparant des textes. Svetlana Loutchitsky ("De l'oral à l'écrit et l'inverse : L'Orient imaginaire dans les textes relatifs à la Première croisade") a procédé à l'analyse comparée des liens qui se tissent entre les chansons de geste et les chroniques de la Première croisade pour étudier les modalités des transitions entre oral et écrit. Marina Paramonova ("Indices d'oralité dans les vies de saint Boris et Gleb") a essayé de distinguer ce qui relevait de l'écrit de ce qui relevait de l'oral dans les monuments de la littérature de la Russie ancienne. D'après trois manuscrits de l'Anatolie médiévale du XVe-XVIe siècle Arzu Oztürkmen a dressé le tableau de l'oralité dans l'Anatolie médiévale qui présente un contexte culturel très compliqué où l'oralité était la forme la plus dynamique de la communication (sociale, artistique etc.).

La place centrale de cette discussion doit être accordée au rapport de M.-C. Varol ("Comment l'écrit sous-tend l'oral : l'exemple d'un proverbier judéo-espagnol"). Elle a étudié un corpus de proverbes exprimant la sagesse judéo-espagnole qui s'est transmise à l'oral jusqu'à nos jours, dans un proverbier glosé noté par écrit par une dame judéo-espagnole de Bulgarie. Elle relève la présence implicite de textes écrits anciens derrière les réseaux de sens qui organisent le proverbier judéo-espagnol.

Le bilan de cette conférence a été fait en commun le 22 Juin. En faisant la synthèse de la recherche des liens entre traditions orales et traditions écrites dans les régions différentes retenues nous avons élaboré une méthodologie de la recherche des liens entre la tradition écrite et orale dans les monuments de la littérature médiévale.

Notre séminaire, renforcé par les contributions de nombreux chercheurs extérieurs au groupe invité, et venus de multiples pays, est devenu le lieu où pendant trois mois fut menée une réflexion approfondie entre historiens, philologues et ethnologues. Nos collègues (Pascal Bacuez (CNRS/INALCO), Marina Gaillard (CNRS/INALCO), Marta López Izquierdo (CNRS/Paris 8), Florentina Badalanova (British Museum), Marina Paramonova (Université de Moscou), Anaïs Wion (Université d'Hambourg/CNRS), Oya Pançaroglu (Université d' Ankara/Université d'Oxford) ont beaucoup contribué à la réalisation de ce projet. Les résultats de ces nombreuses discussions qui ont eu lieu pendant ces trois mois ont fait l'objet de cet ouvrage spécial consacré à l'analyse de la tradition orale et des pratiques de lecture dans les oeuvres de la littérature médiévale.

*****

On sait que l'oralité est un problème crucial pour de nombreuses approches en sciences sociales et surtout pour l'histoire médiévale. En effet, beaucoup d'historiens ont consacré leurs recherches à la culture orale et ont effectué une véritable re-découverte de l'oralité médiévale et de sa spécificité. C'est que les historiens du XIXe siècle, pour qui les textes écrits sont des sources bien plus fiables que les sources orales, nourrissaient une grande méfiance à l'égard de ces dernières. Voici ce que l'on peut lire, en effet, dans le fameux ouvrage de Langlois et Seignobos :

> La tradition orale est par sa notion une altération continue : aussi dans les sciences constituées, n'acceptera-t-on jamais que la transmission écrite. Les historiens n'ont pas de motif avouable de procéder autrement, tout au moins lorsqu'il s'agit d'établir un fait particulier. Il faut, donc, rechercher dans les documents écrits les affirmations venues par tradition orale pour les tenir en suspicion.

Depuis ce temps-là les documents oraux ont été remis en valeur en tant que sources historiques.[1] Les travaux de M. Clanchy en Angleterre, de P. Zumthor en France et de M. Richter en Allemagne[2] ont montré que la société médiévale a été marquée par l'influence de la tradition orale, non seulement parce que la majorité de la population était illettrée et que l'écriture était un phénomène marginal dans la société médiévale, mais aussi et surtout parce que la communication orale l'emportait sur la communication écrite.

Les médiévistes ont aussi souligné l'importance de la tradition orale au sein des pratiques de lecture :[3] la majorité de la population n'avait accès aux textes écrits que par le biais de la communication orale, on écoutait plus qu'on ne lisait, on transmettait oralement des textes écrits,[4] la lecture n'étant souvent que la condition de la mise en mémoire et de la récitation des textes déjà connus par coeur.[5] Les historiens ont essayé de définir les formes diverses de l'oralité médiévale dans les textes écrits : notations, répétitions, lecture à haute voix, etc. Ils ont appris à reconnaître les différents modes de perception des textes par

[1] C.L. SEIGNOBOS, *Introduction aux études historiques* (Paris, 1899), p. 15.

[2] M. CLANCHY, *From Memory to Written Record : England, 1066-1307*, 2nd edn. (Oxford, 1993); P. ZUMTHOR, *La lettre et la voix : De la littérature médiévale* (Paris, 1987); M. RICHTER, "A paradigm of oral culture", in : *Langage et peuples d'Europe : Cristallisations des identités romanes et germaniques (VII-XI siècle)*, éd. M. BANNIARD (Toulouse, 2002), p. 179-186; Voir aussi : A. GOUREVITCH, *Les catégories de la culture médiévale* (Paris, 1987).

[3] Nous devons l'un des premiers articles sur ce sujet à Ruth Crosby qui a relevé l'importance de la lecture à haute voix dans les sociétés antiques et médiévales : R. CROSBY, "Oral delivery in the Middle Ages", *Speculum* 11 (1936), p. 88-108. Voir aussi : H.J. CHAYTOR, *From Script to Print* (Cambridge, 1945).

[4] Paul Zumthor insiste sur le phénomène de la vocalité dans la société médiévale. Voir : P. ZUMTHOR, "Poésie et vocalité au Moyen Âge", *Cahiers de littérature orale* 36 (1994), p. 23-35.

[5] Voir à ce sujet : B. STOCK, *Listening to the Text* (Baltimore, 1990); ID., *The Implications of Literacy : Written Language and Models of Interpretation in the Eleventh and Twelfth Centuries* (Princeton, 1983); R. CHARTIER, *Lectures et lecteurs dans la France d'Ancien Régime* (Paris, 1987); ID., *Inscrire et effacer : Culture écrite et littérature, XIe-XVIIIe siècles* (Paris, 2005).

audition, lecture ou mode mixte.[6] De cette sorte, ils ont élaboré des manières diverses d'approcher ces problèmes.

Dans le cadre de ce projet nous nous sommes inspirés principalement des approches socio-culturelles élaborées dans les oeuvres de J. Goody, R. Chartier, M. Clanchy, M. Banniard, M. Mostert.[7] L'intérêt accordé à ces sujets est assez considérable, l'historiographie comprend des ouvrages importants qui traitent le sujet dans les grandes lignes comme, par exemple, l'aperçu général de J. Goody sur les communications écrite et orale dans les sociétés traditionnelles ou l'ouvrage de M. Clanchy qui porte sur les rapports entre la tradition orale et écrite à l'époque du Moyen Âge.[8] Cependant, on n'a pas encore entrepris de recherche d'ensemble de groupes de textes analogues afin de définir les modalités concrètes des rapports entre tradition écrite et orale. Pour ce faire, nous nous sommes ici proposé d'étudier les dispositifs de communication et d'inscription des textes ainsi que les différentes modalités de leur appropriation. Cela a requis aussi une analyse des interactions dynamiques entre le texte et son lecteur.

Du point de vue méthodologique notre projet se nourrissait, d'une part, des acquis de l'histoire de la lecture et de la réception des textes, et, d'autre part, de l'histoire de la culture orale et de la mémoire. Notre approche s'appuie sur les deux courants de recherche principaux développés dans ces dernières années. Le premier se concentre sur l'analyse des pratiques de lecture, des modalités variées de lecture et des liens entre tradition écrite et tradition orale[9] et le deuxième qui se caractérise par l'intérêt renouvelé pour le texte (qui se manifeste nettement dans les oeuvres de M. Zink, C. Bremond, B. Cerquiglini, C. Casagrande, E. Auerbach)[10] et qui s'occupe de la réévaluation critique du statut

[6] D.H. Green, *Medieval Listening and Reading : The Primary Reception of German Literature, 800-1300* (Cambridge, 1996).

[7] Voir : J. Goody, *The Domestication of the Savage Mind* (Cambridge, 1977); M. Banniard, *Viva voce : Communication écrite et communication orale du IV*e *au IX*e *s. en Occident latin* (Paris, 1992); *New Approaches to Medieval Communication*, éd. M. Mostert (Turnhout, 1999 : *Utrecht Studies in Medieval Literacy* 1); *Orality and Literacy in the Middle Ages : Essays on a Conjunction and its Consequences in Honour of D.H. Green*, éd. M. Chinca et C. Young (Turnhout, 2005 : *Utrecht Studies in Medieval Literacy* 12) et *supra*, notes 2-5.

[8] Clanchy, *From Memory to Written Record*, *passim*; J. Goody, *The Interface between the Written and the Oral* (Cambridge, 1987).

[9] *Histoire de lecture dans le monde occidental*, éd. G. Cavallo et R. Chartier (Paris, 2001); G. Cavallo, " 'Le rossignol et l'hirondelle' : Lire et écrire à Byzance et en Occident", *Annales : Histoire – Sciences Sociales*, 56 (2001), p. 849-861, aux pages 849-853; P.H. Saenger, *Space between Words : The Origin of Silent Reading* (Stanford, 1997); J. Coleman, *Public Reading and the Reading Public in Late Medieval England and France* (Cambridge, 1996).

[10] M. Zink, *Essai de poétique médiévale* (Paris, 2000); C. Bremond, *Logique du récit* (Paris, 1973); B. Cerquiglini, *La représentation du discours dans les textes narratifs du Moyen*

cognitif des textes narratifs. Les recherches qui s'inscrivent dans ce courant accordent une attention particulière aux éléments rhétoriques et littéraires des textes en les considérant dans leur intertextualité.

À partir de ces fondements théoriques nous avons orienté notre recherche selon trois axes :

Nous nous sommes proposé d'abord d'étudier les dispositifs de communication et d'inscription des textes ainsi que les différentes modalités de leur appropriation. Pour ce faire, nous avons envisagé de reconstituer les formes de leur inscription (oralité, manuscrit, imprimé), de déchiffrer leurs modes de lecture et d'appropriation (selon qu'ils sont destinés à un lecteur silencieux et solitaire ou faits pour être dits ou lus à haute voix et partagés dans une écoute collective, parfois même investis d'une fonction rituelle), définir les 'indices d'oralité' (terme de P. Zumthor) à l'intérieur des textes, reconstruire les formes orales de transmission des oeuvres ainsi que les formes de leur mémorisation (grâce à l'écoute répétée ou à la lecture silencieuse). Nous avons également envisagé d'analyser le savoir et les fréquentations livresques des auteurs médiévaux, car l'une des tâches de notre recherche consistait à définir le degré d'érudition, 'le cercle de la lecture' des auteurs médiévaux, c'est-à-dire d'établir l'ensemble des textes qu'ils ont pu lire ou entendre.

Notre deuxième axe consistait en une analyse des interactions dynamiques entre le texte et son lecteur, car l'appropriation ainsi que la production du sens sont elles aussi imposées par les formes de 'représentation' du texte qui est destiné selon les circonstances à un auditeur ou à un spectateur. Nous nous sommes interrogés sur les critères de réception de ces textes, étant donné que ces critères étaient tout-à-fait différents de ceux qui caractérisent notre rapport à l'écrit.

Enfin, nous nous sommes concentrés sur un troisième axe celui des relations entre la culture écrite (l'ensemble des objets et des pratiques d'écriture propre à un temps et à un lieu) et la littérature (le corpus des productions écrites), d'une part, et des rapports entre cette production écrite et la tradition orale existant dans le cadre d'une société donnée, d'autre part. Cela nous a plongé au coeur des problèmes de l'intertextualité, tout-à-fait capitaux quand il s'agit de textes dans lesquels la tradition règne en maîtresse — c'est-à-dire les textes didactiques (comme ceux qu'étudie M.-C. Varol, par exemple). Les liens intertextuels entre les oeuvres littéraires ont été étudiés au moyen de l'analyse narra-

Âge français (Paris, 1999); C. CASAGRANDE, *I Peccati della lingua : Disciplina ed etica della parola nella cultura medievale* (Rome, 1987); E. AUERBACH, *Mimesis : La représentation de la réalité dans la littérature occidentale* (Paris, 1977) (Traduit de l'allemand par C. HEIM).

tive. Cette dernière consiste à mettre en lumière le système d'emprunts de la tradition orale et écrite, y compris des citations directes et indirectes, des éléments des ouvrages, des références et des énoncés. Dans cette perspective on a essayé d'analyser les modalités de l'insertion des sujets, les motifs et les éléments narratifs dans ces œuvres, soit par la voie de la tradition écrite, soit par l'intermédiaire de la transmission orale.

Lorsqu'il s'est agi d'étudier la tradition orale et la communication écrite en contact, nous nous sommes heurtés, dès le début, aux problèmes méthodologiques.

Tout d'abord le problème consistait à embrasser les aires géographiques et linguistiques extrêmement variés – Anatolie, Espagne médiévale, Byzance, États croisés – et à faire la synthèse des observations sur les processus des interactions entre tradition écrite et orale qui avaient lieu dans ces régions diverses. Le problème est que même dans les régions où il n'y a pas eu de solution de continuité (comme la Turquie ou le monde judéo-espagnol) il est n'est pas facile de reconstituer la tradition orale sans coupures. On doit faire état de la continuité, mais aussi de la discontinuité de cette tradition. Ainsi Arzu Oztürkmen a-t-elle réussi à montrer que les récits folkloriques turcs des XVe-XVIe siècles remontent à une époque beaucoup plus ancienne et qu'on peut en même temps les retrouver dans le folklore historique de la Turquie moderne. D'autre part, M.-C. Varol a montré que l'existence des corpus écrits admonitifs de la tradition judéo-espagnole était circonstancielle. L'expulsion des juifs en 1492, la crise religieuse du XVIIIe siècle, la shoah marquent des changements dans les modalités (orale ou écrite) de la transmission de cette littérature. Pour ne donner que deux exemples de ces processus compliqués de continuité et de discontinuité : les écrits sapientiels judéo-espagnols disparaissent de l'écrit après 1492, mais ils sont transmis oralement et ressurgissent plus tard; d'autre part, les *coplas* (genre para-liturgique écrit chanté ou récité dont on possède des manuscrits préexiliques), dont les auteurs sont des lettrés religieux (rabbins), disparaissent de l'écrit après 1492 puis sont remis par écrit en 1732 et se transmettent en partie à l'oral jusqu'à nos jours. En ce qui concerne la tradition orale dans le monde latin et byzantin, il n'est possible d'en analyser que des fragments épars.

En étudiant les rapports entre oral et écrit, il est important d'avoir en vue que la société médiévale se caractérise par la diglossie : on parlait en langue vernaculaire et on écrivait en langue savante, qui était la langue de l'autorité (*auctoritas*).[11] Cette situation de bilinguisme a amené les historiens à réfléchir

[11] Tout document médiéval est par conséquent le résultat du travail de cette transposition

sur certaines dichotomies comme culture savante – culture populaire, *litteratus – illitteratus*, etc.,[12] puis à étudier les passages de la communication écrite à la communication orale et les liens entre les textes en latin et en langue vernaculaire.[13] Dans notre cas la situation est encore plus compliquée car il s'agit en fait non seulement de diglossie, mais encore de triglossie. Nous étudions oral et écrit en contact, langues vernaculaires et langues savantes en contact, voire en rivalité : latin et langues vernaculaires (ancien français, ancien italien) pour l'Europe médiévale et l'Orient latin,[14] ancien grec savant et grec démotique (vulgaire) pour Byzance.[15] Dans le cas de l'Espagne médiévale (étudié par M.-C. Varol) les choses ne sont pas plus simples : ici on voit le latin et l'arabe en rivalité pour les mozarabes, l'hébreu et l'arabe pour les juifs, le latin et les langues vernaculaires à partir du XIIe siècle. Le domaine culturel de l'Anatolie médiévale, comme nous le montre Arzu Oztürkmen,[16] est encore plus sophistiqué : le Turc était ici en compétition avec deux autres langues – le Persan qui était employé pour les affaires extérieures et l'Arabe qui est pratiqué dans les affaires intérieures. Arzu Oztürkmen a aussi noté la diversité des écritures en Turquie médiévale, où l'on est passé de l'écriture uigur à l'écriture arabe, ce qui a favorisé le développement de la littérature turque à partir du XIIIe siècle. Donc, les aires géographiques auxquelles nous avons affaire sont aussi très complexes du point de vue linguistique.

Lorsqu'on aborde le problème de l'oralité, nous constatons qu'il n'est pas facile de déceler les traces de la culture orale dans les sources médiévales, car nous ne possédons les matériaux oraux que sous forme écrite. La société médiévale a été submergée par l'écrit. L'affirmation de Grégoire le Grand semble a priori très juste : "*Quod loquimur transit, quod scribimus permanet*".[17] Étu

des réalités et des notions, de la traduction de la langue vernaculaire en langue latine. Voir à ce sujet : M. BLOCH, *La société féodale*, 2 vols. (Paris, 1939-1940), nouvelle édition dans un seul volume (Paris, 1968), p. 122-123. A. GOUREVITCH, "Jezyk źródla historycznego i rzeczywistość społeczna : średniowoeczny bilingwizm", *Studia źródłosnawcze* 18 (1973), p. 1-13.

[12] Voir, e.g. : H. GRUNDMANN, "Litteratus-illitteratus : Die Wandlung einer Bildungsnorm vom Altertum zum Mittelalter", *Archiv für Kulturgeschichte* 40 (1958), p. 1-65.

[13] Le livre innovateur de M. Banniard a ouvert les nouvelles perspectives en matière d'études de ces interactions entre l'écrit et l'oral. Voir : BANNIARD, *Viva voce*, *passim*. Plus largement sur les liens entre l'oralité et l'écriture voir : GOODY, *The Interface between the Written and the Oral*.

[14] Voir l'article de Sophia Menache "Orality in chronicles : Texts and historical context", dans le présent volume.

[15] C'est le domaine de la recherche de Tivadar Palágyi. Il a développé ses idées à ce sujet dans son article écrit pour ce volume.

[16] Voir son article dans ce volume.

[17] Gregorius Magnus, *Moralia in Job*, XXXIII, éd. in : *Patrologiae cursus completus : Series*

dier ce qui est parlé à travers ce qui est écrit pose un problème. De ce point de vue nous n'avons pas d'accès direct à la tradition orale. Ce n'est pas par hasard que certains historiens ont souvent mis en doute la possibilité même de rechercher l'oralité.[18]

Il faut aussi prendre en considération que le prestige de l'écrit est indéniable dans une civilisation chrétienne du Livre. À plusieurs exemples on a démontré le rôle dominant tenu par la tradition écrite dans le monde médiéval latin. On a vu, en particulier, que même les chanteurs de geste nommaient les textes écrits comme étant leurs sources, et de cette façon ils s'en rapportaient à l'autorité.[19] La tradition écrite, donc, créait l'*auctoritas* dans la société médiévale.

D'autre part Arzu Oztürkmen nous a montré que dans l'Anatolie médiévale le statut de l'oralité était différent. À en juger d'après les textes hagiographiques, la considération du Livre et de la tradition écrite était énorme. Et pourtant les mêmes textes nous décrivent les controverses autour du Livre entre des soufis, d'une part, et des lettrés et des représentants du pouvoir, d'autre part. Ces discussions symbolisent les attitudes différentes envers la tradition écrite dans cette société; il s'avère que la Parole du saint était tenue plus haut que le texte écrit. Ces exemples quoi qu'ils soient importants et significatifs, ne peuvent pas écarter les doutes en ce qui concerne les possibilités de la recherche de l'oralité.

Compte tenu du rôle prestigieux de l'écrit dans la société médiévale nous avons formulé la question suivante : est-ce que c'est seulement l'écrit qui reste tandis que l'oral ne se maintient pas? Pour répondre à cette question on s'est attaché à étudier les modes de transmission et de mémorisation de la tradition orale.

C'est justement l'histoire orale du faubourg juif d'Istanbul au cours des XIXe-XXe siècles qui a fait l'objet de la recherche menée par Marie-Christine Varol. Elle a montré que dans les communautés juives de la Turquie de l'ex-Empire Ottoman existait toujours une forte tradition orale (proverbes, dictons, exempla, coplas etc.) transmise de génération à génération. Ce genre moral destiné d'abord à la prédication se diffusait dans une large mesure oralement. M.-C. Varol a essayé de reconstituer les formes de mémorisation de ces textes.

Latina, éd. J.-P. MIGNE, 221 vols. (Paris, 1841-1864), 76, col. 672.

18 Voir à ce sujet : M. RICHTER, "Die Entdeckung der Oralität der mittelalterlichen Gesellschaft durch die neuere Mediävistik", in : *Die Aktualität des Mittelalters*, éd. H.-W. GOETZ (Bochum, 2002), p. 273-285.

19 Voir l'article de Svetlana Loutchitsky dans ce volume.

En particulier, elle a pu relever des techniques de 'proverbialisation' et d''exemplarisation' de l'expérience personnelle des Juifs de Turquie (expulsés de l'Espagne en 1492). Elle s'est rendue compte qu'en Turquie n'importe quelle situation de la vie quotidienne qui revêt un caractère d'exemplarité soit appelle un proverbe, soit est mise en forme pour produire un exemplum. Un bon locuteur peut créer un 'proverbe' sur des moules existant. Donc, cette tradition se poursuit jusqu'à présent grâce aux formes orales éprouvées de transmission.

Les techniques de la transmission orale des textes épiques, hagiographiques et historiques (des manuscrits du XVe-XVIe siècles) ont fait aussi l'objet de la recherche d'Arzu Oztürkmen. Pour ce faire, elle a étudié le genre des *menakibname* (légendes sur la vie et les miracles des saints) pratiqué à l'intérieur de l'ordre des soufis. Les membres de cet ordre spirituel devaient réciter de mémoire des textes relatant de la vie et des miracles des saints, et cette récitation constituait une modalité du rite religieux (donc, ce mode de transmission des textes était aussi investi de la fonction rituelle). Les textes épiques, eux aussi, comme l'a montré Arzu, se transmettaient oralement avec l'aide de la technique spéciale narrative (*asik edebiyati*) qui consistait à mémoriser ces textes grâce à la récitation répétée et à les performer éventuellement. En partant de la méthode comparée, Arzu a essayé de reconstituer les formes de la transmission de ces textes dans les différentes communautés religieuses et sociales.

Svetlana Loutchitsky a étudié comment reconstituer les formes de transmission de la tradition orale relative à la Première croisade. Elle a proposé que les cantilènes qu'on chantait dans l'armée servaient de jalon pour la mémorisation des faits importants de la croisade. Les croisés ont pu avoir connaissance de ces chansons en les entendant plusieurs fois répétées par un jongleur et déclamées en public. C'est ainsi que ces fragments épiques se transmettaient oralement.

Anaïs Wïon nous a montré que beaucoup de textes (poèmes, chants religieux et profanes, récits historiques) étaient mémorisés par les membres de la société éthiopienne. De plus, pour qu'un texte soit valorisé il fallait qu'il soit su par coeur. C'était un mode particulier de transmissions des connaissances historiques où se rejoignaient bien souvent conteurs, auditeurs, lecteurs. Anaïs Wïon a montré comment certaines données historiques parfois très anciennes (XVIIIe siècle) n'avaient pu être reconstituées qu'en interrogeant la tradition orale, la tradition écrite les ayant passés sous silence.[20]

[20] Anaïs Wion a développé ses thèses pendant la réunion qui a eu lieu le 20 Mai 2006. Elle a présenté les résultats de sa recherche dans la publications suivante : A. WION, "Why did King Fasilädäs kill his brother? Sharing power in the royal family in mid-seventeenth century

Avec la communication d'Ursula Baumgardt qui nous a proposé le questionnement anthropologique notre palette d'approches s'est enrichie.[21] Elle a examiné les liens entre littérature orale et écrite dans le monde où l'écriture était toujours secondaire par rapport à la littérature orale, féconde et multiple. Ursula Baumgardt a examiné les modes de transmission orale des contes et légendes de l'Afrique noire et a reconstitué leur formes de mémorisation (par excellence, grâce à l'écoute répétée).[22] Les observations de Pascal Bacuez allaient dans le même sens.[23] À partir de l'analyse des contes swahili il a démontré le rôle prépondérant de la littérature orale dans la transmission des connaissances et des valeurs de la société africaine.

Donc, à travers l'analyse de différents textes on a montré que la tradition orale pouvait se diffuser grâce aux techniques de transmission et de mémorisation et que contrairement à ce que dit Grégoire le Grand l'oral semble se transmettre parfaitement et s'en sort autrement mieux que l'écrit.

Un autre problème qui a suscité la discussion animée consistait à distinguer ce qui relève de l'écrit et ce qui relève de l'oral. C'est le problème qui a été vivement discuté dans les communications de Sophia Menache et de Marina Paramonova.[24] À plusieurs reprises on a noté que les attributs oraux peuvent se présenter comme les caractéristiques stylistiques d'un certain type de textes écrits. En scrutant des textes médiévaux, en cherchant à y repérer les traces de l'oralité — des dialogues, des références aux récits de témoins oculaires, des citations, on pourrait aboutir à la conclusion qu'il ne s'agissait dans ces textes que de procédés rhétoriques éprouvés : de cette sorte les dialogues et les références servent d'indices d'authenticité.[25] Il est donc difficile, du moins risqué, de savoir dans quelle mesure le 'dit', les compositions orales, ont été transformé en 'textes' littéraires au cours de leur notation. Notre problème a donc été, lorsqu'il s'agissait d'assigner une oeuvre à une tradition orale ou écrite, que nous n'avions pas affaire à une division nette. Et pourtant en nous basant sur les

Ethiopia", *Journal of Early Modern History* 8 (2004), p. 259-293; Voir aussi : *Peintures sacrées d'Ethiopie : Collection de la mission Dâkar-Djibouti,* éd. C. BOSC-TIESSE et A. WION (Saint-Maur-des Fossés, 2005).

[21] Ursula Baumgardt a présenté les résultats de sa recherche pendant la première journée d'études qui s'est tenue le 19 Mai 2006.

[22] Voir son étude à ce sujet : *Approches littéraires de l'oralité africaine*, éd. U. BAUMGARDT et F. UGOCHU KWU (Paris, 2005).

[23] Pascal Bacuez a exposé ses thèses dans sa communication "De quelques relations entre littérature orale et écrite en Afrique" faite le 6 Juin 2006.

[24] Leurs communications ont été faites le 19 et le 27 Avril 2006.

[25] C'est le problème que pose aussi M. Banniard dans son ouvrage capital : BANNIARD, *Viva voce*, p. 266-268.

travaux de P. Zumthor et de M. Clanchy, nous avons essayé de déterminer les indices d'oralité dans les textes médiévaux.

Pour ce faire, Tivadar a utilisé l'approche linguistique en analysant la syntaxe orale des sources latines et byzantines. En comparant des textes historiques savants avec leurs versions vulgarisées il a essayé de déceler les marques d'oralité de ces adaptations : le discours direct, les appels directs à l'auditeur, les interventions du narrateur, l'emploi majoritaire et non marqué du présent de l'indicatif, tout énoncé à la première personne, etc. Il a ensuite relevé d'autres marques de la présence de la tradition orale comme les rappels analeptiques, les proverbes et les citations, les anacoluthes.

C'est la même approche que Marina Gaillard a utilisée dans son intervention pour relever les indices d'oralité dans le roman persan médiéval en prose narré par des conteurs professionnels devant un auditoire.[26] Elle a classé les survivances de l'oralité en deux catégories : les indices formels comme l'intervention de l'auteur, des appels à l'auditoire etc., et les indices indirects, plus difficilement interprétables, comme des effets du style (rythmes, rime ou assonance).

Marta Lopez-Izquierdo, elle aussi, a cherché les traces linguistiques de l'oralité en analysant le style du drame espagnol du XVe siècle *Celestina*. Entre autres choses, elle a étudié les différents types de dialogue (répliques brèves, longues interventions, etc.) pour montrer que les modes dialogiques dans *Celestina* proviennent de différentes traditions. Elle a trouvé que le style de dialogue change en fonction des situations et des personnages et marque les différents registres du style.

Les indices d'oralité relevés par Svetlana Loutchitsky dans les chroniques de croisade (comme les dialogues, l'utilisation du présent de l'indicatif, le discours direct et à la première personne, l'utilisation de la prolepse, etc.) vont dans le même sens.

Arzu Oztürkmen, pour sa part, a analysé les signes d'oralité dans les monuments de la littérature de l'Anatolie médiévale du XVe-XVIe siècles. Dans les manuscrits des oeuvres des genres divers (épique, hagiographique et historique) elle a relevé les indices d'oralité comme des dialogues, des éléments de la langue de la conversation, la présentation des personnages du récit devant un audi-

[26] Marina Gaillard a fait sa communication pendant la première journée d'études "Les pratiques de lecture" le 19 Mai 2006. Elle a aussi développé ses idées dans l'édition critique : *Alexandre le Grand en Iran – "La Dârâb Nâmeh" d'Abu Tâher*, éd. M. GAILLARD (Paris, 2005). Voir aussi son livre : M. GAILLARD, *Le Livre Samak-E'Ayyâr : Structure et idéologie du roman persan médiéval* (Paris, 1987).

toire, des appels directs à l'auditeur, des proverbes, des rumeurs, des bénédictions.

Afin de définir les indices d'oralité dans les chroniques du XIVe siècle, Sophia Menache a repéré les termes comme *videre*, *colloqui*, *accipere auribus*, les références aux rumeurs (des expressions comme *fertur*, *referentur*, *vulgabatur* etc.). Pour glaner les indices d'oralité elle a aussi proposé de repérer des fragments d'anciennes chansons des jongleurs.

En somme, sur la base des textes provenant de régions différentes nous avons élaboré une méthodologie bien fondée de l'analyse des marques d'oralité dans les monuments de la littérature médiévale.

L'autre problème qui a fait l'objet de longues discussions méthodologiques pendant nos réunions consistait à déchiffrer les modes de lecture et d'appropriation des textes littéraires. On a montré que les textes étaient lus à haute voix, récités après mémorisation et même chantés, c'était même là le mode de réception le plus répandu des textes. On a prouvé cette observation par de nombreux exemples puisés dans les sources diverses. M.-C. Varol a montré que les textes sapientiels et d'autres genres de la littérature médiévale se transmettaient oralement et étaient partagés dans l'écoute collective. C'est aussi le cas des textes en ancien français étudiés par S. Loutchitsky. Elle a montré que le public médiéval écoutait plus qu'il ne lisait (elle a découvert que même le verbe *legere* signifiait dans les sources de croisade 'écouter'). C'était la voix – et non une série de dispositifs de l'écrit — qui organisait le plus souvent la lecture transmettant le sens du texte à l'oreille et à la mémoire. Les monuments que nous avons étudiés étaient souvent lus à haute voix devant les groupes différents (les guerriers de l'armée croisée, les soufis, des communautés de lecteurs-scripteurs juifs de l'Espagne médiévale, les nobles de la cour de Jérusalem, le public 'populaire' – et de cour – en Iran médiéval, etc.) qui constituaient les ainsi dites communautés textuelles (*textual communities*, selon le terme de Brian Stock), ces modèles anciens d'organisation sociale.

À travers l'étude de nombreux textes médiévaux on a montré que la capacité à lire en silence et par les yeux était une conquête progressive. Mais en même temps on a pu constater qu'il n'y avait pas de passage direct de la lecture orale-auditive à la lecture silencieuse-visuelle, car les deux modes de lecture coexistaient pendant très longtemps comme nous le rappellent Marta Lopez et Tivadar Palágyi. En analysant les monuments de la littérature médiévale nous nous sommes convaincus de la diversité des pratiques de lecture. A part la lecture à haute voix et la récitation des textes mémorisés on a découvert des exemples du phénomène que J. Coleman a qualifié d'auralité : ce phénomène se distingue de l'oralité (qui se base sur la transmission orale des textes mémorisés) car il s'agit, en l'occurrence, de la lecture collective des textes écrits.[27]

Arzu Oztürkmen a évoqué certains exemples de cette lecture collective basée sur les textes écrits (il s'agit des manuscrits des XVe-XVIIe siècles). Elle prouve l'existence de la lecture collective du Coran en Turquie dans les communautés sociales et religieuses. Elle évoque des textes historiques destinés à être lus et écoutés pendant les campagnes militaires : ces séances de lecture se passaient dans les lieux assignés à ce but (*bozas*), elles étaient le fait de lecteurs professionnels (*tarik-hans*).

La lecture collective est aussi attestée dans le mode judéo-espagnol : le *Meam Lo'ez*, commentaire biblique du XVIIIe siècle, était ainsi explicitement destiné à être lu à haute voix en famille, au bénéfice des femmes, des enfants et des serviteurs illettrés. Les textes que nous avons étudiés étaient lus à haute voix devant les groupes et rarement par les lecteurs solitaires, la lecture privée existait également — les deux modes de lecture et d'appropriation de textes coexistaient.[28]

L'une des observations importantes a été faite par Marta Lopez Izquierdo qui a montré à travers l'exemple de la *Celestina* que les modes de lecture et de l'appropriation de ce drame (selon qu'ils sont destinés à un spectateur ou à un auditeur) modifient leur effet sur le récepteur, et par conséquent sa signification.

Nous avons découvert que non seulement les oeuvres de la littérature médiévale, mais aussi les textes historiques, les chroniques et les romans constituaient un genre 'performé', c'est-à-dire que la lecture orale était souvent accompagnée par les gestes et les sons de la musique. On ne peut pas négliger ce côté 'performatif' de la lecture orale.[29]

[27] Voir : J. COLEMAN, *Public Reading and the Reading Public in Late Medieval England and France* (Cambridge, 1996). Paul Zumthor parle d'une oralité coexistant avec l'écriture et qui peut fonctionner de deux manières : soit comme oralité mixte, quand l'influence de l'écrit y demeure externe, partielle et retardée, soit comme oralité seconde qui se (ré) compose à partir de l'écriture. P. ZUMTHOR, *Introduction à la poésie orale* (Paris, 1989), p. 36 ff. D.H. Green parle du phénomène de la "semi-orality" – la lecture à haute voix des textes écrits destinés aux auditeurs. Voir : GREEN, *Medieval Listening and Reading*, p. 171.

[28] Voir à ce sujet l'article de M. Lopez-Izquierdo dans ce volume. L'on sait que même à l'époque du Bas Moyen Âge, les gens instruits pratiquaient la lecture orale collective.

[29] Ce phénomène est étudié dans les travaux d' E.B. Vitz. Voir à ce sujet : E.B. VITZ, *Orality and Performance in Early French Romance* (Cambridge, 1999). EAD., "Romans dir et racontar: Réflexions sur la performances des romans médiévaux", in : *Cahiers de littérature orale* (Paris, 1995), p. 135-150, et un livre plus ancien récemment réédité : E. FARAL, *Les jongleurs en France au Moyen Âge* (Paris, 1987), p. 234. Voir les articles d'Arzu Oztürkmen et de Svetlana Loutchitsky dans ce volume.

Arzu Oztürkmen a relevé les références à la performance et à l'interprétation musicale dans les manuscrits de l'Anatolie médiévale des XVe-XVIe siècles. Les textes historiques qu'elle a étudiés comprenaient des passages rimés, assonants et rythmiques comme les *soylama(s),* qui pouvaient être aussi bien chantés que récités. Les références aux interprétations musicales (*nefes*), faites par les soufis dans les textes hagiographiques, vont dans le même sens. De cette sorte Arzu Oztürkmen a prouvé que le folklore en Turquie était très étroitement lié à la performance.

Dans son étude sur le drame espagnol *Celestina*, Marta Lopez-Izquierdo a montré que la lecture vocalisée sous-entend en principe les composantes kinésiques (comme l'intonation, la gestualité, la mimique, etc.) liées à la performance. Svetlana Loutchitsky a noté la dimension dramatique des textes des chroniques des croisades. Elle a avancé l'hypothèse selon laquelle les épisodes de la croisade furent très vite mis en scène (le *Jeu de Nicolas* en est un bel exemple). Les récits imaginaires parlant des musulmans pouvaient être mis en scène et joués dans l'armée croisée bien que l'on ne sache, malheureusement, rien de la technique de théâtre dans ce milieu à cette époque. En rapport avec cela, elle a souligné le rôle des jongleurs qui récitaient les chansons dans l'armée croisée. Donc, les textes que nous étudions étaient destinés tant aux auditeurs qu'aux spectateurs. La lecture comportait les expériences gestuelles et visuelles.

Etienne Faral semble faire écho à ces observations :

> Devant le jongleur qui récite, il voit, par une illusion facile, les héros du conte prendre vie, et alors l'exécutant joue expressément un rôle dramatique. Il porte la parole des personnages en chaque occasion où le monologue et le dialogue se mêlent à la narration : à ce titre déjà il les représente; mais, en outre, il sera naturellement amené à animer sa lecture ou sa récitation par des changements de ton, par des jeux de physionomie, par des gestes, et à partir de ce moment, il sera tout-à-fait un acteur.[30]

La tâche la plus importante de notre projet consistait à étudier les transitions entre tradition orale et tradition écrite (y compris la culture écrite et la littérature) — ce qui nous a conduit aussi à étudier les liens intertextuels, les modes du passage de l'oral à l'écrit et vice versa et les relations dynamiques entre le texte et le lecteur.

[30] FARAL, *Les jongleurs en France au Moyen Âge*, p. 234.

Afin d'examiner les liens entre oral et écrit dans le proverbier judéo-espagnol contemporain M.-C. Varol s'est proposée de rechercher les textes médiévaux (juifs, arabes et chrétiens) qui contiennent de nombreux proverbes sur Alexandre qui sont passés dans le proverbier judéo-espagnol contemporain. Elle a montré que ces textes (proverbes, exempla, coplas) — qui constituaient d'ailleurs le genre moral destiné à la prédication — se transmettaient jusqu'à aujourd'hui à la fois par l'oral et par l'écrit. Il est intéressant de noter que tous ces genres occupent en Espagne médiévale (du moins pour les communautés juives où tous les hommes sont, en principe, lecteurs-scripteurs) une place intermédiaire mi-religieuse, mi-séculière. Leur statut intermédiaire facilite dans quelque mesure les passages de l'oral à l'écrit et vice versa.

Pour étudier les transitions entre l'oral et l'écrit, M.-C. Varol a aussi analysé les relations dynamiques entre le texte et le lecteur : selon elle, le proverbe crée une connivence avec le lecteur qui passe par l'intertextualité. Elle a prouvé que la tradition des textes sur Alexandre dans le proverbier judéo-espagnol présente un lien étroit avec l'écrit et les textes religieux médiévaux (l'exégèse biblique, la littérature arabe d'*adâb*, la littérature juive de *musar* et les exempla) et qu'il garde, malgré le temps écoulé, des traces de relectures croisées du Moyen Âge. Par cela même elle a aussi pu définir le degré d'érudition de ses auteurs. Elle a retrouvé dans les proverbes contemporains sur Alexandre des éléments entiers des ouvrages bien connus à l'époque médiévale (les 'miroirs des princes', les recueils d'*exempla* et de sentences, etc.). M.-C. Varol a ainsi reconstitué l'architecture du corpus de références à ces éléments en effectuant l'analyse intertextuelle. Par le jeu des renvois de proverbe à proverbe, des citations, des anecdotes et des exempla dans un proverbier glosé du XXe siècle, elle a accédé à la façon dont l'auteur organise ces énoncés et les liens qu'elle établit entre eux. Cette analyse nous prouve qu'il n'y a pas ici de coupure entre l'oral et l'écrit, la parole et le texte. Le proverbe et l'exemplum appartiennent certes à l'oral le plus formel et le plus proche de l'écrit, mais leur usage relève du quotidien et du domaine de la parole. Le discours proverbial loin de se constituer dans un domaine indépendant de l'écrit, repose sur lui. Inversement, l'oral actualise l'écrit, et des proverbes et des exempla naissent dans les situations quotidiennes.

Tout le long de cette recherche Svetlana Loutchitsky a procédé à l'analyse des liens qui se tissent entre chansons de geste et chroniques de la Première croisade pour montrer que les ressemblances entre ces textes impliquent sans doute l'interdépendance entre leurs auteurs, mais que leurs divergences de détail permettent d'envisager la possibilité que ces derniers n'aient pas eu les textes sous les yeux. En faisant l'analyse intertextuelle au moyen de la comparaison des textes des chroniques et des chansons elle a pu dégager les éléments narratifs communs à deux traditions (les passages imaginaires, les sujets fabuleux), elle a pu analyser les modalités d'insertion des citations, des dialogues et des monologues dans les chroniques par l'intermédiaire de la tradition orale. Elle a donc pu définir le cercle de lecture des chroniqueurs. Elle a posé que les chroniqueurs avaient eu connaissance de ces fragments de textes par la transmission orale, en les mémorisant grâce à l'écoute répétée et qu'ensuite ils les avaient mis à l'écrit. D'autre part, les textes écrits (des chroniques) se transmettaient aussi oralement. À travers l'étude des textes relatifs à la Première croisade on peut observer un va-et-vient entre l'oral et l'écrit. On voit que dans la réalité les traditions orale et écrite n'étaient pas séparées l'une de l'autre, mais se soutenaient l'une l'autre.

Arzu Oztürkmen a étudié les rapports entre oral et écrit dans les oeuvres de trois genres (épique, hagiographique et historique). Les textes historiques écrits (comme, par exemple, *Tarih-i Ali Osman*) englobaient les collections des récits folkloriques que les lecteurs professionnels *tarik-khans* à leur tour transmettaient par voie orale – ils les lisaient à haute voix au cours des campagnes militaires. D'autre part, les épisodes récurrents qui se reproduisent dans les textes épiques nous confirment qu'à une époque donnée ces récits étaient racontés devant différentes assemblées et performés. Ce n'est que plus tard qu'ils ont été mis par écrit. Enfin, les oeuvres du genre hagiographique – les *menakibname* – étaient mémorisés et récités, et en même temps souvent mis à l'écrit après la mort du saint. On voit que tous ces textes se transmettaient ainsi par l'oral et par l'écrit et qu'on peut attester dans le monde de l'Anatolie médiévale du même va-et-vient entre l'écrit et l'oral.

Marina Gaillard nous a montré qu'en Iran médiéval la prose narrative produite par les conteurs professionnels qui est considérée comme 'populaire' n'était pas seulement destinée à un auditoire illettré, mais avait aussi sa place à la cour. Ces récits circulaient longtemps simultanément sous les formes orale et écrite. Les séances de la récitation de la prose narrative ne se déroulaient pas exclusivement au profit d'un public populaire mais touchaient des cercles plus aisés, cours locales ou sociétés des riches marchands d'où étaient sans doute issus les commanditaires des manuscrits.[31]

En faisant le bilan de cette recherche, Sophia Menache nous rappelle que l'oralité et la scripturalité ne représentaient pas les deux pôles extrêmes. Les

[31] GAILLARD, *Le Livre Samak-E'Ayyâr*, *passim*.

hommes médiévaux se déplaçaient entre les deux, passaient d'une tradition à l'autre, les liens entre elles étaient indissolubles.

Nous avons aussi dégagé des figures sociales privilégiées qui étaient des médiateurs entre la lettre et la parole comme, par exemple, des métaphrastes et des jongleurs et les rabbins prédicateurs qui transmettaient l'ainsi dite 'clergie rabbinique', la littérature morale en langue vernaculaire (des corpus des proverbes, maximes liées à des exempla, des fables, des contes). Dans la Byzance médiévale, comme le note Tivadar Palágyi, ces fonctions étaient remplies par les métaphrastes qui étaient les intermédiaires entre oral et écrit : ils effectuaient les adaptations en grec byzantin simplifié pour rendre accessibles à un public plus vaste des textes écrits dans un grec rhétorique et compliqué. En Turquie, comme nous l'a montré Arzu Oztürkmen, il y avait des groupes spécifiques qui passaient de la tradition orale à la tradition écrite et vice versa – les *tarik-khans* qui transmettaient des narrations historiques, des poètes populaires qui récitaient les récits de *menakibname*. Svetlana Loutchitsky nous a parlé des jongleurs qui chantaient, que les chroniqueurs écoutaient et qui étaient les intermédiaires entre oral et écrit. En Perse comme nous le rappelle Marina Gaillard, c'étaient les conteurs professionnels de la littérature persane qui transmettaient oralement les oeuvres littéraires.

En continuant d'étudier les rapports entre oral et écrit, Sophia Menache a remarqué à juste titre que la latinité médiévale pose le problème de la relation entre culture écrite et orale, entre savoir savant et savoir populaire. Dans son intervention consacrée à l'analyse des chroniques[32] elle a examiné les exemples de la traduction des dialogues de langue vernaculaire en latin (par exemple, Mathieu de Paris) et du latin en langue vernaculaire italien (Giovanni Villani) pour discuter les problèmes linguistiques que nous pose le phénomène médiéval du bilinguisme. Ainsi s'impose la réflexion sur les relations entre langue vernaculaire et langue savante, entre écrit et oral, les savoirs savants et les savoirs populaires. Dans ce domaine nous avons aussi fait plusieurs observations intéressantes.

Tivadar Palágyi a comparé les deux versions des textes historiques (la chronique de Guillaume de Tyr et l' *Alexiade* d'Anne Comnène) écrits en langue savante (latin et grec ancien respectivement) et leurs versions simplifiées écrites en ancien français et grec byzantin démotique pour montrer que cette vulgarisation visant à rendre ces ouvrages plus accessibles au public (monde illettré) consistait à enlever des ornements stylistiques, supprimer les citations savantes, des comparaisons étendues et des métaphores, simplifier la

[32] Elle a fait la présentation de sa recherche le 19 Avril 2006.

syntaxe. Tivadar Palágyi a aussi analysé toutes les fréquentations livresques de ces auteurs, et par cela même il a étudié le degré de leur érudition. À première vue les langues vernaculaires ont une qualité orale par excellence (ce que Tivadar Palágyi a voulu montrer systématiquement). D'autre part, il a découvert que, par exemple, à l'époque du Bas Moyen Âge la version en ancien français de la chronique de Guillaume de Tyr fut retraduite en langue latine pour les besoins d'un auditoire plus large sans que le traducteur fût au courant de l'existence de l'original latin. Tivadar Palágyi a aussi mis en cause la thèse selon laquelle la lecture silencieuse aurait été liée aux textes en langue savante, tandis que la lecture auditive aurait été liée aux textes en langue vernaculaire. Il a montré dans sa recherche que tant du côté de la littérature latine que de Byzance on voit un va-et-vient incessant entre langue vulgaire et langue savante, entre oral et écrit.

Dans les communautés juives de l'Espagne médiévale étudiées par M.-C. Varol plusieurs langues savantes interagissent : le latin, l'hébreu (qui est en principe la langue de la littérature morale et admonitive) et l'arabe (qui est la langue de la littérature d'*adâb*). On voit oral-écrit et langues vernaculaires-langues savantes en contact voire en rivalité. M.-C. Varol nous montre que la tradition juive mêle les matériaux les plus savants aux matériaux les plus 'populaires' et que la langue savante n'est pas strictement liée à la scripturalité ni la langue vernaculaire à l'oralité.

Svetlana Loutchitsky a étudié les relations entre langue savante et langue vernaculaire d'après les chroniques de croisade et les chansons de geste pour démontrer que la langue latine jouissait dans le monde médiéval d'une très grande autorité. Malgré cela les écrivains savants puisaient dans les sources en langue vernaculaire beaucoup plus que l'on ne pensait et les jongleurs suivaient les modèles de la littérature latine.

Anaïs Wion a étudié le phénomène de la diglossie dans l'Ethiopie médiévale.[33] Le ge'ez après la conversion du royaume d'Aksum au christianisme est devenu langue savante et écrite tandis que l'amharique était principalement langue de conversation. En étudiant les modes de transmission des connaissances historiques elle s'est persuadée que, d'une part, le ge'ez ne peut pas être considéré comme entièrement dévolu à l'écrit, et, que d'autre part, l'amharique a connu certaines mises par écrit. Les résultats de cette recherche nous montrent de nouveau que les frontières ente la langue vernaculaire et la langue religieuse ou savante, entre oral et écrit ne sont pas véritablement rigides.

[33] Elle a développé ses thèses pendant la réunion qui a eu lieu le 20 Mai 2006.

*****

En discutant tous ces problèmes méthodologiques nous avons mis en cause l'opposition très figée oral-écrit, *literatus-illiteratus*, clerc-profane, langue savante-langue vernaculaire.

Nous nous sommes aperçus de la polarisation et de l'évolutionnisme de la théorie 'oral-écrit'.[34] Nous avons abouti à la conclusion qu'il ne fallait pas considérer oralité et écriture comme des entités strictement différentes et séparées. On ne peut pas parler d'oralité d'une manière univoque : il existe en effet, par exemple, un oral extrêmement écrit (comme la prose orale très élaborée étudiée par Marina Gaillard ou les exempla et les proverbes glosés analysés par Marie-Christine Varol) et un écrit extrêmement oral (le drame espagnol oralisé étudié par Marta Lopez, la langue écrite excessivement orale comme la koinè byzantine examinée par Tivadar Palágyi). Donc, il n'y a pas un oral qui ne fonctionne qu'à partir de l'écrit et vice versa. Pour cette raison, il serait souhaitable de procéder à une catégorisation des formes orales aussi fines que celle des formes écrites.

Les observations sur les pratiques de lecture vont dans le même sens. Nous avons décelé la diversité des pratiques de lecture à partir de la lecture visuelle et silencieuse jusqu'à la lecture vocalisée et l'auralité. On a vu à plusieurs reprises qu'il n'y avait pas de passage direct de la lecture à haute voix collective à la lecture silencieuse, privée, par les yeux.[35] En fait, l'arrivée de la scripturalité (et même de l'imprimerie) ne signifie pas que les gens ont pour autant abandonné la lecture à haute voix. L'existence du phénomène d'auralité brouille aussi la dichotomie oral-écrit. Cette opposition ne se maintient pas non plus si l'on prend le cas des relations entre langues savantes et langues vernaculaires – on voit qu'une langue vernaculaire n'est pas pour autant liée à l'oralité ni le contraire.

Les approches élaborées par les participants de notre projet ont permis de définir les modes de transmission des textes de sagesse, les formes de mémorisation de textes médiévaux, ont montré qu'il était possible de reconstituer les ainsi dites 'communautés textuelles' (B. Stock). Nous avons pu dégager des

[34] Jack Goody, par exemple, insiste sur l'existence de deux pôles extrêmes, les communications et les sociétés qui ont l'écriture et celles qui ne l'ont pas. Voir : GOODY, *The Interface between the Written and the Oral*.

[35] À cet égard on peut nuancer les observations de P. Şaenger qui soulignait le rôle des facteurs techniques dans l'évolution des pratiques de lecture. Voir, e.g. : P.H. SAENGER, "Silent reading : The impact on late medieval script and society", *Viator : Medieval and Renaissance Studies* 13 (1982), p. 367-415.

lieux, des situations (par exemple, les réunions au cours desquelles on lisait les oeuvres historiques en Anatolie médiévale) des moments particuliers (comme, par exemple des situations de la vie quotidienne provoquant la création des proverbes et des exempla dans le milieu judéo-espagnol contemporain) de cette interaction où s'opère une telle médiation entre sphère de l'écrit et sphères de l'oral avec des figures sociales privilégiées (par exemple, des rabbins, des métaphrastes et des jongleurs).

Nous avons essayé d'approfondir la notion même de l'oralité ayant proposé d'étudier la tradition orale non seulement comme le mode de transmission, mais aussi comme le mode de discours.[36] Pour ce faire, on a fait la distinction plus nette entre les différentes formes de l'oralité comme la performance orale, la récitation de mémoire, la lecture à haute voix, l'auralité etc.

En faisant la synthèse de la recherche des liens entre traditions orales et traditions écrites dans les régions différentes retenues (comme l'Espagne médiévale, l'Anatolie médiévale, les Etats croisés, la Byzance, le monde latin médiéval) nous avons analysé les modalités de l'insertion des éléments narratifs dans ces oeuvres soit par l'intermédiaire de la tradition orale (récitation et mémorisation au moyen de l'écoute répétée) soit par la voie de la tradition écrite (la lecture des productions écrites). Cette analyse des mécanismes de l'intertextualité nous a permis de mieux comprendre ces rapports entre l'oral et l'écrit. Par cela même, nous avons essayé de définir le cercle de lecture de nos auteurs ainsi que le degré de leur érudition.

En analysant les conditions de la création et de l'inscription des textes nous avons aussi pu réévaluer leur statut cognitif. Nous avons remarqué la tension qui s'exerce entre ce qui relève du *textuel* et ce qui relève du *cognitif*. Le premier englobe la vision 'abstraite' des textes comme existant par eux-mêmes, des 'textes comme tels', le deuxième accentue le contexte de leur création, usage, circulation, et interprétation.

La diversité des textes appartenant aux régions différentes nous a paru d'abord un obstacle, mais cette diversité a appelé à la comparaison des modalités du passage entre oral et écrit. Elle nous a permis de comparer les traditions diverses, de mêler et de croiser nos approches. Cet inconvénient est ainsi devenu finalement notre avantage.

Nous avons essayé de changer les rapports et les limites définies de manière parfois trop rigide entre oral et écrit, savoir savant et populaire, culture lettrée et culture dite 'populaire'. Dans cette perspective, notre recherche constituera un outil efficace pour étudier les pratiques de lecture et d'écriture.

[36] Voir l'article de Marta Lopez-Izquierdo dans ce volume.

Métaphrase et mise en roman : étude comparée des indices d'oralité chez Anne Comnène et Guillaume de Tyr

TIVADAR PALÁGYI

1. Introduction : Anne Comnène et Guillaume de Tyr sur la tradition orale

La présente étude se propose de comparer deux textes historiques du XIIe siècle, dont chacun a fait l'objet d'une simplification linguistique au XIIIe siècle, visant à le rendre plus accessible à son propre public. Dans le premier cas, celui des livres XI à XIII de l'*Alexiade* de la princesse byzantine Anne Comnène, on parle en général de métaphrase (parfois de paraphrase), étant donné qu'il s'agit de la transposition en 'grec byzantin commun'[1] d'un original aux prétentions littéraires et aux nombreuses réminiscences antiques, qu'un traducteur 'métaphraste' a simplifié en enlevant une bonne partie des ornements stylistiques et en abrégeant le récit là où cela lui semblait nécessaire, sans pour autant le 'traduire' en grec véritablement démotique ou vulgaire. Dans le second cas, celui de l'adaptation en ancien français ('mise en roman')[2] de l'ouvrage historique latin[3] de Guillaume, archevêque de Tyr dans le Royaume Latin de Jérusalem, l'écart linguistique est beaucoup plus grand, puisque la langue d'arrivée est l'ancien français ou 'roman' qui est largement pratiqué depuis le début du XIIe siècle dans plusieurs genres littéraires en vers et, depuis le début du XIIIe siècle, même en prose.

[1] Dans nos analyses du texte grec, outre l'édition et la traduction française de Bernard LEIB (*Alexiade*, 3 vols. (Paris, 1945)) et l'édition de REINSCH et de KAMBYLIS (*Alexias* (Berlin et NewYork, 2001)), nous nous appuyons sur l'édition synoptique (texte grec d'Anne Comnène en face du texte grec simplifié de la métaphrase) de Herbert HUNGER, *Anonyme Metaphrase zu Anna Komnene* (Vienne, 1981 : *Wiener Byzantinistische Studien* 15), qui caractérise ainsi la langue de la métaphrase située à mi-chemin entre la langue élevée et la langue populaire (p. 265) : "*eines byzantinischen Textes, der in Bezug auf sein Sprachniveau zwischen Hochsprache und Volkssprache angesiedelt ist*".

[2] Le titre de la version française publiée dans le *Recueil des Historiens des Croisades* (*Historiens Occidentaux* 1 (Paris, 1844), p. XXVII) comporte l'expression : "C'est la translation de l'estoire de Guillaume arcevesque de Sur". Ce texte en ancien français fait partie de la "contribution la plus importante et la plus originale de la prose française rédigée en Méditerranée orientale", et il a "plus que toute autre oeuvre historique suscité un grand intérêt en Méditerranée orientale" (D. JACOBY, "La littérature française dans les états latins de la Méditerranée orientale à l'époque des croisades : diffusion et création", in : *Essor et fortune de la chanson de geste dans l'Europe et l'Orient latin : Actes du IXe Congrès international de la Société Rencesvals*, 2 vols. (Modène, 1984), 2, p. 617-646, aux pages 642 et 637).

[3] Vu que la vieille édition du *Recueil des Historiens des Croisades, Historiens Occidentaux* 1 (Paris, 1844) est la seule à présenter le texte original avec la version en ancien français (appelée aussi *Roman* ou *Livre d'Eracle*), nous indiquons nos citations d'après cette pagination et non pas d'après l'édition critique de R.B.C. HUYGENS (Willelmus Tyrensis, *Chronicon*, éd. R.B.C. HUYGENS, H.E. MAYER et G. RÖSCH, 2 vols. (Turnhout, 1986 : *Corpus Christianorum : Continuatio Mediaevalis* 63-63A) qui ne publie que le texte latin.

En quoi ces deux opérations se ressemblent-elles? Dans quelle mesure ces deux produits, la métaphrase de l'*Alexiade* et l'adaptation de l'*Historia rerum in partibus transmarinis gestarum* peuvent-ils nous éclairer sur l'oralité au XIIIe siècle? La lecture silencieuse ne serait-t-elle pas autant liée à ces productions qu'à celles en langue savante? Les langues vernaculaires reflètent-elles intrinsèquement dans leur syntaxe ce côté parlé, oral? Si tant est que les langues vernaculaires médiévales ont une qualité orale par excellence, peut-on démontrer systématiquement les caractéristiques de celle-ci? Nous pensons que cette double comparaison des versions savantes à leurs versions simplifiées respectives d'abord, et ensuite des versions simplifiées entre elles, devra jeter un éclairage nouveau sur certaines caractéristiques générales des traductions et des métaphrases médiévales.

La première partie de l'étude sera consacrée à quelques éclaircissements terminologiques et théoriques sur les métaphrases, paraphrases et autres adaptations médiévales ainsi qu'à des réflexions sur la syntaxe orale dans les langues médiévales. La seconde partie présente l'analyse d'un échantillon de passages linguistiquement intéressants de l'*Alexiade* et de l'*Historia*, comparés à leurs versions simplifiées ou adaptées.

1.1. Guillaume de Tyr et les sources orales

Mais avant d'aborder le problème de l'oralité dans la métaphrase et la 'mise en roman', citons quelques passages de nos deux sources où il est question de la manière dont les deux auteurs ont recueilli leurs informations pour les transmettre à un public de lecteurs ou d'auditeurs. Pour Guillaume de Tyr, l'introduction du Livre XVI est riche en enseignements de ce point de vue. L'auteur y explique dans un langage très élaboré que la seconde partie de son ouvrage sera plus fiable que la première – qui était compilée à partir de récits racontés par d'autres personnes – dans la mesure où à commencer par l'année 1143 il relate des événements auxquels il a assisté en personne. En effet, voir les choses est un moyen plus sûr de les retenir fidèlement que de les entendre seulement.

> p. 706 (XVI, 1) : *Quae de praesenti hactenus contexuimus Historia, aliorum tantum ... collegimus* relatione; *unde cum majore difficultate ... rei veritatem, et gestorum seriem, et annorum numerum sumus consecuti : licet* fideli ... *haec eadem* recitatione, scripto mandavimus. *Quae autem sequuntur deinceps, partim nos ipsi* fide conspeximus oculata, *partim eorum, qui rebus gestis praesentes interfuerunt,* fida

> *nobis patuit* relatione. *Unde ... ea quae restant, auctore Domino, facilius* fideliusque *posterorum* mandabimus lectioni. *Nam et recentium temporum solidior solet occurrere memoria; et quae* visus menti obtulit, *non ita facile oblivionis sentiunt incommodum, sicut quae solo sunt* auditu collecta.[4]

Dans ce passage hautement rhétorique – non traduit en ancien français – Guillaume de Tyr compare les différentes sources dont il se sert pour transmettre le savoir historique. "*Fideli recitatione, scripto mandavimus*" semble établir un rapport entre une première phase orale, de récitation, et une seconde étape, la transmission écrite. "*Fide conspeximus oculata*" et "*fida relatione*" reprennent en partie les mêmes termes en jouant sur les dérivations multiples de la racine *fides*, en élargissant le champ à la vue ("*fide oculata*"). "*Mandabimus lectioni*" reprend en l'inversant l'expression "*scripto mandavimus*", cette fois-ci au futur, en insistant sur la lecture qui sera faite de l'ouvrage écrit. Finalement, l'expression "*visus menti obtulit*" reprend l'idée de "*fides oculata*", tandis que "*auditu collecta*" fait référence aux rumeurs moins sûres et plus faciles à oublier, à une oralité incertaine face à la solidité de l'écrit.

Certains chercheurs ont supposé que l'*Historia* de Guillaume de Tyr aurait été dans un premier temps lue devant la cour de Jérusalem, ce qui devait permettre à l'auteur de tester l'effet de sa rhétorique dans un milieu oral.[5] Si Guillaume de Tyr est généralement considéré comme l'un des meilleurs latinistes de son époque, HUYGENS a néanmoins émis quelques réserves à ce sujet, en recensant notamment un certain nombre de fautes syntaxiques, dont des anacoluthes dans l'*Historia*.[6] Mais le style savamment élaboré de Guillaume de Tyr a aussi

[4] Traduction par Monique ZERNER dans *Croisades et Pèlerinages, récits, chroniques et voyages en Terre Sainte, XIIe-XVIe siècle*, éd. D. RÉGNIER-BOHLER (Paris, 1997), p. 611-612 : "Ce que nous avons composé jusqu'à présent était l'Histoire que nous avons recueillie autant que nous l'avons pu auprès de la relation des autres ... c'est pourquoi nous avons recherché la vérité, le contenu des événements, l'année avec grande difficulté .... Malgré cela, nous avons mis par écrit un récit aussi fidèle que possible. Mais tout ce qui va suivre maintenant, nous l'avons vu en partie de nos propres yeux, ou bien les hommes qui ont assisté eux-mêmes aux événements nous en ont informé par une narration fidèle. C'est pourquoi ... nous confions à la postérité ce qui reste à la lecture avec plus de facilité et d'exactitude. Car la mémoire des temps récents a l'habitude de survenir plus solidement et ce que la vue apporte à l'esprit ne se ressent pas aussi facilement du désagrément de l'oubli que ce que l'on recueille par ouï-dire".

[5] Cf. R.-C. SCHWINGES, *Kreuzzugsideologie und Toleranz* (Stuttgart, 1977), p. 288.

[6] L' 'excellence' stylistique de Guillaume de Tyr a été maintes fois affirmée entre autres par SCHWINGES, *Krezzugsideologie und Toleranz*, p. 45. Pour les critiques à propos du latin heurté de Guillaume, "à la limite de la correction grammaticale", voir l'introduction de la *Chronique* par R.B.C. HUYGENS (Turnhout, 1986), 1, ainsi que l'essai de Monique ZERNER dans *Croisades et Pèlerinages*, p. 502.

fait l'objet de controverses importantes concernant l'idéologie véhiculée par le texte. En effet, Thomas RÖDIG a rejeté l'idée – prônée par SCHWINGES – de la 'tolérance' de Guillaume envers les musulmans, en établissant qu'il s'agissait d'une nécessité stylistique qu'imposent les règles rhétoriques suivies par tout bon historien de l'époque. Ceux-ci peuvent en effet feindre d'adopter le point de vue de l'adversaire en mettant dans sa bouche des discours fort élaborés et hautement rhétorisés.[7] Notons aussi que certaines références à l'oralité du texte latin sont simplement omises dans l'adaptation française. Par exemple p. 550 (XII, 24) : "*Haec a senioribus quibusdam audivimus, qui constanter asserebant, se praedictis omnibus interfuisse*".

1.2. Anne Comnène et les sources orales

Quant à l'*Alexiade*, Anne Comnène avoue dans le livre XIV (XIV, 7, 5-7; LEIB, p. 175-176) que ses informations proviennent en partie de récits oraux,[8] de conversations entre son père et Georges Paléologue auxquelles elle avait assisté en personne (αὐτοπροσώπως περὶ τούτων διηγουμένων πολλάκις ἤκουον[9] τοῦ τε αὐτοκράτορος καὶ Γεωργίου τοῦ Παλαιολόγου), et en partie de "relations écrites sans le moindre apprêt ... rédigées simplement, sans aucun art ... sans le moindre ornement de style ou artifice rhétorique" (ἀπό τινων ... ξυγγραμμάτων ἀχρείων καὶ ἀσπούδων παντάπασι ... Τὰ ... συγγράμματα ἁπλᾶ μὲν ἦσαν τὴν φράσιν καὶ ἀπερίεργα ... καὶ οὐδέν τι κομψὸν ἐπιδεδειγμένα οὐδὲ ῥητορικὸν ὄγκον ἐπισυρόμενα). Il est significatif qu'Anne 'teste' la véracité de ses sources en confrontant les récits oraux des vieillards (τὰ παρὰ τῶν γεραιτέρων ἐκδιηγούμενα et τὰ παρ᾽ ἐκείνων λεγόμενα) avec les témoignages écrits (τῶν συγγραμμάτων) ainsi qu'avec son propre récit (τὰ παρ᾽ ἐμαυτῆς ἱστορούμενα) (*ibid.*) :

[7] T. RÖDIG, *Zur politischen Ideenwelt Wilhelms von Tyrus* (Francfort etc., 1990), p. 79-81.

[8] *Алексиада,* trad. et commenté par N. L'UBARSKI (Moscou, 1965), p. 28, recense les passages de l'*Alexiade* où Anne fait référence à ses sources. Parfois il s'agit de simples rumeurs (*ibid.*, p. 29; *Alexiade*, X, 5) : ταύτης τῆς φήμης διαδραμούσης ἁπανταχοῦ.

[9] Le verbe 'écouter' ou 'entendre' revient souvent sous la plume d'Anne quand elle veut insister sur la fiabilité de ses sources obtenues de première main. Ainsi, pour caractériser l'état catastrophique dans lequel se trouve l'Empire avant l'accession au trône d'Alexis Comnène, l'historienne rapporte les récits des vétérans selon lesquels jamais aucun pays n'avait connu une telle détresse. (III, 9, 1) : Εγὼ γοῦν καὶ στρατιωτῶν αὐτῶν καὶ πρεσβυτέρων ἀνδρῶν ἐνίων ἀκήκοα, ὡς οὐδεμία τῶν πόλεων ἀπ᾽ αἰῶνος ἐς τοσοῦτον ἀθλιότητος κατήχθη.

Τὰ δὲ παρὰ τῶν γεραιτέρων ἐκδιηγούμενα τῆς αὐτῆς ἦσαν καὶ λέξεως καὶ διανοίας τῶν συγγραμμάτων ἐχόμενα· καὶ ἐτεκμηράμην ἐξ αὐτῶν τὴν τῆς ἱστορίας ἀλήθειαν, συμβάλλουσα καὶ παρεξετάζουσα τὰ παρ᾽ ἐμαυτῆς ἱστορούμενα πρὸς τὰ παρ᾽ ἐκείνων λεγόμενα.

On peut donc constater que, paradoxalement, ce que l'on reproche à l'époque moderne au 'style byzantin', à savoir la lourdeur et les ornements, devait manquer dans les sources d'Anne. Les récits oraux simples ont donc été élaborés sous une forme savante par l'auteur de l'*Alexiade*, quitte à être par la suite 'épurés' et simplifiés par le métaphraste. Anne avoue non sans fierté sa culture langagière 'hellénisante' et ses connaissances rhétoriques (*Alexiade*, I, 2, 4-5) : τὸ Ἑλληνίζειν ἐς ἄκρον ἐσπουδακυῖα καὶ ῥητορικῆς οὐκ ἀμελετήτως ἔχουσα. Zonaras aussi qualifie la langage d'Anne Comnène "d'atticisant avec précision".[10]

Mais il arrive aussi qu'Anne Comnène abrège et simplifie un texte-source à sa disposition. S'agissant d'un chrysobulle impérial qu'Alexis Comnène donne à sa mère, elle le reproduit après avoir "enlevé" les ornements stylistiques (τὰς τοῦ γραφέως μόνον κομψείας περιελοῦσα).[11] Notons à propos de ce chrysobulle, qu'il y est fait une distinction intéressante entre oral et écrit où le mot prononcé semble avoir la primauté sur toute autre forme d'injonction : en l'absence de l'empereur, les ordres de la mère d'Alexis doivent être respectés, qu'ils soient écrits ou oraux (ἔγγραφοι ἢ ἄγραφοι), comme s'ils étaient prononcés par sa bouche même (ἐξ αὐτοῦ τοῦ στόματος αὐτῆς τὰ γραφέντα ἀποστοματιζόμενα).[12]

Le texte original d'Anne Comnène présente aussi des traits non-attiques, si ce n'est pas vulgaires,[13] en partie à cause de ces mêmes sources que l'auteur n'a pas toujours réussi à camoufler.[14] Insistant sur la simplicité langagière des sources de l'*Alexiade*, Herbert HUNGER constate en effet que les vulgarismes peu-

[10] *Epitome historiarum* (Lib. 13-18), éd. T. BÜTTNER-WOBST (Bonn, 1897), p. 754 : ἦν γὰρ καὶ λόγοις προσκείμενος ὁ ἀνήρ, καὶ ἡ σύνοικος δέ οἱ οὐδὲν ἧττον, εἰ μὴ καὶ μᾶλλον ἐκείνου, τῆς ἐν λόγοις παιδείας ἀντείχετο καὶ τὴν γλῶτταν εἶχεν ἀκριβῶς ἀττικίζουσαν καὶ τὸν νοῦν πρὸς ὕψος θεωρημάτων ὀξύτατον. ταῦτα δ᾽ αὐτῇ προσεγένετο φύσεως ὀξύτητι καὶ σπουδῇ· προσετετήκει γὰρ ταῖς βίβλοις καὶ λογίοις ἀνδράσι καὶ οὐ παρέργως ὡμίλει αὐτοῖς. Zonaras explique que l'acuïté intellectuelle et la langue pure d'Anne – qui par sa culture dépassait même son mari Nicéphore Bryenne – étaient dues aussi bien à ses lectures studieuses qu'à la fréquentation des hommes savants avec qui elle s'entretenait assidûment.

[11] Cf. L'UBARSKI, *Алексиада*, p. 30; *Alexiade*, III, 6, 3.

[12] *Alexiade*, III, 6, 6.

[13] Cf. *Алексиада*, p. 45.

[14] Introduction à l'édition nouvelle de l'*Alexiade* par REINSCH et KAMBYLIS, p. 7-8.

vent provenir non seulement de ces ‘vieillards’, vétérans des campagnes d’Alexis, mais aussi de la conversation des dignitaires de la cour impériale.[15] Aussi le métaphraste n’a-t-il pu s’empêcher d’embellir ou de rhétoriser certains passages d’Anne, faisant ainsi le chemin inverse par rapport à son projet initial.[16]

Parfois, le récit d’Anne Comnène fait des références explicites à des textes en langue vulgaire. Dans le récit de la grâce obtenue par Anne au profit du comploteur Anémas, il est fait allusion à une chanson en langue vulgaire dont nous n’avons que l’interprétation en langue attique (*Alexiade*, XII, 6, 5; LEIB, p. 73) :

> Ραβδοῦχοι ἔμπροσθεν τούτων ἐφαλλόμενοι καὶ ᾀσμάτιόν τι γελοῖον καὶ κατάλληλον τῇ πομπῇ προσᾴδοντες ἀνεβόων, λέξει μὲν ἰδιώτιδι διηρμοσμένον, νοῦν δὲ ἔχον τοιοῦτον. Ἐβούλετο γὰρ τὸ ᾆσμα πάνδημον πᾶσι παρακελεύεσθαι [REINSCH-KAMBYLIS : ἐξελθεῖν] τε καὶ ἰδεῖν τοὺς τετυραννευκότας τούτους κερασφόρους ἄνδρας, οἵτινες τὰ ξίφη κατὰ τοῦ αὐτοκράτορος ἔθηξαν.
>
> Des appariteurs dansaient devant eux, chantant alternativement à pleine voix un refrain bouffon, digne de cet appareil : il était en langue vulgaire[17] et son sens était celui-ci. Cette chanson populaire invitait le public à venir voir ces séditieux porter des cornes, eux qui avaient aiguisé leurs armes contre l’autocrator.[18]

Dans sa récente édition de l’*Alexiade*,[19] Diether R. REINSCH – en métaphraste moderne – a cherché à reconstituer ce chant (“*scaenicos verisimile huiusmodi cantavisse opinatur Reinsch*”) :

> γιὰ ἔλα, κόσμε, νὰ ἰδῇς τούτους τοὺς κερατάδες,
> ποὺ ἔθηξαν τὰ ξίφη των κατὰ τοὺ βασιλέως

[15] H. HUNGER (ID., “Stilstufen in der byzantinischen Geschichtsschreibung des 12. Jahrhunderts : Anna Komnene und Michael Glykas”, *Byzantine Studies / Études byzantines* 5 (1978), p. 139-170, à la page 168), qui avait eu le privilège de connaître un autre véritable “dialecte impérial”, celui de la cour viennoise de Schönbrunn, compare celui-ci à ce que pouvait être le langage des Blachernes au XIIe siècle : “*Umgangssprache am Kaiserhof ist keine so ungewöhnliche Erscheinung; ich darf vielleicht auf das ‘Schönbrunnerisch’ des Wiener Kaiserhofes hinweisen, das ebenfalls von Elementen der Umgangssprache durchsetzt war*”.

[16] HUNGER, *Anonyme Metaphrase*, p. 155.

[17] Ce détail manque dans la *Métaphrase* (HUNGER, *Anonyme Metaphrase*, p. 83).

[18] Traduction de Bernard LEIB, *Alexiade*, 3, p. 73.

[19] *Alexias*, p. 375.

Les termes sont "léxei idiôtidi"[20] et "âsma pandèmon" pour signifier le caractère populaire de la chanson. Ces détails manquent de façon significative dans la *Métaphrase* (HUNGER, *Anonyme Metaphrase*, p. 83) qui se contente de dire que cette chanson était propre à faire rire le public et parfaitement en accord avec le caractère de cette procession : τραγῴδιον γελοῖον ἐτραγῴδουν ἁρμόδιον πρὸς τὴν πομπὴν αὐτῶν.

Mais il arive aussi à Anne Comnène de faire une métaphrase à l'envers, c'est-à-dire de reproduire mot-à-mot un refrain populaire en langue vulgaire (ᾀσμάτιον ... ἐξ ἰδιώτιδος μὲν συγκείμενον γλώττης), quitte à le traduire en grec classique standard. Il s'agit d'une sorte de panégyrique populaire en l'honneur du héros de l'*Alexiade*, Alexis Comnène qui s'apprête à accéder à la dignité impériale en prévenant un complot fomenté contre lui, grâce à son départ précipité de la ville à l'instar d'un faucon. *Alexiade*, II, 4, 9 : τὸ σάββατον τῆς τυρινῆς χαρὰ ´στ´ ᾽Αλέξιε ἐνόησές το καὶ τὴν δευτέραν τὸ πρωῒ ὕπα καλῶς γεράκιν μου. Anne Comnène traduit en explicitant le sens de ce refrain et en introduisant des réminisciences antiques :[21] ὡς ἄρα κατὰ μὲν τὸ τυρώνυμον σάββατον ὑπέρευγέ σοι τῆς ἀγχινοίας, ᾽Αλέξιε, τὴν δὲ μετὰ τὴν κυριακὴν δευτέραν ἡμέραν καθάπερ τις ὑψιπέτης ἱέραξ ἀφίπτασο τῶν ἐπιβουλευόντων βαρβάρων.

2. *Versions vulgarisées : la métaphrase byzantine et les traductions entre latin et roman*

L'auteur 'éponyme' des métaphrases, Syméon Métaphraste (Xᵉ siècle), a longtemps été considéré comme un traducteur–décorateur qui n'aurait fait que rhétoriser, embellir et standardiser les vies de saints des premiers martyrologes écrits dans une langue fruste et simple. Déjà l'historien des successeurs de Justinien, Ménandre Protecteur (cité au Xᵉ siècle justement par Constantin Pophyrogénète) avait utilisé une expression qui va dans ce sens-là : "j'ai transformé en un état de langue plus proche de l'attique" : μετέφρασα ἐς τὸ ᾽Αττικώτερον.[22] Rectifiant ces vues généralement acceptées du Finlandais ZILLIACUS,[23]

[20] cf. l'index de l'édition de REINSCH et KAMBYLIS, *Alexias*, 2, p. 144 : *"idiôtis : (sermo) cottidianus"*.

[21] Entre autres l'épithète ὑψιπέτης ('qui vole au haut des airs') souvent employé par Homère.

[22] Constantin Pophyrogénète, *De sententiis*, éd. U.P. BOISSEVAIN (Berlin, 1906), 19, 19.

[23] H. ZILLIACUS, "Zur stilistischen Umarbeitungstechnik des Symeon Metaphrastes", *Byzantinische Zeitschrift* 38 (1938), p. 333-350.

Elizabeth PEYR a démontré naguère que l'activité de Syméon Métaphraste n'avaient pas consisté seulement à embellir et à rhétoriser les textes originaux, mais aussi le cas échéant à simplifier des passages, l'objectif étant d'homogénéiser le style de ces textes.[24]

Sur un plan plus général, un auteur du XIIe siècle, Eustathe de Thessalonique[25] définit la métaphrase (identifiée à la 'métalepse') comme une explication clarificatrice des mots d'un texte : Ἡ γὰρ διασαφητικὴ τῶν λέξεων ἑρμηνεία μετάληψις καὶ μετάφρασις ... λέγεται. Cet auteur a en effet expliqué mot par mot, dans des volumes gigantesques, les deux épopées homériques.

Pour définir les 'métaphrases' plus tardives, celles du XIIIe et du XIVe siècles, suite à une incertitude terminologique entre métaphrase et paraphrase,[26] c'est le premier terme qui semble être plus répandu auprès des byzantinistes pour parler de ces adaptations en grec byzantin simplifié que des métaphrastes anonymes ont effectuées pour rendre accessibles à un public plus vaste des textes plus ou moins contemporains mais écrits dans un grec fortement rhétorique, atticisant et par là souvent hermétique même à des gens moyennement cultivés.[27]

Il s'agit de l'inverse de la transposition–traduction sous forme écrite d'un texte oral enregistré, activité fort répandue au Moyen Âge.[28] Une sorte d'oralité et de spontanéité est omniprésente dans le travail de tout métaphraste, car il s'agit même dans le cas de l'adaptation d'une source purement écrite, d'une

[24] E. PEYR, "Zur Umarbeitung rhetorischer Texte durch Symeon Metaphrastes", *Jahrbuch der österreichischen Byzantinistik* 42 (1992), p. 143-155, à la page 155.

[25] *Commentarii ad Homeri Iliadem [2]*, éd. M. VAN DER VALK, (Leiden, 1976), p. 499. Voir aussi à ce propos A. PIGNANI, "Parafrasi o metafrasi", *Atti dell'Accademia Pontaniana* 24 (1976), p. 7.

[26] Jean-Louis VAN DIETEN emploie invariablement le terme de 'paraphrase' en caractérisant l'adaptation de Nicétas Chôniatès (ID., "Bemerkungen zur Sprache der sog. vulgärgriechischen Niketasparaphrase", *Byzantinische Forschungen* 6 (1979), p. 37-77). Dans un article consacré à l'étude synoptique des versions de l'*Histoire* de Georges Pachymère, Albert FAILLER a également retenu le terme de 'paraphrase' pour définir le manuscrit V (ID., "Une incendie à Constantinople en 1305", *Revue des Études Byzantines* 36 (1978), p. 153-170, à la page 154).

[27] A. GIUSTI, "La metafrasi della Chronikê Sunopsis di Costantino Manasse, Osservazioni sulla lingua", *Acme : Annali della Facoltà di Lettere e Filosofia dell'Università di Milano* 48.2 (1995), p. 23-44, à la page 23 : "*in epoca presumibilmente non lontana dalla composizione dell'originale e generalmente per mano di anonimi, in metafrasi che le rendono accessibili anche ad un pubblico meno selezionato. ... lingua d'uso che, senza essere popolare, non presuppone tuttavia nel destinatario una preparazione o interessi specificamente letterari*".

[28] H. PILCH, "Syntax gesprochener Sprachen : die Fragestellung", in : *Syntax gesprochener Sprachen,* éd. H.B. HALFORD et H. PILCH (Tübingen, 1990), p. 1-8, à la p. 3 : "*Er wandelt mündliche Rede in einen normativen schriftlichen Text um ... und das ist ein der Übersetzung analoger Vorgang*".

opération à la limite de la lecture et de l'écriture. En effet, ce travail implique un métaphraste qui la plume à la main lit et rédige en même temps.[29]

Une autre difficulté est celle de définir le niveau de langue représenté par les métaphrases. Langue vulgaire, comme le disait l'helléniste du XVIIe siècle Gronovius[30] qui avait recopié des fragments de la métaphrase anonyme d'Anne Comnène, ou langue vernaculaire, voire 'koïnè écrite'?[31] Le plus grand spécialiste de la question – Herbert Hunger – a, de façon significative, modifié sa définition entre ses deux publications fondamentales dans ce domaine. Si en 1981[32] il utilise le terme de *Umgangssprache*, en 1986[33] il préfère désormais celui de *Schrift-Koine*. L'explication est justement que *Umgangssprache* implique le langage parlé, la communication vivante. Or, les métaphrases sont une tentative de rendre accessibles à un public plus large de lecteurs et d'auditeurs des ouvrages importants rédigés en langue savante. Le moyen d'y arriver était d'éliminer les mots obsolètes et les formes disparues depuis longtemps du grec 'parlé'. Trouver une expression qui rende à la fois le caractère écrit et le niveau de langue différent par rapport à la langue savante relève de la gageure. Il s'agit donc de la forme écrite du niveau de langue moyen, contrairement à la koïnè antique parlée, d'où le terme de 'koïnè écrite'.

Dans le monde latin et roman on observe un mouvement analogue. En effet, avant les nombreuses traductions de textes latins en langues vulgaires romanes à partir de la fin du XIIe siècle – Guillaume de Tyr est adapté vers 1220, et pendant longtemps on a cru à la prééminence d'une version vulgaire sur la version latine – des activités d'adaptation similaires y avaient déjà été pratiquées. Les rédacteurs modifient et "teintent de vulgarismes" les textes latins qu'ils reproduisent pour les rendre plus accessibles au public. Il arrive aussi que les mêmes rédacteurs mettent par écrit les récits qu'ils recueillent oralement, en passant sans difficulté à une forme écrite qu'ils considèrent toujours comme du latin, "différent de degré et de qualité, mais non de nature", par

[29] G. CAVALLO, "Tracce per une storia della lettura a Bisanzio", *Byzantinische Zeitschrift* 95 (2002), p. 423-444, à la page 423 : "*une lettura che, se eseguita con la penna in mano, si effettua all'incrocio di lettura e scrittura, giacchè può dar luogo ad escerti, parafrasi, trascrizioni, marginalia*".

[30] "Fragmentum Alexiadis Annae Comnenae translatum in linguam vulgarem Graecis ante captam Constantinopolim", cité d'après Schopen dans HUNGER, *Anonyme Metaphrase*, p. 24.

[31] H. HUNGER et I. ŠEVČENKO, *Des Nikephoros Blemmydes* Βασιλικὸς ᾿Ανδρειάς *und dessen Metaphrase von Georgios Galesiotes und Georgios Oinaiotes*; *Ein weiterer Beitrag zum Verständnis der byzantinischen Schrift-Koine* (Vienne, 1986), p. 30.

[32] Dans le titre de son *Anonyme Metaphrase zu Anna Komnene, Alexias XI-XIII*.

[33] Voir le titre de H. HUNGER et I. ŠEVČENKO, *Des Nikephoros Blemmydes* Βασιλικὸς ᾿Ανδρειάς.

rapport à la langue parlée. Ces échanges permanents entre les niveaux de langue sont si puissants que des écrivains cherchant à manifester un certain anticonformisme dans le maniement de la langue écrite ont tendance à "surdéterminer" les caractères oraux de leur texte.[34]

Mais déjà le monde antique devait être conscient de l'existence de plusieurs registres situés entre l'écrit et l'oral, dont l'*oratio soluta*, forme linguistique relâchée et apparemment négligée dont l'emploi est fréquent non seulement dans le genre épistolaire mais également dans les belles-lettres, à titre de *mimésis*. Elle peut en effet correspondre à une volonté éminemment artistique d'imiter le parler naturel.[35] LAUSBERG affirme en outre que l'*oratio soluta* est la seule trace orale du passage du latin vers les langues romanes.[36]

Le statut des versions vulgarisées byzantines a longtemps été des plus incertains. Ainsi, la théorie qui a prévalu pendant des siècles à propos d'une autre métaphrase, celle de l'historien byzantin Nicétas Chôniatès, considérait comme probable la primauté chronologique de la version 'vulgaire' que Nicétas aurait par la suite stylisée dans un langage élaboré devenu du coup incompréhensible même pour la plupart de ses contemporains. Ce fut la théorie des pères fondateurs de la science byzantine, tels que Hieronymus Wolf (XVIe siècle), Ducange (XVIIe siècle) et même Emmanuel Miller la reprend encore à la fin du XIXe siècle dans le *Recueil des Historiens des Croisades*.[37] C'est vers cette même époque qu'avec Uspenski et Krumbacher la tendance s'est inversée : le texte trop difficile de Nicétas (et d'Anne Comnène entre autres) aurait subi une adaptation–traduction simplificatrice. Krumbacher considère cependant la métaphrase de Nicétas comme étant du "grec vulgaire" et de la "littérature en langue vulgaire".[38]

[34] M. BANNIARD, *Viva voce : Communication écrite et communication orale du IVe au IXe s. en Occident latin* (Paris, 1992), p. 301.

[35] H. LAUSBERG, *Handbuch der literarischen Rhetorik* (Munich, 1960), p. 456 : "*Die oratio soluta ist die lockere und willkürliche syntaktische Aneinanderreihung, wie sie in der gesprochenen Umgangssprache und in dem die Umgangssprache reproduzierenden Briefstil vorkommt. ... Die oratio soluta kann auch zu künstlerischen Zwecken (in der Rede zur Erreichung des Eindrucks der Einfachheit, wenn diese der Partei-Utilitas entspricht) nachgeahmt werden. ... ubi aliquid simile et proximum sermoni volumus effingere*".

[36] *Ibid.* : "*Die oratio soluta ist der einzige mündliche Traditionsträger vom Lateinischen zum Romanischen*".

[37] VAN DIETEN, "Bemerkungen zur Sprache der sog. vulgärgriechischen Niketasparaphrase", p. 37-38.

[38] VAN DIETEN ("Bemerkungen zur Sprache der sog. Vulgärgriechischen Niketasparaphrase", p. 39) cite – pour la réfuter dans la conclusion de son article – la définition de Krumbacher : "*eine verkürzte und ziemlich formlose vulgärgriechische Paraphrase*".

Ces fluctuations dans l'appréciation de la primauté chronologique n'ont pas eu seulement des retombées théoriques. En effet, dans le domaine roman, la traduction–adaptation française de Guillaume de Tyr fut retraduite en latin au XIVe siècle par le dominicain Pépin de Bologne qui devait ignorer jusqu'à l'existence d'un original latin.[39]

On peut donc voir aussi bien du côté de Byzance que du côté de la littérature médiévale de langue latine un va-et-vient incessant entre langue vulgaire et langue savante, entre oral et écrit. Résumons : les témoignages oraux recueillis – sans doute en langue vernaculaire – sont d'abord mis dans une forme savante (en grec classique ou en latin),[40] puis, afin d'assurer une plus grande diffusion à ces ouvrages historiques rédigés dans une langue inaccessible au plus grand nombre, on les traduit dans des formes linguistiques plus simples (grec byzantin simplifié à Byzance ou ancien français, voire castillan, anglais ou italien[41] en Occident) ; mais lorsque ces formes simples sont ressenties comme trop locales et régionales (comme cela a pu arriver en Italie pour le français) on les retraduit dans ce médium plus difficile certes, mais universel – au moins dans les milieux ecclésiastiques – qu'est le latin. Pour la conscience linguistique médiévale il n'y avait sans doute rien d'anormal dans ces perpétuelles retraductions. L'introduction d'un lai anonyme du XIIe siècle, intitulé *Tyolet*, en témoigne à merveille. On y apprend que ce conte en vers provient de multiples sources. En effet, les chevaliers preux des temps anciens se réunis-

[39] En réalité, c'est le texte français de Bernard le Trésorier que Pépin retraduit en latin : Bernardus Thesaurarius, *De Acquisitione Terrae Sanctae*, éd. L. MURATORI, *Rerum italicarum scriptores*, 25 vols. en 28 tomes (Milan, 1723-1751), 7 (1725). SCHWINGES (*Kreuzzugsideologie und Toleranz*, p. 45) affirme que cette retraduction de l'adaptation française vers le latin a été effectuée sans que Pépin de Bologne fût au courant de l'existence de l'original latin. C'est dans le texte français et non pas dans l'original latin qu'aurait puisé la *Chronique de Morée* rédigée en rimes (D. JACOBY, "La littérature française dans les États latins de la Méditerranée orientale", p. 638).

[40] L'expression du traducteur de Guillaume de Tyr pour caractériser l'activité de l'archevêque est de façon significative : "cil arcevesques qui ceste histoire mist en latin" (*Recueil des Historiens des Croisades*, *Historiens Occidentaux*, 1, p. 1066). Cela pourrait-il suggérer que l'adaptateur considère l'activité première de Guillaume de Tyr comme une 'mise en latin', une transformation mentale d'un original oral conçu en langue vulgaire? 'Mettre en latin' peut signifier en effet le choix délibéré de ce moyen d'expression au détriment du 'roman' dans lequel il est plus difficile de composer par exemple des prières. cf. l'aveu d'un auteur bilingue latin–français du XIVe siècle: "Toutevoies pour grevance / Et ennui et destourbance / Qu'ai au romans bien pourtraire, / En latin qui miex m'avance / Ai mise mon ordenance. / Plaise a cui elle puet plaire!" (Guillaume de Diguleville, *Pèlerinage de l'âme*, éd. STÜRZINGER (Londres, 1895), p. 362).

[41] Cf. *Dictionnaire des Lettres Françaises, le Moyen Âge*, éd. R. BOSSUAT, L. PICHARD, et L.G. RAYNAUD DE LAGE, revue par G. HASENOHR et M. ZINK (Paris, 1992), p. 648.

saient la nuit pour se raconter leurs aventures. Celles-ci étaient ensuite récitées à la cour d'Arthur où des clercs savants finirent par les traduire en latin en les mettant en écrit pour les générations futures. Le lai du XIIe siècle ne fait que retraduire de latin en roman ("de latin en romanz trovees", c'est-à-dire 'tournées', 'composées') ces vieux récits pour les dire et raconter au public.[42]

3. La dichotomie oral-écrit et les indices d'oralité dans les textes médiévaux

> Les méthodes philologiques, mises au point pour les textes grecs et latins dont les copistes, fort scrupuleux, ne sont coupables que d'erreurs involontaires, s'appliquent mal aux textes de langue vulgaire que les scribes manipulent librement.[43]

Même si cette constatation de Bernard CERQUIGLINI semble être vraie pour la plupart des textes médiévaux où la transmission des oeuvres en langues romanes est beaucoup plus orale et fluctuante que celle des oeuvres latines, nous pourrons néanmoins nous interroger sur le statut ambigu des métaphrases grecques qui ont justement pour caractéristique un travail rapide de simplification et d' 'oralisation' visant à rendre les textes plus accessibles au public.

Beaucoup de chercheurs sont d'accord en même temps sur le caractère pseudo-oral des productions en langue vulgaire qui, elles aussi, nous sont parvenues filtrées par l'écriture.[44] Il serait aujourd'hui impossible d' 'entendre' la parole médiévale : "La question n'était pas de se mettre à l'écoute, afin de recueillir les bribes d'un parlé ancien. De cette voix qui s'est tue, on n'entend pas les échos, mais la représentation".[45] Selon Michèle Perret, seules les pre-

[42] B. CERQUIGLINI, "Lai anonyme de Tyolet", vv. 22-38, éd. in : *Lais anonymes des XIIe et XIIIe siècles*, éd. O'HARA TOBIN et P. MARY (Genève, 1976), p. 237 : "e ensement par nuit oscure / aventures beles trovoient / qu'il disoient e racontoient. / A la cort erent racontees, / si conme eles erent trovees; / Li preude clerc qui donc estoient / totes escrire les fesoient; /mises estoient en latin / e en escrit em parchemin, / por ce qu'encor tel tens seroit / que l'en volentiers les orroit. / Or sont dites e racontees, / de latin en romanz trovees; / Bretons en firent lais plusors, / si con dïent nos ancessors. / .I. en firent que vos dirai".

[43] B. CERQUIGLINI, *La parole médiévale* (Paris, 1981), p. 117.

[44] CERQUIGLINI, *La parole médiévale,* p. 18 : "Il importe donc, dans la perspective d'une théorie d'ensemble, de montrer que la prose médiévale est une élaboration consciente, et particulièrement rigoureuse, de la langue : une forme contraignante. Opérer sur cette forme, sur celle du vers, en tant qu'écritures, nous coupe définitivement de la langue parlée, nous plaçant dans l'espace homogène, mais fracturé, de la langue littéraire, seul objet connaissable du médiéviste".

[45] CERQUIGLINI, *La parole médiévale,* p. 247.

mières chansons de geste et les fabliaux les plus archaïques montreraient les traces d'une élaboration orale, les textes médiévaux plus tardifs continuant certes à être dictés mais sans pour autant provenir directement de l'oralité.[46] D'où ce caractère mixte oral–écrit de nos textes :[47]

> Les textes en vers – surtout les plus anciens – participent en effet d'une tradition orale (composition et/ou transmission et/ou performance), mais nous y avons accès par le biais de versions manuscrites qui combinent les marques de nature orale à celles de la mise en écriture d'une langue vernaculaire littéraire à ses débuts.

S'il est vrai que les parlers vernaculaires ont été "épurés" par leur accession à une "scripta",[48] dans le cas des métaphrases et des mises en roman nous chercherons à démontrer que les formes élevées du langage, au contact direct du vernaculaire, peuvent au contraire se "contaminer" et s' "oraliser".

Dans un article paru en 1985, Koch et Oesterreicher[49] ont établi toute une série de critères définissant la langue de proximité face à la langue de distance, ces deux pôles recoupant dans de nombreux cas la sphère de l'oral face à l'écrit. Il s'agit de caractéristiques universelles sur le plan de la morphosyntaxe, du lexique, de l'organisation textuelle et de la pragmatique. La morphosyntaxe de la langue de proximité se caractérise par des ajouts complémentaires[50] (Nachträge), des anacoluthes, des incongruités, des assertions holophrastiques, des phénomènes de segmentation, l'ordre rhème–thème,[51] ainsi que par

[46] M. PERRET, "Ancien français : Quelques spécificités d'une énonciation in praesentia", *Langue française* 149 (2006), p. 16-30, à la page 17 : "La question de la part de l'oralité dans l'élaboration des textes ne se pose d'ailleurs que pour les premières chansons de geste, les premiers fabliaux. Très vite, cependant, romans, hagiographies, épopées en vers, mémoires et romans en prose ne seront plus composés oralement, même si beaucoup d'entre eux sont encore dictés par leurs auteurs".

[47] S. MARNETTE, "La signalisation du discours rapporté en français médiéval", *Langue française* 149 (2006), p. 31-47, à la page 31.

[48] PERRET, "Ancien français : Quelques spécificités d'une énonciation in praesentia", p. 16.

[49] P.KOCH et W.OESTERREICHER, "Sprache der Nähe – Sprache der Distanz, Mündlichkeit und Schriftlichkeit im Spannungsfeld von Sprachtheorie und Sprachgeschichte", *Romanisches Jahrbuch* 36 (1985), p. 15-43, à la page 27.

[50] La figure de style de l'hyperbate, non pas au sens où il est employé à propos du grec et du latin (ordre des mots artistique ou expressif), mais au sens de 'dépassement du cadre normal de la phrase', recouvre un phénomène semblable.

[51] "La distinction du thème et du propos est d'ordre psychologique ...Ce qui permet de déterminer le thème, c'est la question à laquelle l'énoncé répond, ou est censé répondre" (O. DUCROT et T. TODOROV, *Dictionnaire encyclopédique des sciences du langage* (Paris, 1972), p. 345-346). Notons cependant que selon Neumann-Holzschuh c'est justement l'antéposition du thème qui caractérise le vieux castillan aux caractères fortement oraux. Cf. I. NEUMANN-

l'utilisation rare de l'hypotaxe. Sur le plan du lexique il s'agit entre autres d'une forte proportion de mots passe-partout, d'une pauvreté lexicale, d'une faible proportion *type–token*, d'un grand nombre de liens expressifs (hyperboles, mots expressifs), ainsi que d'un lexique plus riche limité à des domaines précis. Le troisième niveau, appelé pragmatique et textuel présente des signaux phatiques de locuteur et d'auditeur, des phénomènes de suture ou d'hésitation, des signaux de correction, des signaux de partition, le temps verbal du présent, le discours direct ainsi que d'autres défis à la cohérence textuelle.

Si l'on aborde le problème du point de vue des langues classiques, on constate que – s'inspirant entre autres de l'exemple du Pseudo-Longin qui dans son *Traité du sublime* relevait l'importance de l'imitation du parler naturel, quitte à introduire dans le texte des constructions inhabituelles[52] – les grammaires du grec ancien recensent un certain nombre de figures de style, dont l'anacoluthe (pouvant aussi être considéré comme une simple faute de grammaire selon le prestige de celui qui la commet),[53] qui serviraient à donner avant tout l'impression du réel, à réaliser la mimésis de la parole spontanée, voire de la pensée en train de se formuler. Certains auteurs antiques ont même été analysés en détail de ce point de vue, plusieurs thèses et ouvrages stylistiques ayant été consacrés en Allemagne au phénomène de l'anacoluthe chez des auteurs comme Platon, Xénophon,[54] ou Thucydide. Ainsi chez Platon les changements de construction grammaticale, les anacoluthes s'expliqueraient par la volonté de reproduire la vivacité de la parole réelle dans les dialogues socratiques et de représenter les

HOLZSCHUH, "Spuren von Mündlichkeit in der Syntax altkastilischer Texte", *Iberoamericana* 54 (1994), p. 49-72, à la p. 56 : "*Die Satzgliederung in frühen altkastilischen Texten ist dadurch gekennzeichnet, dass die syntaktische Struktur Subjekt-Prädikat anders als im Neuspanischen weitgehend hinter das pragmatische Prinzip Thema (topic) vor Rhema (comment) zurücktritt, d. h. dass die Funktion 'Thema' Vorrang hat vor der grammatischen Funktion der jeweiligen Satzkonstituente*".

[52] Ainsi, la *mimésis* d'un discours passionné implique des constructions embrouillées, des hyberbates (ordre des mots ou des pensées altéré par rapport à leur suite normale κατ´ ἀκολουθίαν). L'art est parfait lorsque, passant inaperçu, il semble être naturel : Pseudo-Longin, *Vom Erhabenen*, éd. O. SCHÖNBERGER (Stuttgart, 1988), 22, 1 : Τῆς δὲ αὐτῆς ἰδέας καὶ τὰ ὑπερβατὰ θετέον. ἔστι δὲ λέξεων ἢ νοήσεων ἐκ τοῦ κατ´ ἀκολουθίαν κεκινημένη τάξις καὶ οἱονεὶ χαρακτὴρ ἐναγωνίου πάθους ἀληθέστατος. ... οὕτως παρὰ τοῖς ἀρίστοις συγγραφεῦσι διὰ τῶν ὑπερβατῶν ἡ μίμησις ἐπὶ τὰ τῆς φύσεως ἔργα φέρεται. τότε γὰρ ἡ τέχνη τέλειος ἡνίκ´ ἂν φύσις εἶναι δοκῇ, ἡ δ´ αὖ φύσις ἐπιτυχὴς ὅταν λανθάνουσαν περιέχῃ τὴν τέχνην.

[53] PILCH, "Syntax gesprochener Sprachen : die Fragestellung", p. 1 : " *Abweichungen vom Strukturmodell werden (je nach Prestigelage) entweder als Fehler* (vitium) *gerügt oder, sofern sie von angesehenen Autoren kommen, als 'dichterische Freiheit'* (poetarum licentia) *geduldet bzw. bewundert, und die Rhetorik hat die Fehler längst kategorisiert (als 'Soloezismus', 'Anakoluth' u. dgl.)*".

[54] W. HORN, *Quaestiones ad Xenophontis elocutionem pertinentes* (Halle, 1926).

pensées en train de naître.[55] Chez Thucydide on a constaté que les changements de construction affectent non seulement les passages qui reproduisent des discours de personnages mais aussi les parties narratives où elles peuvent s'expliquer par la densité extraordinaire de la pensée de l'auteur qui est obligé de transgresser les règles imposées par la grammaire pour pouvoir exprimer ses idées dans toute leur complexité.[56] A l'inverse, chez Hérodote l'anacoluthe serait motivée par la manière enfantine et légèrement décousue de raconter des histoires.[57]

Qu'en est-il des textes médiévaux? On peut bien sûr s'attendre à un traitement moins respectueux des auteurs byzantins auxquels on n'hésite pas à reprocher des fautes de goût, voire de langue. Mais Herbert Hunger avoue qu'après avoir été agacé par le style du métaphraste d'Anne Comnène, il a fini par l'aimer et donc par lui "pardonner".[58] Cependant, il est souvent difficile de connaître exactement l'origine de telle ou telle tournure bizarre. Dans le domaine de la syntaxe, la présence d'anacoluthes et de pléonasmes caractérise les textes en langue vernaculaire, y compris les métaphrases. Il s'agirait ici de traits caractéristiques du style oral.[59] Andrea Giusti a justement identifié le *nominativus pendens* (sorte de nominatif absolu en lieu et place d'un ablatif absolu latin ou d'un génitif absolu grec) comme trait fondamental d'une des versions de la métaphrase de Manassès.[60] Il est souvent difficile d'établir dans quelle mesure

[55] L. REINHARD, *Die Anakoluthe bei Platon* (Berlin, 1920), p. 59 : "*ein Stil, wie er einer ersten Formulierung des Gedankens, ohne Rücksicht auf die Form, entspricht*".

[56] W. LÜDTKE, *Untersuchungen zum Satzbau des Thukydides (das sog. Anakoluth)* (Bonn-Leipzig, 1930), p. 2 : anacoluthe plus facile à motiver dans les discours directs ("*Lebendigkeit des Sprechens*"), mais la désinvolture du discours naturel ("*Ungezwungenheit der natürlichen Rede*") ne s'applique pas aux parties narratives de Thucydide.

[57] R. KÜHNER et B. GERTH, *Ausführliche Grammatik der griechischen Sprache, 2. Teil : Satzlehre*, 2 (Hanovre et Leipzig, 1904), p. 589. cf. aussi LAUSBERG, *Handbuch der literarischen Rhetorik*, p. 459 : "*Hierbei werden drei Arten des Partikel-Anakoluths unterschieden*" : exemples de l'*Iliade* (VIII, 555), de l'*Enéide* (II, 12) etc.

[58] HUNGER, *Anonyme Metaphrase zu Anna Komnene*, p. 265 : "*Nach anfänglichem Ärger ist er mir interessant geworden und irgendwie sogar ans Herz gewachsen. So bin ich bereit, ihm seine viele 'Mängel', die ihm Puristen einerseits und Neogräzisten anderseits ankreiden werden, zu verzeihen und ihn einfach als schreibenden Byzantiner und Menschen mit seinen Schwächen zu nehmen*".

[59] PILCH, "Syntax gesprochener Sprachen : die Fragestellung", p. 17 : "*Unsere Schrifttradition lässt die Ellipse nur in Sonderfällen zu. In mündlicher Rede genügt es dagegen, dass der Hörer versteht, und Ellipse und Anakoluth sind allgegenwärtig*".

[60] GIUSTI, "La metafrasi della Chronikê Sunopsis di Costantino Manasse", p. 39 : "*nominativus pendens participiale, forma di anacoluto molto frequente nella lingua di L : tale fenomeno, insieme con la propensione per la paratassi, rientra senz'altro fra i tratti stilistici peculiari di questa redazione ed ancora una volta ... siamo di fronte ad un tratto tipico della*

ces anacoluthes et ces pléonasmes proviennent de l'auteur lui-même ou de copistes plus tardifs.[61] L'éditeur moderne de Nicétas Chôniatès, Jean-Louis VAN DIETEN penche pour la faute de construction dans le cas de certains anacoluthes dans la métaphrase de l'historien byzantin.[62] Mais il note aussi que c'est justement sur le plan de la syntaxe – qui demande "plus qu'une simple imprégnation et une mémoire solide" – que transparaissent inévitablement les marques d'une influence de la langue parlée, vivante.[63] Selon Ingrid NEUMANN-HOLZSCHUH, au Moyen Âge le style écrit de certaines langues vernaculaires était plus fortement imprégné par des modèles syntaxiques oraux que ne l'est la syntaxe moderne. Ainsi, il y a en castillan médiéval une fréquence beaucoup plus élevée de constructions du type *nominativus pendens* que dans l'espagnol moderne. Elle avance la thèse selon laquelle il s'agit d'une volonté de placer en tête de phrase le thème (thématisation) en fonction de sujet au nominatif, même si celui-ci acquiert plus loin une autre fonction dans la suite de la phrase. Cette modification syntaxique intervenue au cours des siècles prouverait que dans la constitution des textes médiévaux les formes du langage parlé (*sprechsprachliche Formen*) ont joué un rôle de premier plan.[64]

Reste cependant le problème de certains critères ambigus parmi ceux qui servent à définir ce qui relève de l'oral et ce qui appartient plutôt au style écrit. Dans le sillage de Koch-Oesterreicher, J. Müller-Lancé propose dans son étude diachronique sur les constructions absolues en latin et en français d'établir deux pôles : le pôle oral (la langue de proximité) opposé au pôle écrit (la langue de distance), les deux étant reliés par des formes intermédiaires variées.[65] Mais il avoue qu'il est a priori impossible de déterminer si une construction donnée (telles que l'ablatif absolu et les constructions qui en sont issues dans le français médiéval et moderne) appartient plutôt à l'oral ou plutôt à l'écrit.[66] C'est

lingua viva (cf. KÜHNER *[et]* GEHRT*, [Ausführliche Grammatik der griechischen Sprache], § 516)*".

[61] HUNGER, *Anonyme Metaphrase zu Anna Komnene*, p. 22.

[62] VAN DIETEN, "Bemerkungen zur sog. vulgärgriechischen Niketasparaphrase", p. 56 et 63 sur des phrases "mal construites".

[63] *Ibid.*, p. 64 et p. 77.

[64] I. NEUMANN-HOLZSCHUH, *Die Satzgliederung im Spanischen, eine diachrone Analyse* (Tübingen, 1997), p. 313-315 : " *'et ellos ... tomo les sabor de comer'. Herausstellungen dieser Art (Nominativus pendens) dienen der Thematisierung und sind in den altspanischen Texten sehr häufig. Im Neuspanischen finden sich Anakoluthen hingegen vor allem in der gesprochenen Sprache, in der geschriebenen Sprache dominieren kasuskongruente Heranstellungen*".

[65] J. MÜLLER-LANCÉ, *Absolute Konstruktionen vom Altlatein bis zum Neufranzösischen, ein Epochenvergleich unter Berücksichtigung von Mündlichkeit und Schriftlichkeit* (Tübingen, 1994), p. 11.

[66] MÜLLER-LANCÉ, *Absolute Konstruktionen vom Altlatein bis zum Neufranzösischen,*

un cercle vicieux, car pour déterminer le caractère oral ou écrit d'un texte il faut connaître le caractère linguistique des constructions qui s'y trouvent; or, pour déterminer le caractère linguistique d'une construction donnée, il est nécessaire d'examiner dans quel type de textes (oraux ou écrits) celle-ci figure de façon prépondérante.[67] De plus, et c'est le principal propos de l'étude de Lancé-Müller, les constructions absolues changent de valeur en diachronie : plus fréquentes dans le discours direct en latin primitif et classique, elles deviennent plus rares dans le discours direct en latin tardif et médiéval. Cependant, certains types de constructions absolues, telles que les constructions en chaîne, deviennent une caractéristique en ancien français de textes formulaires dits à "oralité médiée".[68] Quant au français moderne, curieusement, les constructions absolues sont beaucoup plus fréquentes dans un certain style des médias, donc essentiellement parlé, que dans les véritables 'belles lettres' : *ceci dit, cela étant fait* et des formules semblables ne relevant pas vraiment du style littéraire élevé mais fonctionnant plutôt comme des clichés linguistiques d'un certain style journalistique.

Une question essentielle quant à l'oralité des métaphrases étudiées est leur caractère spontané ou réfléchi. Paul ZUMTHOR[69] a établi que la préparation d'un manuscrit médiéval supposait plusieurs phases de travail, dont la notation rapide sur une tablette de cire, ensuite une mise au net dictée. Le scribe reçoit auditivement le texte à reproduire, donc le langage que fixe le manuscrit reste potentiellement celui de la communication directe. Or, on peut se demander si une opération sans prétention, comme celle d'une métaphrase, a bien donné lieu à toutes ces phases. Il est beaucoup plus probable, et HUNGER aussi y fait allusion, que ces textes soient nés *currente calamo*,[70] d'un seul jet et sans que l'opération de correction ait eu lieu : d'où un certain nombre d'interprétations erronées et de fautes de construction. Ces témoignages du langage spontané sont donc comme une bande magnétique où l'on entend la voix du maître qui

p. 177.

[67] *Ibid.*

[68] *Ibid.*, p. 178 : "*medial mündliche Texte*".

[69] P. ZUMTHOR, *La lettre et la voix : De la "littérature médiévale"* (Paris, 1987), p. 111-115.

[70] HUNGER, *Anonyme Metaphrase zu Anna Komnene*, p. 239; cf. aussi p. 255 : "*... sind dem Metaphrasten zahlreiche Missverständnisse des Textes unterlaufen. Es scheint dies vor allem auf eine gewisse Oberflächlichkeit zurückzugehen. Der Metaphrast hat m. E. ohne besondere Überlegungen den ihm vorliegenden Text mehr oder weniger in einem Zug in eine verständlichere Form gefasst. So erklärt sich am leichtesten die grosse Zahl willkürlicher Änderungen, Retuschen und offenkundiger Fehler*".

dicte, certes sous l'influence du texte hautement rhétorisé d'Anne Comnène, mais dans un effort de simplification et de vulgarisation.

Une des preuves de l'oralité des métaphrases est le travail spontané, *ex abrupto*, démontré par le fait que les verbes du texte original de l'*Alexiade* sont remplacés de façon divergente et souvent arbitraire : parfois des contre-exemples[71] indiquent un travail tout à fait spontané, puisqu'un verbe donné, ressenti comme littéraire ou archaïque, peut être remplacé par un autre, réputé plus simple, mais, de façon curieuse et apparemment illogique, ce même verbe simple, employé cette fois-ci dans l'original peut à son tour être remplacé dans la métaphrase par son pendant archaïque.

La dictée orale lors de l'opération métaphrastique explique aussi certaines fautes du texte de la métaphrase.[72] On reviendra sur les nombreux anacoluthes qui peuvent a priori être considérés comme des preuves d'oralité, ou en tout cas d'un travail rapide, spontané. Mais Herbert PILCH attire l'attention sur le risque d'une tautologie que l'on encourt en analysant le degré de correction des productions langagières spontanées et orales.[73] Il est clair qu'une telle statistique ne peut que confirmer l'hypothèse d'une moindre conformité grammaticale et d'une hypotaxe moins présente dans les textes oraux par rapport à des productions soignées. Notre point de départ est cependant légèrement différent. Nous ne connaissons pas a priori le degré d'oralité de la métaphrase grecque par rapport à la mise en roman (la traduction du latin en ancien français) : c'est justement l'éventuelle différence dans le degré de grammaticalisation de ces formes de textes traduits qui pourra fournir un indice en ce sens. Ajoutons une autre 'évidence' présentée par PILCH : le degré de grammaticalisation est moindre dans le cas des textes plus anciens lorsqu'il s'agit de différents états d'une langue vernaculaire.[74] Dans la philologie byzantine la simplicité syn-

[71] H. HUNGER les recense *ibid.*, p. 155-158.

[72] *Ibid.*, p. 262.

[73] PILCH, "Syntax gesprochener Sprachen : die Fragestellung", p. 2 : "*Bei der Zählung bzw. der mit 'modernen Methoden' geführten statistischen Auswertung kommt zwangsläufig heraus, dass in mündlicher Rede Soloezismen häufiger sind als in jenen 'guten' geschriebenen Texten, Perioden ("Hypotaxe") dagegen seltener – und zwar 'zwangsläufig' deswegen, weil die Qualität des "guten" Textes u. A. dadurch bestimmt ist, dass er sich durchgehend an die Regeln der Schulgrammatik hält. 'Weniger gute' Texte (z. B. spontane mündliche Texte) halten sich weniger durchgehend daran. Das grundsätzliche Ergebnis der Auszählung liegt soweit* per tautologiam *fest*".

[74] *Ibid.*, p. 2 : "*In älteren Sprachstufen (für deren überlieferte Texte unsere traditionellen Grammatiknormen nicht in gleicher Weise gelten wie für den Textkanon klassizistischer Ästhetik) findet man mehr Soloezismen und weniger Hypotaxe als in modernen. ... Die empirische Untersuchung kann den deduktiven Schluss nur bestätigen*".

taxique et la brièveté des répliques peuvent aussi indiquer l'ancienneté et donc l'authenticité quasi 'orale' de certains actes de martyrs.[75] A l'inverse, Michèle PERRET a démontré que dans l'épopée française médiévale, paradoxalement, les marques d'oralité deviennent plus fréquentes au fur et à mesure que la littérature en langue vernaculaire s'éloigne de la pure oralité, ces marques d'oralité (telles que les exclamations / apostrophes au public du type "lors veissiez" – "alors vous auriez vu" etc.) revêtant le caractère d'une oralité secondaire, littéraire.[76] On peut donc comprendre l'oralité non pas forcément en termes de circonstances de composition mais en tant que référence à une tradition littéraire, les attributs oraux pouvant se présenter comme les caractéristiques stylistiques d'un certain type de textes écrits.[77]

4. Indices d'oralité dans l'Alexiade d'Anne Comnène (livres XI-XIII), comparée à sa version simplifiée : exemples et contre-exemples

4.1. Suppressions

Vu la brièveté relative de la métaphrase par rapport à l'original, on peut s'attendre à un certain nombre de simplifications, voire de suppressions opérées par le métaphraste. En voici quelques exemples :

> *Alexiade*, XI, 7, 4; LEIB : p. 34 : Μετὰ γοῦν τὸ παραδοῦναι τὰ κάστρα τοῖς ἀνωτέρω δηλωθεῖσιν ἀπῆλθεν εἰς ʼΑντάραδον καὶ ταύτην ἀμαχητὶ ἐχειρώσατο.
>
> Après avoir remis les places à ceux que nous venons d'indiquer, il partit à Antaras dont il s'empara sans combat.
>
> *Métaphrase*, HUNGER, p. 31 : Μετὰ γὰρ τὸ τὰ τοιαῦτα κάστρα παραδοῦναι τοῖς ἄρχουσιν ἀπῆλθεν εἰς ʼΑντάραδον.

[75] ZILLIACUS, "Zur stilistischen Umarbeitungstechnik des Symeon Metaphrastes", p. 349.

[76] M. PERRET, "De l'espace romanesque à la métérialité du livre : l'espace énonciatif des premiers romans en prose", *Poétique* 50 (1982), p. 173-182. Cf. aussi le terme de Goetsch, cité par KOCH et OESTERREICHER, "Sprache der Nähe – Sprache der Distanz", p. 24 : "*fingierte Mündlichkeit*".

[77] T. SHAWCROSS, "Oral residue and narrative structure in the *Chronicle of Morea*", *Byzantion* 75 (2005), p. 310-333, à la p. 330 : "*It would appear likely that the inclusion of textual markers of interaction with the audience became paradoxically of more significance as vernacular literature increasingly distanced itself from a situation of pure orality*".

Le métaphraste supprime le rappel analeptique précisant l'identité des personnages : τοῖς ἀνωτέρω δηλωθεῖσιν ("à ceux qui ont été mentionnés ci-dessus") disparaît dans la métaphrase, s'agissant d'un participe passif aoriste que le métaphraste préfère remplacer par un nom τοῖς ἀρχοῦςιν ("aux chefs").

La simplification peut aussi être lexicale :

Alexiade, XI, 11, 5; LEIB, p. 48 : τὴν μέντοι ἀκρόπολιν, ὅπερ κουλᾶ νῦν ἡ συνήθεια καλεῖν εἴωθεν, ἔτι Κελτοὶ κατεῖχον.

la citadelle pourtant, que de nos jours on a coutume d'appeler couramment 'koula', restait encore aux mains des Celtes.

Métaphrase, HUNGER, p. 51 : τὸν κουλὰν δὲ ἔτι οἱ 'Αλαμάνοι εἶχον.

Si Anne Comnène se sent obligée de donner les deux noms, classique et courant pour 'citadelle', en spécifiant que κουλᾶ est une appellation habituelle face à l'antique "ἀκρόπολις", le métaphraste se contente de l'appellation courante. La même chose s'observe dans la version française de Guillaume de Tyr (*Recueil des Historiens des Croisades, Historiens Occidentaux I*) p. 698 (XV, 25) : "*Nomenque ei vulgari indicunt appellatione Blance Guarda, quod Latine dicitur Alba Specula*" devient simplement "Blanche Garde". Mais parfois les indications historiques sont gardées : p. 572 (XIII, 12) : " *locum ... Bilin dictum, qui hodie celebriori vocabulo Mahomeria appellatur*" ("en un leu que l'on siaut apeler Belin; mès or le claime l'en novelement la Mahomerie").

Une bonne partie des proverbes et des citations savantes sont modifiées ou carrément écartées :

Alexiade, XI, 7, 7 ; LEIB, p. 35-36 : Ὡς δὲ πολλὰ μετ᾽ αὐτοῦ κοινολογούμενος καταπειθῆ τοῦτον οὐχ εὕρισκεν, ἀλλ᾽ ἄντικρυς ᾄδειν ἐδόκει παρὰ κωφῷ, ἐκεῖθεν παλινοστήσας καταλαμβάνει αὖθις τὴν Τρίπολιν.

Mais lorsqu'après de longs colloques il s'aperçut qu'il ne le convainquait pas et qu'il semblait chanter devant un sourd, il s'en alla et regagna Tripoli.

Métaphrase, HUNGER, p. 33 : ὁ δὲ οὐχ ὑπήκουεν, ὡς δὲ πολλὰ λέγων οὐκ ἠκούετο ἀθεὶς αὐτον ἀπῆλθε πάλιν εἰς Τρίπολιν.

Le proverbe de l'original "chanter devant un sourd"[78] est supprimé. Notons que la métaphrase peut aussi impliquer l'ajout de proverbes, comme c'est le cas chez Syméon Métaphraste.[79]

Si ce proverbe "païen" disparaît de la métaphrase, il n'en est pas ainsi d'une citation vétérotestamentaire.

Alexiade, XII, 3, 10; LEIB, p. 64 : Ὁ μὲν οὖν Δαυὶδ μετὰ κλαυθμοῦ τὸ πόμα κιρνῶν φαίνεται.·

On représente David en train de mêler ses gémissements à son breuvage.

Métaphrase, HUNGER, p. 69 : Καὶ ὁ μὲν Δαυὶδ φαίνεται λέγων, ὅτι ὅπερ ἔπινε μετὰ τῶν δακρύων ἦν αὐτοῦ· τὸ πόμα μου, γὰρ φησι, μετὰ τοῦ κλαυθμοῦ ἐκίρνων.

La citation biblique (*Psaume* 101, 10 : καὶ τὸ πόμα μου μετὰ κλαυθμοῦ ἐκίρνων) est reproduite mot-à-mot et est aussi amplifiée par une paraphrase dans le texte du métaphraste, alors que dans le texte original d'Anne Comnène elle est légèrement modifiée mais sans pour autant être paraphrasée.

Il est bien entendu plus fréquent de voir le métaphraste supprimer les citations savantes, lorsque celles-ci sont d'origine non-biblique.

Alexiade, XIII, 5, 6; LEIB, p. 106-107 : Πολλὰ γοῦν ὁ Καντακουζηνὸς ἀγωνισάμενος καὶ πολλὰς ἱππασίας κατὰ τῶν ἐκδειματωθέντων ποιήσας· Ἀνέρες ἔστε, φωνῶν κατὰ τὸν ποιητήν, μνήσθητε θούριδος ἀλκῆς, ὡς οὐκ ἔπειθεν, εὐφυῶς τούτους τῆς πτοίας ἀνήνεγκε φάμενος ὡς· Οὐ χρὴ τὰς ἑλεπόλεις καταλιπεῖν τοῖς ἐχθροῖς.

Cantacuzène lutta beaucoup et chargea plusieurs fois contre ces épouvantés, en clamant les mots du poète : "Soyez des hommes, souvenez-vous de votre bravoure impétueuse"; comme il n'arrivait pas à les persuader, il triompha avec habileté de leur effroi en disant : "Ne laissons pas les hélépoles aux ennemis".

Métaphrase, HUNGER, p. 120-121 : ὁ δὲ Καντακουζηνὸς πολλὰ σπουδάζων καὶ πολλὰ τοῖς στρατιώταις δημηγορῶν καὶ διεγείρων, ὡς οὐ κατέπειθεν αὐτούς,

[78] Cf. *Alexiade*, vol. 4, index, p. 142.

[79] Cf. ZILLIACUS, "Zur stilistischen Umarbeitungstechnik des Symeon Metaphrastes", p. 340.

τελευταῖον εἶπεν αὐτοῖς "οὐ πρέπον ἐστὶν ἵνα τὰς μηχανὰς, ἅς ἐποιήσαμεν, παραλάβωσιν οἱ ἐχθροί".

Cet encouragement d'origine homérique (μνήσθητε θούριδος ἀλκῆς) doit être sacrifié au profit d'une simplification du texte ("en parlant beaucoup aux siens et en les encourageant"). Par contre, la deuxième phrase prononcée par le chef est maintenue, au prix d'une légère modification.

Alexiade, XIII, 6, 4; LEIB, p. 109 et *Métaphrase*, HUNGER, p. 124-125 : Ἀλλ' οὐδ' ὁ Καντακουζηνὸς ἠμέλει, οὔτε νήδυμος ὕπνος ἔσχε τὸν ἄνδρα κατὰ τὸν ποιητήν,

La métaphrase supprime tout simplement cette réminiscence homérique fréquemment employée par Anne Comnène : "un doux sommeil ne retint pas ce guerrier".

Alexiade, XI, 8, 2; LEIB, p. 36-37 : Ὁ δὲ βασιλεύς, πάντη ἀσύμφορον τοῦτο γινώσκων καὶ τὴν ἀπώλειαν μὴ θέλων τοῦ τοσούτου λαοῦ ..., ἐπεὶ μὴ πειθομένους τούτους ἑώρα, τὸν δεύτερον, ὅ φασι, πλοῦν ἐρχόμενος, μεταπεμψάμενος τὸν Ἰσαγγέλην καὶ τὸν Τζίταν συνεκπέμπει τούτοις.

Le basileus, qui savait ce projet tout-à-fait désastreux et qui voulait empêcher la destruction d'une armée si nombreuse ... , les voyant rebelles à ses avis, s'embarqua sur un autre vaisseau, comme l'on dit : après avoir appelé Isangélès et Tzitas, il les fit partir avec ces gens.

Métaphrase, HUNGER, p. 35 : ὁ βασιλεὺς δὲ παντελῶς ἀσύμφερον εἶναι τοῦτο γινώσκων καὶ μὴ θέλων μηδὲ ὀρεγόμενος τοσούτου λαοῦ ἀπώλειαν ... ὡς οὐ κατέπειθε τούτους, εἰς δευτέραν ἔρχεται στράταν καὶ συνεκπέμπει μετ' αὐτῶν τὸν Ἰσαγγέλην καὶ τὸν Τζίτα

L'expression imagée de l'original (s'embarquer une seconde fois – τὸν δεύτερον πλοῦν ἔρχεσθαι), introduite par "comme on dit", est simplifiée en "deuxième chemin", "seconde marche".[80]

[80] Makarios Chrysocéphale, *Paroemiae*, éd. E.L. VON LEUTSCH, *Corpus paroemiographorum Graecorum* 2 (Göttingen, 1851), 3, 20 : Δεύτερος πλοῦς ἐπὶ τῶν ἀσφαλῶς τι πραττόντων· παρόσον οἱ διαμαρτόντες κατὰ τὸν πρότερον πλοῦν ἀσφαλίζονται περὶ τὸν δεύτερον. Cf. la traduction de L'UBARSKI, *Алексиада*, p. 310 : "стал, как говорится, действовать другим путем".

Alexiade, XI, 12, 2; LEIB, p. 50 : Καὶ ἡ φήμη διέτρεχεν ἁπανταχῆ πτερῶν ταχυτέρα καὶ τὸν Βαϊμοῦντον νεκρὸν ἐκήρυττε.

La nouvelle se propage de tout côté, plus rapide que les ailes, divulguant que Bohémond est mort.

Métaphrase, HUNGER, p. 53 : Καὶ τῆς φήμης ταύτης πανταχόθεν διακηρυχθείσης οἰκονομεῖται κιβούριν καὶ βάλλουσιν ὡς θανόντα ἔσωθεν.

Si l'image d'origine mythologique de la “Renommée qui court plus rapide que les ailes” est supprimée, il est néanmoins remarquable que la simple parataxe de l'original soit ici modifiée et condensée par le métaphraste en une construction absolue avec un participe passif aoriste au génitif (τῆς φήμης διακηρυχθείσης) où le préverbe *dia* du verbe ‘parcourait’ – διέτρεχεν fusionne avec l'autre verbe de l'original ‘annonçait’ – ἐκήρυττε pour former ‘annoncée tout autour’ – διακηρυχθείσης.

4.2. Simplification stylistique – chiasmes difficiles remplacés par des parallélismes

La simplification peut toucher aussi l'ordre des mots. Des tournures réputées difficiles ou artificielles, comme la tendance à la symétrie réalisée par les nombreux chiasmes (constructions du type ABBA) de l'original, sont “normalisées” grâce à des constructions parallèles, plus proches du langage spontané, voire populaire.

Alexiade, XI, 8, 2; LEIB, p. 37 : ἐπεὶ δὲ τοῦτο Ρωμαῖοι κατεῖχον, θαρρήσαντες καὶ τὰς **ἱερὰς** ἐπενδυθέντες οἱ ἱερεῖς **στολὰς** εὐαγγέλιόν τε καὶ σταυροὺς κομιζόμενοι ὡς Χριστιανοῖς τούτοις προσῄεσαν.

Comme des Romains l'occupaient, les prêtres revêtus des ornements sacrés, portant l'Evangile et des croix, s'avancèrent confiants à leur rencontre, puisqu'ils étaient chrétiens.

Métaphrase, HUNGER, p. 35 : ὅπερ οἱ Ῥωμαῖοι κατεῖχον. Θαρρήσαντες οὖν οἱ ἔποικοι τούτου καὶ σταυρόν καὶ εὐαγγέλιον λαβόντες καὶ **τὰς ἱερὰς στολὰς** οἱ ἱερεῖς ἀλλάξαντες τούτοις προσῆλθον.

Le chiasme grammatical entre les deux accusatifs féminins et les deux nominatifs masculins τὰς ἱερὰς ἐπενδυθέντες οἱ ἱερεῖς στολὰς[81] est réduit à un parallélisme dans la métaphrase : τὰς ἱερὰς στολὰς οἱ ἱερεῖς ἀλλάξαντες, ce qui est beaucoup moins élégant, mais plus immédiatement compréhensible. Remarquons ici que, contrairement au métaphraste d'Anne Comnène, Syméon Métaphraste a embelli le style de ses textes en y introduisant de nombreux chiasmes inexistants dans les originaux simples.[82]

La tendance à la simplification syntaxique s'observe non seulement au niveau des chiasmes supprimés, mais aussi dans la préférence accordée à la "construction directe",[83] au détriment des hyperbates classiques.

Alexiade, XII, 1, 2, LEIB, p. 54 : παγάνον ὀνομάζων αὐτὸν καὶ τῶν Χριστιανῶν πολέμιον.

qu'il appelait païen et ennemi des Chrétiens.

Métaphrase, HUNGER, p. 57 : Παγάνον αὐτὸν ἀποκαλῶν καὶ πολέμιον τῶν Χριστιανῶν.

[81] Si du point de vue grammatical il y a ici une construction croisée (chiasme) chez Anne Comnène, sur le plan sémantique c'est en même temps un parallélisme : les mots dérivant de la même racine et de sens proche, ἱερὰς et ἱερεῖς sont au début de leurs syntagmes respectifs, tandis que les termes se rapportant à l'habillement, στολὰς et ἐπενδυθέντες sont en deuxième position.

[82] ZILLIACUS, "Zur stilistischen Umarbeitungstechnik des Symeon Metaphrastes", p. 347. Voici encore deux autres cas de suppression du chiasme au profit d'une construction parallèle :

1) *Alexiade*, XI, 10, 9; LEIB, p. 46 : δοῦκα δὲ προχειρίσασθαι Στρατήγιον τὸν Στραβόν, ἄνδρα **μικρὸν** μὲν τῷ σώματι, ταῖς δὲ πολεμικαῖς ἐμπειρίαις **πολύν** τε καὶ **μέγιστον**.

Et de nommer duc Stratégios Strabos, homme petit de taille, mais très grand par son expérience consommée dans l'art de la guerre.

Métaphrase, HUNGER, p. 47 : ἄνδρα **κοντὸν** μὲν τὴν ἡλικίαν τοῦ σώματος, **ἔμπειρον** δὲ καὶ **δόκιμον** εἰς τὰς πολεμικὰς κατασκευάς.

2) *Alexiade*, XII, 2, 7, LEIB, p. 59 : Καὶ πίπτουσι καὶ ἄμφω τῶν ἵππων, ὁ μὲν νεκρὸς ὁ Κελτός, ὁ δ᾽ Ἀσπιέτης ἔτι ἐμπνέων.

L'un et l'autre tombent alors de cheval, le Celte, mort, et Aspiétès, respirant encore.

Métaphrase, HUNGER, p. 63 : Καὶ πίπτουσι καὶ ἀμφότεροι ἀπὸ τῶν ἀλόγων αὐτῶν εἰς τὴν γῆν , ὁ μὲν Ἀλαμάνος **νεκρός**, ὁ δὲ Ἀσπιέτης **ἐμπνέων**.

[83] Sur l'ordre des mots en grec byzantin, et notamment les 'changements de direction' gauche-droite, voir HUNGER, *Anonyme Metaphrase*, p. 239.

4.3. Métaphores et comparaisons

L'une des caractéristiques du style recherché est la présence de métaphores. Sauf certaines métaphores "populaires" ou usées, celles-ci sont plutôt rares dans les premiers textes en langue vulgaire du Moyen Âge.[84] La métaphrase d'Anne Comnène n'échappe pas non plus à cette règle. Plusieurs métaphores, ressenties comme trop compliquées sont sacrifiées sans regret.

> *Alexiade*, XII, 8, 3, LEIB, p. 77 : τὴν σκηνήν, καθάπερ τοὺς τραγικούς φασι, ῥίψασα μάχης ἀνθέξοιτο.
>
> jetant le masque, comme on le dit des tragédiens, elle pourrait reprendre le combat.
>
> *Métaphrase*, HUNGER, p. 88-89 : ἵνα ἐνδείξηται ὁποία ἐστίν.

Cette métaphore, qui en réalité est proche d'une comparaison à cause de l'incise "καθάπερ τοὺς τραγικούς φασι", est explicitée dans la métaphrase en : "afin qu'elle se montre comme elle est".

> *Alexiade*, XII, 5, 4-5; LEIB, p. 69 : Ὁ δὲ Σολομῶν ... πρὸς τὴν βασιλείαν ὅλοις ἱστίοις ἀπένευε καθάπερ ὑπὸ τούτων τῶν Ἀνεμάδων ἐμπνεόμενος.
>
> Ce Salomon ... voguait donc vers le pouvoir impérial à pleines voiles, comme s'il était poussé par le souffle de ces Anémas.
>
> *Métaphrase*, HUNGER, p. 77 : καὶ ὅλως εὔελπις ἦν, καθὼς οἱ Ανεμάδες αὐτῷ ἔλεγον, ὅτι τῆς βασιλείας ἄρξῃ.

Le métaphraste a supprimé la métaphore "précieuse" du prétendant au trône qui navigue vers le trône toutes voiles dehors, poussé par le souffle des "Anémades", ces conjurés au nom éloquent évoquant le "vent". Le résultat est une phrase sèche, concrète, où les Anémades promettent simplement à Solomon le trône impérial au lieu de l'y lancer avec leur souffle.

[84] Sur l'apparition lente mais progressive des tropes, de l'*ornatus difficilis* en ancien français, voir l'introduction au *Roman de Thèbes* de Francine MORA-LEBRUN (Paris, 1995), p. 30-32.

Même Homère ne trouve pas grâce aux yeux du sévère métaphraste qui supprime l'expression "ils naviguèrent sur la route humide de la capitale" par la formule neutre "ils partirent pour la Ville".

Alexiade, XI, 10, 8; LEIB, p. 45 : ἐκεῖθεν ἀπάραντες, ὅλοις ἱστίοις τὴν πρὸς τὴν μεγαλόπολιν ὑγρὰν ὑπέπλεον κέλευθον.

Ils levèrent l'ancre et, toutes voiles dehors, naviguèrent sur la route humide de la capitale.[85]

Métaphrase, HUNGER, p. 45 : καὶ ἐξελθόντες ἀπὸ τῆς Κύπρου μετὰ τοῦ στόλου παντὸς ἐπὶ τὴν Πόλιν ἤρχοντο.

Pourtant, la métaphore serait un élément essentiel des productions orales.[86] Aussi est-elle maintenue, associée à la comparaison, dans d'autres passages de la métaphrase.

Alexiade, XIII, 12, 3-4; LEIB, p. 126-127 : δίδωμι τὴν πίστιν τὴν ἐμαυτοῦ πρὸς τὴν ὑμῶν βασιλείαν, σοῦ τε, τοῦ μεγάλου αὐτοκράτορος κυρίου Ἀλεξίου τοῦ Κομνηνοῦ, καὶ τοῦ τριποθήτου υἱοῦ σου τοῦ βασιλέως κυρίου Ἰωάννου τοῦ πορφυρογεννήτου, ἣν ἀμετακίνητον καὶ ἀσάλευτον καθέξειν ὑπισχνοῦμαι καθάπερ ἄγκυραν ἀσφαλῆ.

j'engage ma foi envers vos Majestés, c'est-à-dire envers vous, le grand autocrator et seigneur Alexis Comnène, et envers votre fils très cher, le basileus et seigneur Jean Porphyrogénète, et je promets de la garder inébranlablement comme une ancre solide.

Métaphrase, HUNGER, p. 144-145 : ἀντιδίδωμι τὴν πίστιν καὶ τὴν ὑπόληψιν μου ὀρθὴν πρὸς τὴν ὑμῶν βασιλείαν σοῦ τε τοῦ βασιλέως κυροῦ Ἀλεξίου τοῦ Κομνηνοῦ καὶ τοῦ περιποθήτου σου υἱοῦ σου ["sic Ms". cod. in margine] βασι-

[85] C'est l'expression de Polyphème qui s'enquiert ainsi de la route suivie par Ulysse et ses compagnons (*Odyssée* III, 71) : ὦ ξεῖνοι, τίνες ἐστέ; πόθεν πλεῖθ' ὑγρὰ κέλευθα;

[86] C.W. DAVIS, *Oral Biblical Criticism : The Influence of the Principles of Orality on the Literary Structure of Paul's Epistle to the Philippians* (Sheffield, 1999), p. 77 : "*This figure [la métaphore] is particularly effective in oral setting because its imagery, which Cicero points out most often appeals to the eye, becomes a strong mnemonic device*". Mais Cicéron (si tant est qu'il est l'auteur de la *Rhétorique à Herennius*) insiste aussi sur l'emploi fréquent de la métonymie (latinisée en *denominatio*) dans le langage quotidien : "*plena consuetudo est non modo poëtarum et oratorum, sed etiam cottidiani sermonis huiusmodi denominationum*" (Cicéron, *Rhetorica ad Herennium*, éd. F. MARX (Leipzig, 1923), IV, 43).

λέως κυροῦ ᾿Ιωάννου τοῦ πορφυρογεννήτου, καὶ ἔξω ἀσάλευτον καὶ ἀμετακίνητον καθῶς ὑπόσχομαι τὴν πίστιν ὥσπερ ταύτην ὥσπερ ἄγκυραν ἀσφαλῆ καὶ στερεάν.

4.4. *Discours direct et indirect*

Une caractéristique du langage parlé est la parataxe au détriment de l'hypotaxe. Une des manifestations spectaculaires de cette tendance est le discours direct qui est privilégié par rapport au discours indirect aussi bien dans la métaphrase grecque[87] que dans l'ancien français.[88]

Alexiade, XII, 8, 3; LEIB, p. 77 : Ἅμα δὲ καὶ πρὸς τὸν Κοντοστέφανον πρέσβεις ἀποστείλασα, δουλείαν ὡμολόγει τῷ αὐτοκράτορι καὶ εἰρηνικὰς μετ᾽ αὐτοῦ σπονδὰς ὑπισχνεῖτο ποιήσασθαι πρὸς αὐτόν τε ἐξελεύσεσθαι τὰ κατὰ σκοπὸν ἀνακοινωσομένη, ὡς πάντα δι᾽ αὐτοῦ δηλωθείη τῷ αὐτοκράτορι.

En même temps elle envoyait des parlementaires à Kontostéphanos et reconnaissait la suzeraineté de l'autocrator; elle promettait de négocier la paix avec lui et d'aller le trouver pour en conférer, afin qu'il pût informer l'autocrator en détail.

HUNGER, p. 89 : ἀπέστειλε δὲ καὶ πρὸς τὸν Κοντοστέφανον λέγουσα, ὅτι · "ἐγὼ δούλη εἰμὶ τοῦ βασιλέως καὶ εἰρήνην θέλω ἵνα ἔχω μετ᾽ αὐτοῦ καὶ δήλωσον ταυτᾶ τῷ βασιλεῖ".

Même si la métaphrase contient un participe imperfectif (λέγουσα), elle supprime toutes les formes un peu compliquées de l'original, qu'il s'agisse de l'infinitif aoriste moyen (ποιήσασθαι), de l'infinitif futur moyen (ἐξελεύσεσθαι), du participe futur moyen (ἀνακοινωσομένη) ou de l'optatif aoriste passif (δηλωθείη). La phrase complexe de l'original est simplifiée grâce au recours au discours direct qui, de façon significative, est introduit par la conjonction ὅτι. [89]

[87] VAN DIETEN, "Bemerkungen", p. 68 : "*Der parataktische Satzbau spielt in jeder lebendigen Sprache, so wie sie im Alltag gehandhabt wird, eine dominierende Rolle*".

[88] A. MEILLER, "Le problème du 'style direct introduit par que' en ancien français", *Revue de linguistique romane* 30 (1966), p. 353-373, à la page 363 : "Une tendance caractéristique de l'ancienne langue est sa répugnance pour le style indirect", et p. 369 : [le style indirect est libéré] "personnalisé, reproduisant la parole dans la forme même où elle a été exprimée". (cité par CERQUIGLINI, *La parole médiévale*, p. 101).

[89] Cette apparente confusion entre le style direct et le style indirect n'en est pas une, puisque la conjonction, sans forcément avoir un rôle véritablement syntaxique, peut remplir dans les

Dans l'extrait suivant, ὅτι est doublé d'une autre conjonction de sens voisin, ὡς, qui introduit un discours direct : "Après avoir traversé la mer, un Allemand affirma par des mots vrais : "Bohémond fait la traversée".

Métaphrase, HUNGER, p. 93 : Ἀλαμανὸς δὲ τις διαπεράσας ἐβεβαίου διὰ λόγων ἀληθινῶν ὡς ὅτι περᾷ ὁ Βαιμοῦντος.

Alexiade, XII, 8, 8; LEIB, p. 81 : Κελτὸς δὲ τις ἐκεῖθεν ἄρτι διαπεραιωθεὶς ἐβεβαίου τούτοις τὴν τοῦ Βαϊμούντου ἐπὶ ξυροῦ εἶναι διαπεραίωσιν.

Un Celte, qui venait d'arriver d'Italie par mer, leur certifia que Bohémond était sur le point de traverser.

Dans le passage suivant, la même expression nominale (τὴν τοῦ Βαϊμούντου διαπεραίωσιν) est transformée au discours direct, cette fois-ci avec un impératif qui explicite cette construction.

Alexiade, XII, 9, 7; LEIB, p. 85 : τὴν τοῦ Βαϊμούντου διαπεραίωσιν τρανῶς ἐβόα

cria d'une voix claire que Bohémond avait traversé (mot-à-mot : "cria la traversée de Bohémond").

Métaphrase, HUNGER, p. 97 : ἐφώναξε μεγάλως ἐνώπιον πάντων · "γίνωσκε, ὦ βασιλεῦ, ὅτι περᾷ ὁ Βαιμοῦντος".

Il cria fort devant tout le monde : "sachez, Majesté, que Bohémond traverse la mer".

Alexiade, XIII, 4, 8; LEIB, p. 103 : Ἐρωτηθεὶς δὲ ὅπη τούτους σττοχάζεται ἐφθακέναι, τὴν Πέτρουλαν αὐτοὺς ἔλεγε διελθεῖν.

Interrogé sur l'endroit où il croyait que se trouvaient maintenant ces messagers, il répondit qu'ils avaient passé Petroula.

manuscrits grecs le rôle des deux points. Cf. sur la ponctuation manquante dans les manuscrits médiévaux français : MARNETTE, "La signalisation du discours rapporté en français médiéval", p. 42 : "Il n'existe aucune étude globale de la ponctuation et de la mise en page du discours rapporté médiéval et lorsqu'on se penche sur les manuscrits, on comprend vite pourquoi. Excepté bien sûr pour l'absence générale de guillemets, qui n'apparaîtront que plus tard, sous l'impulsion des imprimeurs, l'emploi de la ponctuation ... ainsi que des capitales ... semble varier de manuscrit à manuscrit et parfois même à l'intérieur d'un même texte".

Métaphrase, HUNGER, p. 116-117 : Καὶ λέγει · "ποῦ αὐτοὺς ἵνα εὕρω" · καὶ εἶπε· "περὶ τὴν Πέτρουλαν : ἀπὸ ταύτης γὰρ μέλλουσι διελθεῖν".

Le texte original avec le participe aoriste passif en apposition, suivi de deux infinitifs avec l'accusatif est simplifié à l'extrême. Le résultat est une succession de petites phrases au style direct, introduites chaque fois par καὶ, avec pour conséquence un allongement par rapport à l'original dont la densité ne peut plus être maintenue.

Si dans les exemples que l'on vient de voir, la métaphrase passe sans prétention stylistique particulière au discours direct le plus simple possible, ailleurs il semble qu'après un premier effort vers la subordination, le discours direct l'emporte à la fin, créant ainsi des phrases hybrides, caractérisées par VAN DIETEN comme typiquement populaires dans le cas de la métaphrase de Nicétas Chôniatès.[90] Ces structures contaminées peuvent aussi être appelées des anacoluthes, résultant du mélange de deux constructions différentes.[91]

Alexiade, XI, 7, 4; LEIB, p. 34 : Θαρρήσας γὰρ τοῖς ἐντοπίοις ἔφη ὡς· Ἐγὼ μὲν τοῦ κάστρου παμμεγέθους ὄντος ἔν τινι τόπῳ κρυβήσομαι· ὑμεῖς δὲ, ὁπηνίκα ὁ Ἀταπάκας καταλάβῃ, τὸ μὲν ἀληθὲς μὴ ὁμολογήσητε, πτοηθέντα δέ με φυγάδα γενέσθαι διαβεβαιώσατε.

Il dit en effet aux habitants, en qui il avait confiance : "Comme cette place est forte et très vaste, je vais me cacher dans un coin; vous, lorsqu'Atapakas se présentera, vous lui dissimulerez la vérité et vous lui certifierez que j'ai pris la fuite épouvanté".

Métaphrase, HUNGER, p. 31 : Θαρρῶν γὰρ εἰς τοὺς τοπικοὺς εἶπεν οὕτως ὅτι "ἐγὼ μὲν, ἐπεὶ τὸ κάστρον μέγα ἐστί, δύναμαι κρυβηθῆναι ἐν μέρει τινὶ τοῦ κάστρου· ὑμεῖς δέ, ὅταν ἔλθῃ ὁ Ἀτάπακας καὶ ἐρωτήσῃ περὶ ἐμοῦ, μὴ ὁμολογήσετέ με, ἀλλ' εἴπατε ὅτι φοβηθεὶς ἔφυγεν".

L'accusatif avec l'infinitif (με φυγάδα γενέσθαι διαβεβαιώσατε) est supprimé et remplacé par une subordonnée en "que" (εἴπατε ὅτι ἔφυγεν). Celle-ci est

[90] VAN DIETEN, "Bemerkungen", p. 69 : "*Volkstümlich ist aber wohl, dass er gerne* oratio obliqua *in* oratio recta *verwandelt*". HUNGER, *Anonyme Metaphrase*, p. 240 : "*Anakoluthartig wirkt der unvermittelte Übergang von der indirekten zur direkten Rede; er steht stets im Dienste lebendiger Wirkung und Verstärkung des Gedankens*".

[91] GIUSTI, "La metafrasi della Chronikê Sunopsis di Costantino Manasse", p. 41 : "*l'anacoluto deriva dalla sovrapposizione di due diversi costrutti : l'esempio più tipico è il passaggio privo di mediazione dal discorso indiretto al discorso diretto*".

construite avec le verbe à la troisième personne : "ne me révélez pas, mais dites qu'ayant pris peur il s'est enfui". Dans la subordonnée grammaticale, on pourrait s'attendre à "dites que je me suis enfui".[92] La construction de la métaphrase indique plutôt un discours direct du type : "dites ceci : pris de peur, il s'est enfui". Comme on l'a vu plus haut, la conjonction ὅτι peut avoir cette fonction de remplacer simplement les deux points avant une citation en style direct.

> *Alexiade*, XII, 1, 5; LEIB, p. 55-56 : Ἐπὶ δὲ τὴν Λογγιβαρδίαν ὁ Βαϊμοῦντος καταλαβὼν ... πολλὰ τοῦ αὐτοκράτορος κατέτρεχε κατὰ πᾶσαν πόλιν καὶ χώραν περιιὼν καὶ παγάνον αὐτὸν λαμπρᾷ τῇ φωνῇ ἀνακηρύττων καὶ τοῖς παγάνοις ὅλῃ γνώμῃ ἐπαρήγοντα
>
> Mais quand Bohémond fut arrivé en Longobardie ... il parcourut toutes les villes et les pays en ne cessant de déblatérer contre l'autocrator et en publiant à haute voix qu'il était un païen, de pleine connivence avec les païens pour les aider.
>
> *Métaphrase*, HUNGER, p. 59 : ἐπεὶ δὲ ὁ Βαιμοῦντος εἰς τὴν Λογγιβαρδίαν ἦλθε ... κατὰ τοῦ βασιλέως λόγους ὑβριστικοὺς ἔλεγε, παγάνον ἤγουν Βογομίλον εἰς ὅλην τὴν Φραγγίαν κηρύττων αὐτὸν καὶ οὐ πρέπον ἐστὶ τοῖς Βογομίλοις βοηθεῖν.

Après un le participe formé à partir d'un verbe de déclaration (κηρύττων) dont dépend l'adjectif παγάνον ("en le déclarant païen"), il y a un passage abrupt au discours direct : "et il ne faut pas aider les Bogomils" qui a un sens passablement différent de l'original.

Le changement peut parfois être plus ambigu.

> *Alexiade*, XII, 5, 6; LEIB, p. 70 : ἐπυνθάνετο, τί ἂν εἴη τὸ λεγόμενον.
>
> Il ... lui demanda ce qu'il disait.
>
> *Métaphrase*, HUNGER, p. 79 : ἠρώτησε, τί οὗτος λαλεῖ.

Ici, on peut se demander si la formule employée dans la métaphrase est un discours direct ou un discours indirect dans lequel l'optatif de la subordonnée (εἴη) est changé en indicatif (λαλεῖ).

[92] E. MILLER, l'éditeur d'Anne Comnène dans le *Recueil des Historiens des Croisades*, *Historiens Grecs* 1 (Paris, 1875), p. 67) signale en note à propos de ce passage une faute éventuelle de copiste : "Fort. ἔφυγον". cf. l'euphémisme employé par HUNGER (*Anonyme Metaphrase*, p. 31) à propos de la syntaxe du métaphraste : "*noster ab anacolutho non abhorret*".

Dans l'exemple suivant, c'est un infinitif futur[93] (ἔσεσθαι) qui cède la place devant un futur conjugué (ἔσται), la simplification syntaxique impliquant aussi une modification du sens de la phrase : "Il demande une dignité et promet de se joindre à nous".

Alexiade, XII, 5, 6; LEIB, p. 70 : Ἀξίωμα αἰτήσας ἡμᾶς καὶ λαβὼν τὴν ὑπόσχεσιν συνέθετο κοινωνὸς ἡμῖν τῆς βουλῆς τῶν πάντων ἔσεσθαι.

Il nous a demandé une dignité et, sur notre promesse, il s'est engagé à se joindre à nous dans la conjuration générale.

Métaphrase, HUNGER, p. 79 : Τιμὴν καὶ ἀξίαν ζητεῖ καὶ ὑπόσχεται, ἵνα καὶ αὐτὸς μεθ' ἡμῶν ἔσται.

Le dernier exemple montrera le métaphraste soucieux de suivre presque mot-à-mot l'original avec quelques changements mineurs (φοβερίσας pour ἐπαπειλησάμενος, ἔπεπψε pour ἐξέπεμψεν) mais incapable de tenir jusqu'au bout : la fin de la phrase glisse de manière abrupte dans le discours direct,[94] alors que le sujet logique reste le même entre "s'il arrive" et "tu seras" : "s'il n'arrive pas en Illyrie avant que Bohémond ne passe la mer : tu seras privé de tes yeux". Pourtant là encore, il y a un souci de correction grammaticale avec l'infinitf aoriste passif στερηθῆναι qui est combiné à la tournure périphrastique avec μέλλεις.

Alexiade XII, 8, 1; LEIB, p. 77 : μεταπεμψάμενος τὸν Κοντοστέφανον Ἰσαάκιον μέγαν δοῦκα τοῦ στόλου προὐβάλετο καὶ πρὸς τὸ Δυρράχιον ἐξέπεμψεν ἐπαπειλησάμενος τὴν τῶν ὀφθαλμῶν αὐτοῦ ἐκκοπήν, εἰ μὴ φθάσας προκαταλάβοι τὴν πρὸς τὸ Ἰλλυρικὸν τοῦ Βαϊμούντου διαπεραίωσιν.

[Alexis] fit venir Isaac Kontostéphanos et, après l'avoir nommé grand-duc de la flotte, l'expédia à Dyrrachium en le menaçant de lui crever les yeux s'il ne se hâtait pas d'y arriver avant que Bohémond n'ait passé en Illyrie.

[93] Sur la situation précaire du futur dans la métaphrase, voir HUNGER, *Anonyme Metaphrase*, p. 246 et 248.

[94] Là encore, l'ajout du style direct n'est pas une exclusivité des métaphrases sumplificatrices. Déjà Syméon Métaphraste avait agi de même, comme le relève E. PEYR, en rectifiant les vues de ZILLIACUS (PEYR, "Zur Umarbeitung rhetorischer Texte durch Symeon Metaphrastes", p. 155). Mais il est vrai que les dialogues simples aux répliques courtes des actes de martyrs des premiers siècles sont souvent transformés au discours indirect par Syméon Métaphraste (ZILLIACUS, "Zur stilistischen Umarbeitungstechnik des Symeon Metaphrastes", p. 349).

Métaphrase, HUNGER, p. 87 : Μετακαλεσάμενος τὸν Κοντοστέφανον Ἰσαάκιον μέγαν δοῦκαν ποιήσας αὐτὸν μετὰ τοῦ στόλου πρὸς τὸ Δυρράχιον ἔπεμψε, φοβερίσας αὐτὸν, εἰ μὴ προφθάσας καταλάβῃ εἰς τὸ Ἰλλυρικὸν πρὸ τοῦ ἵνα περάσῃ ὁ Βαιμοῦντος · "στερηθῆναι μέλλεις τοὺς ὀφθαλμούς σου".

4.5. Langage négligé, spontané : écriture sous dictée?

Ces fautes de construction, appelées anacoluthes ou encore solécismes, ont une importance particulière pour mesurer le degré de spontanéité, d'oralité si l'on veut, de notre corpus. Le grammairien byzantin du IXe siècle, Georges Khoïroboskos (Chérobosque) définit de la manière suivante le solécisme : c'est une faute au niveau de la syntaxe et du discours, lorsque chaque mot en soi est correct (καλῶς ἐχούσης), tout en étant employé irrégulièrement (ἀτάκτως) et de façon inconséquente (sans suite, en "anacoluthe" : ἀνακολούθως) dans la syntaxe et dans le discours. L'exemple classique fourni par Khoïroboskos est un nominatif absolu [95]: "me promenant [pendant que je me promenais], le mur s'effondra ". La phrase grecque correcte comporte ici un génitif absolu, au lieu de ἐγὼ περιπατῶν il faudrait avoir ἐμοῦ περιπατοῦντος.[96] Comme on a vu plus haut, certaines grammaires grecques sont plus indulgentes envers l'anacoluthe, et l'expliquent par des raisons psychologiques ou stylistiques d'expressivité, de variété et de vivacité.[97]

Alexiade, XI, 7, 6; LEIB, p. 35 : Ἄνεισι γοῦν κατευθὺ καὶ προκαταλαμβάνει τὴν ἀκρολοφίαν τοῦ ἀντικρὺ Τριπόλεως διακειμένου βουνοῦ, μέρους ὄντος τοῦ Λιβάνου, ἐφ᾽ ᾧ καὶ ὡς ὀχύρωμα τοῦτον ἔχειν καὶ τὸ ἐκ

[95] Le nominatif absolu est par définition intraduisible en français, dans la mesure où les constructions absolues en français, inspirées de l'ablatif absolu latin, se réalisent sans la déclinaison du nom et coïncident donc dans la traduction avec les nominatifs absolus. Pour d'autres références byzantines, voir HUNGER, *Anonyme Metaphrase*, p. 237.

[96] G. Choïroboskos, *Prolegomena et scholia in Theodosii Alexandrini canones isagogicos de flexione nominum*, éd. A. HILGARD, in : *Grammatici Graeci* 4.1 (Leipzig, 1894), p. 103-104 : Σολοικίζειν δέ ἐστι τὸ περὶ τὴν σύνταξιν καὶ τὴν φράσιν ἁμαρτάνειν, τουτέστιν ἑκάστης λέξεως καθ᾽ ἑαυτὴν κειμένης καλῶς ἐχούσης, ἐν δὲ τῇ συντάξει καὶ τῇ φράσει ἀτάκτως καὶ ἀνακολούθως πραραλαμβανομένης, ὡς ἐπὶ τοῦ ἐγὼ περιπατῶν ὁ τοῖχος ἔπεσεν ἀντὶ τοῦ ἐμοῦ περιπατοῦντος ὁ τοῖχος ἔπεσεν.

[97] KÜHNER et GERTH, *Ausführliche Grammatik der griechischen Sprache, 2. Teil : Satzlehre. 2. Band* (Hanovre et Leipzig, 1904), p. 589 : "*An vielen Stellen scheint die Anakoluthie lediglich daraus hervorgegangen sein, dass der Grieche es liebt, durch Variation der Wortfolge die Lebendigkeit der Rede zu erhöhen*".

τοῦ Λιβάνου καταρρέον ὕδωρ εἰς Τρίπολιν διὰ τοῦ πρανοῦς τοῦ τοιούτου βουνοῦ ἐπισχεῖν.

Dès son arrivée, il gravit le sommet de la colline située en face de Tripoli, qui fait partie [de la chaîne] du Liban, dans le but de l'utiliser comme forteresse et de couper l'eau qui, le long des pentes de cette colline, coule du Liban à Tripoli.

Métaphrase, HUNGER, p. 33 : ἀπέρχεται εἰς Τρίπολιν καὶ ἀναβαίνει εἰς τὸ ἄκρος τοῦ βουνοῦ τοῦ ἀντικρὺ τῆς πόλεως κειμένου βουνοῦ, μέρους ὄντος τοῦ Λιβάνου ὄρους, ἵνα καὶ ὡς ὀχύρωμα ἔχῃ τοῦτο καὶ τὸ ἐρχόμενον ἀπὸ τοῦ Λιβάνου ὕδωρ διὰ τοῦ κάμπου κρατήσῃ.

La répétition de βουνοῦ est un pléonasme curieux, dans la mesure où le métaphraste suit de très près la syntaxe de l'original avec les constructions participiales κειμένου et ὄντος. La phrase a donc une allure assez classique (cf. l'ordre des mots classique, inspiré par l'original, de τὸ ἐρχόμενον ἀπὸ τοῦ Λιβάνου ὕδωρ), mais il semble que soit le métaphraste, soit le scribe n'ait pas suivi jusqu'au bout, ou en tout cas aucun des deux n'a relu le texte. Notons que βουνοῦ est aussi répété chez Anne, mais dans une position syntaxique tout-à-fait justifiable, et là, le métaphraste préfère employer un autre mot, cette fois-ci bien barbare (κάμπου). En tout cas, la redondance, qui aide l'auditeur à mieux suivre la phrase, est une caractéristique constante des productions orales.[98] Et dans les longs enchaînements participiaux d'Anne Comnène, en partie repris par le métaphraste, on en a bien besoin.

Alexiade, XI, 7, 7; LEIB, p. 35 : Ὁ δέ γε Βαϊμοῦντος τὴν τοῦ Τζιντζιλούκη εἰσέλευσιν εἰς Λαοδίκειαν μεμαθηκὼς τὴν ἔχθραν, ἣν πάλαι κατὰ τοῦ αὐτοκράτορος ἐγκυμονήσας εἶχεν, εἰς τοὐμφανὲς ἐξαγαγὼν μετὰ δυνάμεως ἀποχρώσης τὸν ἀνεψιὸν αὐτοῦ Ταγγρὲ κατὰ τῆς Λαοδικείας ἐκπέμπει ταύτην πολιορκήσοντα.

Or quand Bohémond eut appris l'entrée de Tzintziloukès dans Laodicée, il manifesta publiquement la haine qu'il avait longtemps conçue contre l'autocrator et envoya son neveu Tancrède assiéger Laodicée avec des forces importantes.

[98] Citant W. ONG (ID., *Orality and Literacy : The Technologizing of the World* (Londres, 1982), p. 40), Teresa SHAWCROSS ("Oral residue and narrative structure in the *Chronicle of Morea*", p. 324-325) parle de la satisfaction 'aurale' de l'auditeur, obtenue grâce à la redondance : "*[r]edundancy, explicit repetition of the just-said, keeps ... [the] hearer surely on the track ... a degree of aural satisfaction is engendered by hearing familiar phrases repeated*".

Métaphrase, HUNGER, p. 33 : ὁ δὲ γὲ Βαιμοῦντος μαθὼν ὅτι ὁ Τζιντζιλούκης εἰσῆλθεν εἰς τὴν Λαοδίκειαν καὶ εὑρίσκεται ἐκεῖ, τὴν ἔχθραν, ἣν καὶ πρότερον κατὰ τοῦ βασιλέως ὁ Βαιμοῦντος ἔτρεφε, τότε εἰς τὸ φανερὸν δείξας αὐτὴν τὸν ἀνεψιὸν αὐτοῦ τὸν Ταγγρὲ κατὰ τῆς Λαοδικείας ἔπεμψεν, ὡς ἵνα παρακαθίσῃ αὐτήν.

Malgré les deux participes aoristes μαθὼν et δείξας, la phrase prend une allure nettement "démotique" avec le remplacement du participe futur πολιορκήσοντα par une construction analytique ἵνα παρακαθίσῃ au subjonctif et surtout avec la reprise pronominale pléonastique du complément d'objet direct (τὴν ἔχθραν, ἣν ... αὐτήν) auquel renvoie déjà un pronom relatif. Ce type de proposition subordonnée contaminée avec une proposition principale est caractéristique pour un langage négligé, oral.[99] Dans les grammaires grecques on parle de "traitement prophylactique" d'un changement de construction grâce à la répétition superflue de mots.[100]

Alexiade, XII, 6, 4; LEIB, p. 72 : Ὁ μέντοι οἶκος τοῦ Σολομῶντος περιφανὴς ὢν ἐδόθη πρὸς τὴν Αὔγουσταν· ἐκείνη δέ, ὁποία περὶ τὰ τοιαῦτα, οἶκτον λαβοῦσα τῆς τοῦ Σολομῶντος ὁμευνέτιδος, ἀπεχαρίσατο τοῦτον αὐτῇ μηδὲ τὸ τυχὸν ἐκεῖθεν ἀφελομένη.

La maison de Salomon, qui était splendide, fut donnée à l'Augusta ; celle-ci, avec sa bonté coutumière en pareil cas, eut pitié de l'épouse de Salomon et lui rendit son bien sans en avoir enlevé quoi que ce soit.

Métaphrase, HUNGER, 80-81 : τὸ μέντοι ὀσπίτιον τοῦ Σολομῶντος περιφανέστατον ὂν ἀπεχαρίσατο τοῦτο πρὸς τὴν δέσποιναν. ἐκείνη δὲ καθὼς ἦν ἐλεήμων καὶ συμπαθής, ἐλεήσασα τὴν γυναῖκα αὐτοῦ ἀπεχαρίσατο ταύτην αὐτό, μηδὲν ἀπὸ τοῦ πράγματος αὐτὴ λαβοῦσα τι.

ἀπεχαρίσατο est un verbe moyen, le sujet étant donc l'impératrice comme dans le texte d'Anne. Il s'agit par conséquent d'un nominatif absolu, résultat de la fusion des deux phrases de l'original en une seule. L'insertion de αὐτὴ dans

[99] Cf. la syntaxe du roumain moderne qui exige cette reprise pronominale dans les relatives : "duşmania pe care Bohemond o avea". HUNGER, *Anonyme Metaphrase*, p. 233 : "*pleonastisch nachhinkendes Personalpronomen setzt einen besonderen Akzent und ist gleichzeitig umgangssprachlich*".

[100] E. SCHWYZER, *Griechische Grammatik, 2. Band : Syntax und syntaktische Stilistik*, éd. A. DEBRUNNER, 5e éd. (Munich, 1988), p. 704 : "*Der Konstruktionswechsel wird prophylaktisch behandelt oder eingerenkt. ... Prophylaxe durch (unnötige) Wiederholung oder Wiederaufnahme eines Wortes*".

la construction participiale indique une confusion entre la construction absolue et la construction participiale dépendant de ἐκείνη.

> *Alexiade*, XII, 6, 8; LEIB, p. 74 : καὶ δὴ σπεύσας προφθάνει τούτους ἔνδοθεν τῶν λεγομένων χειρῶν, ἃς ὁ διαβὰς οὐκέτι ῥύεται τοῦ δεινοῦ.
>
> Il se hâte et les devance à l'intérieur du lieu dit Les Mains, au-delà desquelles on n'échappe plus au supplice.
>
> *Métaphrase*, HUNGER, 82-83 : Καὶ φθάνει αὐτοὺς ἔσωθεν τῶν λεγομένων Χειρῶν, ἃς ὁ διαβὰς ταύτας οὐκέτι ἐλευθεροῦται τῆς τιμωρίας.

Ce pronom personnel pléonastique ταύτας est là pour renforcer le pronom relatif qui, contrairement au français, peut se combiner à un participe en grec ancien (ἃς ὁ διαβὰς). Une fois de plus, il y a une confusion entre l'hypotaxe et la parataxe, la subordonnée étant traitée comme s'il s'agissait d'une proposition coordonnée.

> *Alexiade*, XI, 8, 2; LEIB, p. 36 : Οἷς πολλὰ πολλάκις ὁ βασιλεὺς συμβουλευόμενος τὴν αὐτὴν τοῖς προλαβοῦσι φοσσάτοις ὁδεῦσαι καὶ διὰ τῶν παραλίων τὰ Ἱεροσόλυμα καταλαβεῖν καὶ οὕτως τῷ λοιπῷ στρατεύματι τῶν Λατίνων ἑνωθῆναι, πειθομένους τούτους οὐχ εὕρισκεν.
>
> A ceux-ci le basileus ne cessa de recommander avec insistance de suivre la même route que les corps de troupes précédents et de gagner Jérusalem par la côte afin de faire ainsi jonction avec l'autre armée des Latins; mais il s'aperçut qu'il ne les persuadait pas.
>
> *Métaphrase*, HUNGER, p. 34-35 : οὓς ὁ βασιλεὺς συμβουλευσάμενος διὰ τοῦ παραθαλασσίου τόπου ἀπελθεῖν καὶ ἑνοθῆναι τῷ ἑτέρῳ αὐτῶν στρατεύματι, οὐκ ἤκουον τῷ βασιλεῖ.

Le changement de sujet opéré après le participe nominatif du début forme un anacoluthe (*nominativus pendens*) peu élégant, d'autant plus que βασιλεὺς est aussi repris non pas par un pronom, mais par la répétition du nom. Il est intéressant de noter que le *nominativus pendens* peut aussi apparaître en latin, dans notre corpus notamment dans la rétroversion latine de Pépin de Bologne qui sous l'influence de l'ancien français, semble oublier l'ablatif absolu. Texte latin de Guillaume de Tyr (*Recueil des Historiens des Croisades*, *Historiens Occidentaux I*, I, 5, p. 19) : "*Quod audientes judices, aliis absolutis, illum gladio exposuerunt*". Traduction en ancien français où l'ablatif absolu "*aliis absolutis*" est exprimé par une coordination et un verbe conjugué : "Quant il oïrent ce, si delivrerent touz les autres, et il seus ot la teste coupée". Retraduction latine du texte français – légèrement abrégé par rapport au texte français du *Recueil des Historiens des Croisades* – de Bernard le Trésorier (in Muratori, col. 666) : "*Captus itaque à Barbaris, capite punitus est, caeteri liberati*", où le nominatif *caeteri liberati* est pour l'ablatif *caeteris liberatis*, s'agissant à la limite d'une forme elliptique de *caeteri sunt liberati.*

Alexiade, XII, 5, 4; LEIB, p. 69 : Συνυπήγοντο δὲ αὐτοῖς καὶ ἕτεροι τῶν εὐγενῶν ... τῆς δέ γε συγκλήτου ὁ Σολομῶν 'Ιωάννης. "Ον διὰ πλούτου περιουσίαν καὶ γένους λαμπρότητα βασιλέα χρίσειν ὁ Μιχαὴλ ... σχηματιζόμενος ἐπηγγέλλετο.

D'autre membres de la noblesse se joignirent à eux également ... du sénat, il y avait Jean Salomon. A cause de l'immense fortune de celui-ci et de son illustre famille, Michel ... lui avait hypocritement promis qu'il serait sacré basileus.

Métaphrase, HUNGER, p. 76 : ἦσαν δὲ σὺν τούτοις καὶ ἕτεροι ἀπὸ τῶν εὐγενῶν ἀνδρῶν ... ἀπὸ δὲ τῆς συγκλήτου ὁ Σολομῶν 'Ιωάννης πλούσιος ὢν σφόδρα, ὅντινα διὰ τὴν αὐτοῦ πλουσιότητα καὶ τὴν εὐγένειαν ὁ Μιχαὴλ ὁ 'Ανεμᾶς καὶ βασιλέα αὐτον ποιήσειν ἔλεγεν.

Le pronom personnel pléonastique αὐτον fait double emploi avec le pronom relatif ὅντινα du début de la subordonnée. Cependant, malgré cette désinvolture syntaxique proche de la langue parlée, l'emploi de l'infinitif futur ποιήσειν combiné au verbe de déclaration appartient au style élevé. Ici, le métaphraste suit de près Anne Comnène qui, elle aussi, emploie un verbe de déclaration et un infinitif futur. Le métaphraste simplifie l'hyperbate, ainsi que les verbes, mais il laisse en position finale le verbe conjugué. C'est le type même d'une phrase hybride, mi-élevée, mi-vernaculaire.

Alexiade, XIII, 1, 6; LEIB, p. 78 : Καὶ γὰρ ἐπεὶ οὐ ταχὺ τοῦ βασιλέως ἡ βασιλὶς ἐχωρίζετο, ἀλλὰ συνείπετό οἱ ἡμέραν ἐξ ἡμέρας τοῦ αὐτοκράτορος αὐτὴν ὑποσύροντος.

En effet, comme la basilissa ne quittait pas immédiatement le basileus et continuait à l'accompagner, parce que l'autocrator la retenait de jour en jour ....

Métaphrase, HUNGER, p. 99 : Τὴν δέσποιναν ὁ βασιλεὺς ἡμέραν παρ' ἡμέραν ἐκράτει αὐτὴν.

Ici, la reprise pronominale du complément d'objet direct τὴν δέσποιναν peut être motivée par la tendance à placer le thème (ici "la reine") en tête de phrase.[101]

[101] Cf. NEUMANN-HOLZSCHUH, "Spuren von Mündlichkeit in der Syntax altkastilischer Texte", p. 56. On a encore d'autres exemples du même type de reprise pronominale dans la relative. En voici quelques uns :

1) *Alexiade*, XIII, 1, 7; LEIB, p. 89 : Ταῦτα ὁ μοναχὸς ἐγὼ γράφω· ὃν σύ, βασιλεῦ, τὸ παρὸν οὐ γινώσκεις, ὄψει δέ με ἐν ὀνείροις.

Cela, c'est moi, le moine, qui l'écris; à présent, basileus, tu ne me connais pas, mais tu me verras en songe.

Métaphrase, HUNGER, p. 101 : ταῦτα τὰ λόγια, ὦ βασιλεῦ, ἐγὼ γράφω ὁ Μονομάχος, ὃν ἀρτίως σύ μὲν οὐ γινώσκεις με, κατὰ τὸν ὕπνον σου δὲ ἵνα μὲ ἴδῃς.

2) *Alexiade*, XII, 3, 9; LEIB, p. 63 : Καὶ ὁπόσους μὲν εὐρώστους τὰ σώματα κατενόει, ῥᾳθύμως δὲ περὶ τὸν βίον ἔχοντας, πρὸς ἔργα καὶ πράξεις προὐτρέπετο.

Quant à ceux qui étaient d'une constitution robuste et qui menaient une vie paresseuse, elle les exhortait au travail et à l'activité.

Métaphrase, HUNGER, p. 69 : καὶ τοὺς μὲν ὑγιεῖς ὄντας κατὰ τὰ σώματα, μὴ θέλοντας δὲ κοπιᾶν, πρὸς ἔργα καὶ κόπους αὐτοὺς προετρέπετο.

3) *Alexiade*, XII, 4, 1; LEIB, p. 64 : ἐν οὐρανῷ δὲ κομήτης ἐφάνη μέγας καὶ τῶν πάλαι φανέντων ὁ μέγιστος, ὃν οἱ μὲν δοκίδα, οἱ δ᾽ ἀκοντίαν ἔφασαν εἶναι.

Mais une grande comète apparut dans le ciel, la plus grande de celles qu'on ait jamais vues; les uns disaient que c'était une comète trabale, les autres qu'elle était en forme de javelot.

Métaphrase, HUNGER, p. 71 : ἐφάνη δὲ τότε καὶ ἐν οὐρανῷ κομήτης μέγας, τῶν πώποτε φανέντων ὁ μεγαλώτατος · ὃν μὲν δοκίδα τοῦτον ὠνόμαζον, οἱ δὲ ἀκοντίαν.

4) *Alexiade*, XII, 3, 3; LEIB, p. 60 : Καὶ ἡ μὲν φιλόσοφος Θεανὼ τοῦ πήχεως αὐτῆς γυμνωθέντος, ἐπειδή τις παίζων εἰρήκει πρὸς ταύτην· Καλὸς ὁ πῆχυς. 'Αλλ' οὐ δημόσιος, εἶπεν ἐκείνη.

Comme la philosophe Théano avait un jour le coude nu, quelqu'un en riant lui dit : "Le beau coude". – "Mais il n'est pas pour le public" répliqua-t-elle.

Métaphrase, HUNGER, p. 65 : Καὶ ἡ μὲν φιλόσοφος γυνὴ ἡ Θεανὼ ἐκείνη τὸν βραχίονα αὐτῆς γυμνὸν τις ἰδὼν μετριάζων εἶπεν καλὸς ὁ βραχίων "ἀλλ' οὐκ είς τὸν θέλοντα", εἶπεν ἐκείνη.

La construction embrouillée de la métaphrase peut même être inspirée par l'original :

> *Alexiade*, XII, 3, 10; LEIB, p. 64 : Καὶ πολλὰ ἂν εἶχον εἰπεῖν περὶ ταύτης τῆς βασιλίδος, εἰ μὴ τὸ θυγάτριον εἶναι ψεύδους παρεῖχεν ὑπόνοιαν καὶ ὅτι μητρὶ χαριζόμεθα.
>
> J'aurais bien des choses à dire encore sur cette basilissa, si le fait d'être sa fille ne m'exposait à être soupçonnée de mensonge et de flatterie en faveur de ma mère.
>
> *Métaphrase*, HUNGER, p. 71 : Καὶ πολλὰ εἶχον λέγειν περὶ ταύτης, εἰ μή πως ὡς θυγατέρα ἐκείνης ὑπολαμβάνουσι με τινὲς καὶ ψεύδεσθαι καὶ διότι ἦν ἐμὴ μήτηρ ταῦτα λέγω.

Ici, même l'original semble proche de l'anacoluthe avec une construction infinitive (infinitif substantivé : τὸ θυγάτριον εἶναι) combinée à une subordonnée (ὅτι μητρὶ χαριζόμεθα). Le métaphraste suit de près son modèle : après une construction infinitive (ψεύδεσθαι) dépandant de ὑπολαμβάνουσι, on passe à une phrase coordonnée à l'indicatif (ταῦτα λέγω)[102] elle-même précédée d'une subordonnée explicative (καὶ διότι ἦν ἐμὴ μήτηρ).

HUNGER (*Anonyme Metaphrase*, p. 239) donne l'exemple suivant pour un changement de construction syntaxique introduit "*currente calamo*", en cours de rédaction :

> *Alexiade*, XII, 3, 6; LEIB, p. 61-62 : Τίνα τοίνυν ἔδει παρεῖναι τῷ βασιλεῖ σύμμαχον παρὰ τὴν σύμφυτον σύμβουλον; ... Διὰ ταῦτα καὶ πάντα ἐν πᾶσιν ἦν ἡ ἐμὴ μήτηρ τῷ δεσπότῃ μου καὶ πατρί, καὶ νύκτωρ ἄγρυπνον ὄμμα
>
> Qui donc devait se tenir auprès du basileus et l'assister, si ce n'est sa conseillère naturelle? ... Voilà pourquoi ma mère, en toutes choses, était tout pour mon seigneur et père; la nuit, un oeil infatigable ...
>
> *Métaphrase*, HUNGER, p. 67 : Τίς δὲ ἄλλος ἦν, ὅστις ἔμελλε πλέον τῶν ἄλλων ἁπάντων προσέχειν καὶ γρηγορεῖν ἢ τὴν ἐμὴν μητέρα καὶ δέσποιναν;

HUNGER (*Anonyme Metaphrase*, p. 238) y voit un nominatif absolu qui selon lui est plus "marquant" que ne le serait un génitif absolu habituel. Mais la vraie raison est plutôt à chercher du côté de la succession thème–rhème : l'héroïne de l'anecdote est en tête de phrase – même si grammaticalement il y a un autre sujet – et c'est aussi par elle que se termine l'histoire.

[102] Au lieu de l'infinitif λέγειν qui correspondrait au premier infinitif ψεύδεσθαι.

La construction impersonnelle de l'original avec ἔδει suivi de l'accusatif et de l'infinitif déteint sur la métaphrase où, au lieu d'un nominatif, on a un accusatif dans la subordonnée (τὴν ἐμὴν μητέρα).

Alexiade, XII, 7, 2; LEIB, p. 76 : ἐξάδελφον δὲ πατρόθεν τοῦ ἀποστάτου πέμπει κατ᾽ αὐτοῦ κατὰ πρῶτον μὲν λόγον μᾶλλον συμβουλευόμενον τὰ σωτήρια, οἰόμενος πεισθῆναι τούτῳ διὰ τὴν ἐκ τῆς συγγενείας γνησιότητα καὶ τὴν ἐκ ταὐτοῦ αἵματος ἀμφοῖν κοινωνίαν·

il envoya contre lui son neveu Jean, le fils de sa soeur aînée et le cousin germain du rebelle du côté paternel, pour lui donner d'abord des conseils salutaires, car il pensait que l'autre l'écouterait à cause de leur proche parenté et de leur consanguinité.

Métaphrase, HUNGER, p. 87 : Πέμπει τὸν ἐξάδελφον αὐτοῦ πρὸς αὐτὸν ἢ μᾶλλον εἰπεῖν κατ᾽ αὐτοῦ, καὶ κατὰ μὲν πρῶτον λόγον, ἵνα συμβουλεύσηται αὐτῷ τὰ ὠφέλιμα

C'est un curieux exemple d'oralité : "Il envoie vers lui ou pour mieux dire contre lui son cousin, dans un premier temps pour qu'il lui conseille les choses utiles". L'expression πρὸς αὐτὸν est corrigée en κατ᾽ αὐτοῦ par une épanorthose mais qui ici semble être non pas une figure de style mais un simple 'redressement' de la phrase. Le μᾶλλον de l'original prend une tout autre fonction : si dans l'original il se rapporte au participe du verbe 'conseiller' (μᾶλλον συμβουλευόμενον), dans la métaphrase il sert à exprimer le commentaire, l'intervention de l'auteur : μᾶλλον εἰπεῖν. Tout se passe comme si le métaphraste avait seulement 'entendu' la phrase de l'original pour en réutiliser les éléments mais en partie dans d'autres fonctions. Ce patchwork ne peut s'expliquer que par le travail rapide, superficiel et en partie oral du métaphraste qui ailleurs fait souvent preuve d'une bonne maîtrise du grec. Lors d'une lecture attentive celui-ci ne se serait sûrement pas trompé – malgré le génitif duel – sur le sens de cette phrase.[103]

L'exemple suivant peut être interprété de plusieurs façons. Qu'il s'agisse d'un nominatif absolu (τὰ κάτεργα ερχόμενα au lieu de τῶν κάτεργων ερχόμε-

[103] HUNGER (*Anonyme Metaphrase*, p. 255) invoque également le travail rapide et superficiel du métaphraste pour expliquer les nombreuses méprises sémantiques dans le texte de la métaphrase.

νων) ou d'une thématisation ("les bateaux, leur bruit pouvait être entendu même sur le rivage") c'est d'une tournure relâchée propre au langage parlé.

Alexiade, XII, 9, 1; LEIB, p. 82 : Ἐποίει γὰρ ἐκείνας μὲν οὐριοδρομεῖν, τὰς δ' ἐρεσσομένας τῶν νηῶν ταῖς πλεούσαις εὐθυδρομεῖν καὶ κρότον ἐξάκουστον καὶ ἐν μέσῳ πελάγους τοῦ Ἀδριαντικοῦ ἑκατέραις ταῖς ἠπείροις ἠχεῖν.

Ce qui leur permettait en effet de naviguer avec le vent, tandis que les navires à rame allaient de conserve avec les bâtiments à voile, et faisaient un bruit qui, du milieu même de la mer Adriatique, s'entendait des deux rivages.

Métaphrase, HUNGER, p. 93 : Τὰ δὲ κάτεργα τὰ μέσον ἐρχόμενα ἔν μέσῳ τοῦ πέλαγους ἀπὸ τοῦ κτύπου τῶν κωπίων, ἤκουετο ἡ αὐτῶν ταραχὴ μέχρι καὶ τῆς ξηρᾶς γῆς.

Alexiade, XII, 2, 2; LEIB, p. 57 : Ὁ μὲν γὰρ τῆς Ἀντιόχου ἐπιτροπεύων Ταγγρέ, ὃν ὁ λόγος φθάσας καταλέλοιπεν ἐν Συρίᾳ, φήμας τε ὑπεπέμπετο πυκνάς, ὡς ἄρα ταχὺ καταλάβοι τὴν Κιλικίαν ἐφ' ᾧ πολιορκήσειν αὐτὴν καὶ τῶν τοῦ βασιλέως ἀφελέσθαι χειρῶν, ἅτε ἰδίαν οὖσαν καὶ τῷ δόρατι τούτου τῶν Τούρκων ἀφαιρεθεῖσαν.

Tancrède en effet, le gouverneur d'Antioche, que nous avons plus haut laissé en Syrie, faisait courir de tout côté la nouvelle qu'il allait gagner incessamment la Cilicie pour la prendre de force et l'arracher des mains du basileus, parce que, disait-il, elle lui appartenait du fait qu'il l'avait enlevée aux Turcs avec sa lance.

Métaphrase, HUNGER, p. 61 : ὁ γὰρ τὴν Ἀντιόχειαν κρατῶν ὁ Ταγγρέ, ὃν ὁ λόγος εἶπεν ὑπὸ τοῦ Βαιμούντου ἐκεῖσε καταλειφθῆναι, φήμης γεγονυίας παρὰ πάντων, ὡς ἀπέρχεται εἰς τὴν Ἀρμενίαν ὁ Ταγγρέ, ἵνα κουρσεύσῃ αὐτὴν καὶ ἰδίαν ποιήσῃ ὡς πάλαι παρὰ τῶν Τούρκων κατεχομένην καὶ ὑπὸ τῶν Φράγγων κρατηθεῖσαν.

Inspirée par l'original, la métaphrase emploie l'expression "ὁ λόγος εἶπεν" en la faisant suivre d'un infinitif aoriste passif dépendant du verbe de déclaration. Cela confère une certaine littérarité à cette version, mais la construction improvisée avec le génitif absolu φήμης γεγονυίας s'embrouille vite et finit en anacoluthe, notamment à cause de la répétition du sujet de la principale (ὁ Ταγγρέ) dans la subordonnée.

Alexiade, XI, 7, 5; LEIB, p. 34 : Ἀλλὰ τὸ τῆς πεδιάδος εὐρὺ καὶ τὸ μή τι ἕλος παρακεῖσθαι ἢ βουνὸν ἢ φάραγγα ταῖς τῶν Λατίνων χερσὶν ἅπαντας παραδέδωκεν. Ἔνθεν τοι καὶ παρανάλωμα ξιφῶν πάντες γεγόνασιν· ὀλίγοι δὲ καὶ κατεσχέθησαν.

Mais cette vaste plaine où il n'y avait ni marais, ni colline, ni ravin, les livra sans exception aux mains des Latins. Aussi furent-ils tous la proie des armes, sauf un petit nombre que l'on garda prisonnier.

Métaphrase, HUNGER, p. 33 : ἀλλα τὸ εἰς πλάτος εἶναι τὸν κάμπον καὶ τὸ μηδὲ λόγγον τινὰ ἢ δάσος ἔχειν μήτε βουνόν τινὰ ἅπαντες ὑπὸ τῶν Φράγγων ἐφονεύθησαν ὀλίγους τινὰς ζῶντας κρατησάντων.

Ici la métaphrase semble vouloir remplacer la parataxe de l'original par une construction participiale (ὑπὸ τῶν Φράγγων κρατησάντων), cependant le passage du premier sujet (τὸν κάμπον) au deuxième (ἅπαντες) forme une anacoluthe.[104]

Le changement suivant est peut-être aussi motivé par une volonté de correction.

Alexiade, XII, 9, 7; LEIB, p. 84 : ὁ δὲ βασιλεύς, ἔτι εἰς τὴν βασιλεύουσαν ἐνδιατρίβων,

Le basileus séjournait encore dans la ville impériale

Métaphrase, HUNGER, p. 96-97 : ὁ βασιλεὺς δὲ ἔτι περὶ τὴν πόλιν εὑρισκόμενος

La forme possiblement démotique[105] de l'original (εἰς τὴν βασιλεύουσαν) est modifiée, περὶ suivi de l'accusatif étant sans doute ressenti comme plus 'classique' au sens de 'autour de'.

Mais le métaphraste n'a pas toujours ce type de scrupule. Il lui arrive même de corriger ἐν τῇ πόλει en εἰς τὴν πόλιν, et ce malgré l'ambiguïté créée par la duplication de la préposition εἰς au sein de la même phrase. Pour faire complet, il y a encore une reprise pronominale pléonastique du complément d'objet

[104] Cf. HUNGER, *Anonyme Metaphrase*, p. 155 : "*anderseits verfällt der Metaphrast dann und wann, offenbar unabsichtlich, in die hochsprachliche Ausdrucksweise und beschreitet so in umgekehrter Richtung den Weg, den er sich für seine Metaphrase vorgenommen hatte*".

[105] Mais sur l'emploi relativement ancien (à partir de la *Septante* et plus tard chez Lucien) de εἰς avec un verbe sans mouvement, voir BAILLY, *Dictionnaire Grec-Français* (Paris, 1950), s. v.

direct (τὴν μητέρα et ταύτην), d'où une phrase à l'allure plutôt cavalière. L'antéposition du complément d'objet direct (τὴν μητέρα) peut s'expliquer une fois de plus par l'ordre thème-rhème :

> *Alexiade*, XIII, 1, 10; LEIB, p. 91 : τὴν μὲν μητέρα τοῦ 'Ααρὼν προσέταξε τοῖς τὰ τῶν κοινῶν διοικοῦσιν ἐν τῇ πόλει περιορισθῆναι εἰς Χοιροβάκχους,
>
> il ordonna aux officiers de police de la capitale d'exiler la mère d'Aaron à Chirovachi.
>
> *Métaphrase*, HUNGER, p. 103 : Τὴν μὲν μητέρα τοῦ 'Ααρὼν ὥρισε τοὺς εἰς τὴν πόλιν εὑρισκομένους περιορίσαι ταύτην εἰς Χοιροβάκχους.

Le travail rapide, 'acoustique' et irréfléchi du métaphraste est aussi prouvé par la faute syntaxique suivante :

> *Alexiade*, XIII, 8, 7; LEIB, p. 116 : Οἶσθα πάντως ὁσάκις ἠπάτημαι πιστεύων τοῖς σοῖς ὅρκοις καὶ ῥήμασιν.
>
> Tu sais parfaitement combien j'ai été souvent trompé, parce que je m'étais fié à tes serments et à tes paroles.
>
> *Métaphrase*, HUNGER, p. 131 : Γινώσκεις πάντως ὅσας φοράς με ἠπατήσας πιστεύων σε διὰ τοὺς ὅρκους ὃυς ὄμνυες.

Dépendant d'un verbe passif (ἠπάτημαι), le participe au nominatif (πιστεύων) est correct dans l'original, mais il constitue une 'faute grave' dans la métaphrase où le verbe est actif (ἠπατήσας) : une fois de plus, seule une écriture spontanée, sous la dictée et sans relecture ultérieure peut l'expliquer.

4.6. Interventions de l'auteur

Le caractère oral d'un récit implique aussi la présence marquée d'un narrateur qui s'adresse directement à son public réel ou virtuel. Comme l'on pouvait s'y attendre, on décèle de nombreux passages où les commentaires diégétiques sont 'personnalisés' dans la métaphrase en passant à la première personne du singulier ou du pluriel.

Alexiade, XII, 4, 3; LEIB, p. 65 : ὁ δὲ βασιλεὺς τὴν Θεσσαλονίκην καταλαβών, ὡς ὁ λόγος φθάσας ἐδήλωσεν, ἡτοιμάζετο πρὸς τὴν τοῦ Βαϊμούντου διαπεραίωσιν ἐκπαιδεύων μὲν τοὺς νεολέκτους.

Le basileus arriva à Thessalonique, comme je l'ai déjà raconté [mot-à-mot : "comme le récit vient de le montrer"], et se prépara en vue de la traversée de Bohémond.

Métaphrase, HUNGER, p. 71 : ὁ βασιλεὺς δὲ εἰς τὴν Θεσσαλονίκην καταλαβών, καθῶς εἶπον ἡτοιμάζετο πρὸς τὸ τὸν Βαιμοῦντον ἀντιπαρατάξεσθαι ἐκπαιδεύων τοὺς νεοταγεῖς στρατιώτας

L'intervention du narrateur en incise devient plus personnelle dans la métaphrase : "comme le récit vient de le signaler", devient "comme je l'ai dit".[106] La personnification précieuse d'Anne Comnène a aussi été sacrifiée par le traducteur du texte original, le texte français étant ici plus proche de la métaphrase que du texte grec d'Anne.

Alexiade, XII, 3, 7; LEIB, p. 62 : Ταῦτα πρὸς τοὺς φιλοσκώμμονας καὶ τὰς φιλολοιδόρους γλώττας γεγράφαται.

Que ceci soit dit contre les langues qui aiment à railler et à insulter.

Métaphrase, HUNGER, p. 69 : Ταῦτα δὲ γράφω διὰ τοὺς ὑβριστάς

Le tour impersonnel au parfait passif γεγράφαται devient personnelle à la première personne du présent actif (γράφω) et la métonymie des "langues railleuses" est supprimée et absorbée dans les (gens) "violents ".

Alexiade, XII, 6, 6; LEIB, p. 73 : Ἐγὼ δὲ, βουλομένη τὸν ἄνδρα τοῦ τοιούτου ῥύσασθαι κακοῦ, τὴν βασιλίδα καὶ μητέρα ἅπαξ καὶ δὶς προὐκαλούμην ἐς θέαν τῶν πομπευομένων. Ἐκηδόμεθα γὰρ τῶν ἀνδρῶν τοῦ αὐτοκράτορος χάριν, εἰρήσεται γὰρ τἀληθές, μὴ τοιούτων ἀποστεροῖτο στρατιωτῶν.

Quant à moi, dans mon désir de sauver cet homme d'une pareille torture, j'appelais à plusieurs reprises la basilissa ma mère pour qu'elle vînt voir le cortège. Car, à vrai dire, nous nous intéressions à ces hommes à cause du basileus, souhaitant que celui-ci ne se privât pas de si valeureux guerriers.

[106] cf. Guillaume de Tyr, p. 139 (III, 19) : "*Tarsum ... de qua nobis in praesenti est sermo*" est traduit par "L'une a nom Tarsse dont j'ai parlé avant".

> *Métaphrase*, HUNGER p. 83 : ἐγὼ δὲ ὀρεγομένη τὸν ἄνδρα τοῦτον ἐλευθωθῆναι ἀπὸ τοῦ τοιούτο κακοῦ τὴν δέσποιναν καὶ μητέρα ἐμὴν καὶ μίαν καὶ δεύτερον ἔκραξα, ἵνα ἰδῇ πῶς πομπεύονται. ἐφρόντιζον μὲν γὰρ ὑπερ τῶν ἀνδρῶν αὐτῶν, ὡς ἔχει ἡ ἀλήθεια λέγω, ὡς ἂν μὴ στερηθῇ ἡ βασιλεία τοσούτους στρατιώτας.

La construction passive εἰρήσεται γὰρ τἀληθές est une fois de plus rendue plus personnelle dans la métaphrase : ὡς ἔχει ἡ ἀλήθεια λέγω avec la première personne du singulier.[107]

Mais cet extrait est aussi intéressant du point de vue des démonstratifs (τὸν ἄνδρα τοῦτον et τῶν ἀνδρῶν αὐτῶν), car la fréquence des analepses, des rappels de ce qui précède est une constante dans le discours oral.[108] τὸν ἄνδρα τοῦτον et τῶν ἀνδρῶν αὐτῶν sont les variantes complétées par les démonstratifs de τὸν ἄνδρα et de τῶν ἀνδρῶν de l'original. Cette propension à ajouter des démonstratifs, des déictiques de proximité à fonction phatique, joue un rôle important dans le maintien du contact entre les locuteurs.

5. Indices oraux dans la mise en roman de Guillaume de Tyr

L'analyse comparée des trois versions différentes du texte de Guillaume de Tyr confirme cette même observation. En effet, par rapport à l'original latin, le texte en ancien français est truffé de démonstratifs, et ces derniers sont même maintenus en grand nombre dans la 'rétroversion' latine de Pépin de Bologne, conférant ainsi à celle-ci une touche plus 'orale'.

> *Recueil des Historiens des Croisades* I, p. 11-12, (I, 2) : *Hic enim rex Persarum potentissimus, domini Mauritii Augusti (cujus adeo familiaris fuit beatus papa Gregorius, ut unum de liberis ejus de sacro fonte susciperet) filiam, nomine Mariam, in uxorem duxit : cujus gratia conjugii, lavacrum regenerationis adeptus est, fuitque Romanorum amicissimus, quamdiu praedictus vixit imperator. Quo demum a Phoca Caesare ... proditiose interfecto ....*

[107] Mais là encore il y aussi des contre-exemples où le métaphraste garde les expressions passives ou les personnifications du récit. Cf. HUNGER, *Anonyme Metaphrase*, p. 55 : Τὰ μὲν οὖν τῆς πρώτης διαπεραιώσεως ἔργα τοῦ Βαιμούντου ... ἤδη ἐγράφησαν. Λεγέτο δὲ καὶ ὅσα μετὰ ταῦτα εἰργάσατο. ... Καταλαβὼν γὰρ ὁ βρομώδης νεκρὸς τὴν Κορυφὼ ... καθὼς ὁ λόγος ἐδήλωσε.

[108] Cf. SHAWCROSS, "Oral residue and narrative structure in the *Chronicle of Morea*", p. 320, parle de "*brief analeptic precisions concerning the identity of persons or things*" en tant que caractéristiques du style oral.

Si com ge vos ai dit, il estoit mout puissanz rois; or avoit un empereor à Rome qui avoit non Morises, qui fu, si comme nos trouvons, moult acointes de monseigneur seint Gringoire; et ses comperes fu il, quar *icil* seinz apostoiles bauttiza un de ses enfanz, une seue fille qui avoit non Marie. *Cil* Morises la donna en mariage à *celui* Cordroe, et mout ot grant amitiez entr'aux et molt grant aliance, et entre ceuls de Persse et Romeins tant comme li empereres dura; si neis que por l'amor de sa fame et des Romeins qui estoient Crestien, se fist *cil* Cordroez bautisier. Mès après avint que Foqua ocist en traïson *cel* emperere Morise.

Muratori, *Rerum Italicarum Scriptores*, [7], col. 665 : *Causa autem, cur tanta immanitate desaevit* idem *Cosroës, haec fuit. Mauricio siquidem imperante, qui fuit beati Gregorii Papae Magni Doctoris amicissimus, cujusque filium* idem *Gregorius de sacro Fonte levaverat,* idem *Mauricius filiam suam Mariam nomine* eidem *Cosroi Regi dedit uxorem; unde multa inter Romanos et Persas, vivente Mauricio, amicitia viguit, et demum Cosroës hortatu conjugis, ac Romanorum contemplatione, baptismum recepit. Tandem Mauricio Imperatore à Phoca ejus successore dolo occiso, et* ipso *Phoca à Romanis ad Imperium sublimato ...*

Si selon Michèle PERRET[109] "les sautes de temps ou l'ambiguïté anaphorique sont des modes de narration issus des récits naturels et non encore standardisés par une accession massive à l'écrit" et la narration écrite finira par éliminer ces "véritables traces d'oralité", nous voyons que le passage incessant entre formes savantes et formes vulgarisées implique aussi la réapparition surprenante de "vulgarismes" (ici sous la forme des nombreux déictiques redondants du texte latin de Pépin de Bologne) dans un texte qui prétend se situer dans la sphère culturelle élevée. Il existe certes des "oralisations à visée esthétique" dans des écrits plus tardifs, mais dans le cas de Pépin de Bologne il ne s'agit sûrement pas de cela.

Mais dans d'autres passages, c'est le texte original de Guillaume de Tyr qui a un plus grand nombre de mots analeptiques. "Praedictus" dans l'extrait suivant n'est pas traduit en ancien français, et ce, plusieurs fois. Mais à y regarder de plus près, on se rend compte vite que le texte français préfère en réalité répéter le nom propre des personnages pour plus de clarté, alors que le latin essaie de varier le style en désignant les personnages par leurs titres (*Augustus*, *imperator*) ou par d'autres qualificatifs (*seductore*).

p. 9-10 (I, 1) : *Cum enim* praedictus *Augustus, victor reversus de Perside, unde Crucem Dominicam cum gloria reportaverat, adhuc in Syria moram faceret ...*

[109] M. PERRET, "Ancien français : quelques spécificités d'une énonciation in praesentia", p. 28.

> *Homar filius Catab, a* praedicto *seductore tertius, erroris et regni successor, cum infinitis Arabum copiis, egregiam Palestinorum urbem Gazam jam occupaverat violenter* ... praedicto *imperatore adhuc in Cilicia rei exitum expectante.*
>
> Quant *[praedictus]* Eracles ot conquise Persse et ocis Cordroe qui estoit si puissanz rois, il en raporta la voire croiz en Iherusalem que cil en avoit portee en Persse, et demora en la terre de Surie .... *Estes vos* que Homar le fuilz Chatap qui estoit princes d'Arrabe, tierz après Mahomet *[a praedicto seductore]*, rois et enseingnierres de touz ses commandemenz, vint en cele tere terre qui a non Palestine à si grant planté de gent que toute la terre en estoit couverte, et ot ja prise par force une mout fort cité de cele partie qui avoit non Jadre. ... Li empereres Eracles *[praedicto imperatore]* qui demeroit encore en cele terre qui a non Cilice, oï noveles de ses genz.

5.1. Style latin soigné – mise en roman naïve et sans prétentions ?

On observe dans le même passage un style latin soigneusement élaboré qui parfois trouve son équivalent en ancien français. Une tendance à l'équilibre, à la symétrie explique les chiasmes aussi bien de l'original que de la traduction française. La syntaxe apparemment enfantine de l'ancien français réserve donc des surprises.

> p. 11 (I, 2) : *Cooperabatur sane ad eorum propositum, quod paucis ante annis* praedictus *Cosdroe eamdem Syriam violenter ingressus,* ***urbes*** *dejecerat, concenderat* ***suburbana;***[110] *et* ***ecclesias*** *subvertens,* ***populum*** *captivaverat;*[111] *et Urbe sancta effracta, hostiliter in ea triginta sex civium millia gladio perimens, crucem Dominicam, et loci ejusdem episcopum Zachariam, cum residuo populo tam urbis, quam regionis universae, secum transtulit in Persidem. Hic enim rex Persarum potentissimus, domini Mauritii Augusti ... filiam, nomine Mariam, in uxorem duxit : cujus gratia conjugii, lavacrum regenerationis* ***adeptus est, fuitque*** *Romanorum amicissimus,*[112] *quamdiu praedictus vixit imperator. Quo demum a Phoca Caesare, qui eidem postmodum in imperio successit, proditiose interfecto; ... Syriam, ut praemisimus, obtinuit, populis ejus aut* ***peremptis*** *gladio, aut secum in Persidem* ***deductis.***[113] *Ingressi ergo Arabes, terram habitationibus* ***reperientes*** *vacuam, majorem subjiciendi eam sibi* ***repererunt*** *opportunitatem.*[114] *Sic ergo*

[110] Chiasme.
[111] Parallélisme.
[112] Chiasme.
[113] Chiasme.
[114] Hyperbates parallèles et symétriques à la fois.

urbem Deo amabilem, Hierosolymam videlicet, paribus calamitatibus involutam comprehendentes, populo qui in ea erat modico, ut eis factus tributarius extremis conditionibus deserviret, ***pepercerunt, permittentes*** *eis*[115] *suum habere episcopum, et ecclesiam, quae, ut praedictum est, dejecta fuerat, reparare; et religionem libere conservare Christianam.*

Une chose qui estoit avenue en ces parties n'avoit gueres, aida mout à ceus d'Arabe à croistre leur pooir; quar Cordroez li puissanz rois de Persse, *dont ge vos parle desus*,[116] estoit venuz à grant force en Surie, et avoit destruit les citez et les chastiaux, **arsses** les viles, et les eglyses **fondues**,[117] et grant partie del pueple **ocis** et l'autre partie **menee** en chaitivoisons.[118] La cité de Iherusalem **prit à force**, et **ocist** dedenz la vile XXXVI mile homes;[119] la voire croiz où Ihesucrist fu morz por nos **emporta**; li patriarches de Iherusalem qui avoit non Zacaries **entreina** en Persse[120] avec les autres chetis. Or vos dirai porquoi il avoit ce fet. Si com ge vos ai dit, il estoit mout puissanz rois; or avoit un empereor à Rome qui avoit non Morises [il avait] une seue fille qui avoit non Marie. Cil Morises la donna en mariage à celui Cordroe, et mout ot grant amitiez entr'aux et molt grant aliance, et entre ceuls de Persse et Romeins tant comme li empereres dura; si neis que por l'amor de sa fame et des Romeins qui estoient Crestien, se fist cil Cordroez bautisier. Mais après avint que Foqua ocist en traïson cel emperere Morise, et fu empereres en leu de lui, et ot non Foqa Cesar. Quant Cordroez oï ce, si **en ot** merveilles grant duel et grant desdeing, et grant haine **en enprist**[121] contre le peuple de Roumeins, porce que celui qui leur seingneur avoit ocis desloiaument et estoit, aussint comme touz, senglanz del sanc l'empereor, avoient esleu seur aus à estre sire, et li avoient doné l'empire. ... Quant il vindrent à la seinte cité de Iherusalem, il la troverent destruite et deserte. Un pou del pueple qui habitoient ès ruines entre les mesieres, lessierent demorer par treus qu'il mistrent seur aus, et soufrirent qu'il vesquissent comme Crestien et refeissent leur yglises et esleussent ilec un patriarche.

5.2. Discours direct et indirect chez Guillaume de Tyr

Cependant, le passage du latin à l'ancien français comporte une certaine simplification syntaxique. Ainsi, comme on l'a vu pour le grec, aussi bien les

[115] Chiasme.
[116] Ici, cette tournure personnelle traduit le "*praedictus*" du texte latin.
[117] Chiasme après parallélisme.
[118] Parallélisme.
[119] Chiasme.
[120] Parallélisme.
[121] Chiasme.

constructions absolues que les discours indirects cèdent souvent la place à des phrases coordonnées ou indépendantes ainsi qu'au discours direct. Voici un bon exemple où il s'agit de la fuite de Corbaran-Kerbogha devant Antioche en 1098.

> p. 270 (VI, 21) : *repente suas dissipatas penitus et in nullo sibi cohaerentes diffluere conspicit legiones. Quo facto perterritus,* monentibus suis qui eum comitabantur ut saluti consuleret, *relictis castris et suorum immemor, fugam iniit.*
>
> il esgarde que li Turc s'en venoient tuit descomfit, sanz tenir route ni bataille. *Si ami qui estoient lès li distrent : "Sire, vos veez bien comment il est, penssez de vos, et vos partez d'ici".* Cil s'en ala au plutôst qu'il pot.

Ailleurs, ce sont les constructions infinitives qui sont simplifiées en constructions subordonnées, au prix même de l'introduction d'un discours indirect. L'empereur byzantin refuse de se faire amputer la main pour avoir la vie sauve :

> p. 694 (XV, 22) : *Respondisse dicitur : "Indignum esse ut Romanum Imperium una manu regatur!"*
>
> ce disoit bien certeinement que jà ne li avendroit que il peust que la mein eust coupée, quar grant honte seroit que li empires de Constantinoble fust gouvernez par une mein.

Le discours direct – voire le discours indirect libre – ne semble pas poser de problème en ancien français où la concordance des temps permet de se retrouver avec une certaine rigueur dans le champ temporel. L'original latin a ici un discours direct introduit par un infinitif parfait (respondisse) :

> p. 881-882 (XVIII, 34) : ut ... dicatur respondisse : 'Compatiendum est et humane indulgendum justo eorum dolori, eo quod principem amiserint, qualem reliquus hodie non habet orbis.
>
> Il respondi que ce ne feroit il en nule maniere, quar toutes genz devoient avoir grant pitié des Crestiens qui ploroient leur sengneur qu'il avoient perdu et bien le devoient fere que nus si bons princes n'estoit remès en terre.

Au lieu de simplifier, l'*Eracles* peut même parfois être plus explicite et plus détaillé, quitte à introduire un discours direct inexistant dans l'original ("disoient que li baron estoient traitor") :

p. 574 (X, 13) : *Populus sane et secundae classis homines, intelligentes quod de hoc verbo inter prinicipes tractaretur, aegre ferentes quod his civitas conditionibus traderetur, quodque violenter effracta eis ad manubrias et praedam non pateret, operas bellicis necessitatibus subtrahere decreverunt, parati a principibus omnino dissentire.*

Quant la menue gent de l'ost entendirent que l'en parloit de pès et que li mueble de la vile seoient gueranti as Turs, si qu'il n'i avoit point de gaaing, près ala qu'il n'en furent enragié; et disoient tout apertement que li baron estoient traitor et avoient pris grant louiers por fere la pès, et li povre home, qui avoient toute la doulor souferte, n'alegeroient lor povreté de nule rien de ceste conqueste. Tant monterent les paroles qu'il dut avoir grant mellée entre les povres et les riches.

5.3. L'ablatif absolu et l'ancien français

Mais l'ablatif absolu (ici : "*uno occiso*") est la plupart du temps supprimé et remplacé en parataxe par une proposition indépendante (ici : "li uns fu ocis") :

p. 572 (X, 11) : *cum autem in ea quinque viri essent, qui ad ejus erant custodiam deputati, uno occiso, reliqui quatuor se in mare praecipites dederunt*

cinq homes avoit dedenz la galie por le garder, li uns fu ocis, li autre s'en eschaperent qui saillirent en la mer[122]

La protection divine, exprimée par l'ablatif absolu de l'original ("*protegente eos divina clementia*"), est simplifiée en "bagages conservés" ("o toutes leur choses") :

p. 388 (IX, 15) : *Inde, ad oram maritimam redeuntes, Antiochiam, protegente eos divina clementia, sani et incolumes attigerunt.*

[122] Un autre exemple, parmi de nombreux autres : p. 992 (XX, 28) : "*ecce nuntius proficiscentibus occurrit, dicens (sicut et verum erat) Noradinum salva urbe, obsidione soluta, ad propria reversum*" où l'ablatif absolu combiné au participe conjoint dépendant du verbe de déclaration est traduit par plusierus subordonnées.

puis tindrent la voie de la marine, si que tuit seint et hetiez, o toutes leur choses, vindrent en Antioche.

Ailleurs, nous avons à la place de l'ablatif absolu une proposition temporelle :

p. 88 (II, 12) : *quo facto*

tantost comme ce fu fet.

La densité du style latin, obtenue grâce aux nombreux ablatifs absolus, est difficile à égaler en ancien français :

cf. p. 383-384 (IX, 13) : Quo facto, *dux in terram suam reversus est pacificus; postmodum vero, cum quaedam castella, quae rex in Normannia etiam antequam in regem promoveretur possidebat, dux ab eo reposceret, et ille reddere negaret, obsedit ea ut violenter comprehenderet.* Quo audito, *rex in Normanniam cum ingentibus copiis transfretavit; et cum fratre dimicans, coepit eum, et perpetuo carceri mancipavit : ubi et defunctus est,* fratre *postmodum eidem in universum* succedente. *Dominus quoque comes Sancti Aegidii usque Laodiciam Syriae reversus,* uxore *ibi* dimissa, *ad eam in proximo rediturus, iterum Constantinopolim, ad eumdem dominum imperatorem, cum honesto comitatu profectus est.*

einsint s'en retorna li dus arrieres et vint en sa terre. ... quand li rois l'oï moult en fu courouciez.

Le plus souvent, le style de l'ancien français est plus simple et surtout plus personnel. L'ablatif absolu ("*his dictis*", "ces choses étant dites") est remplacé dans l'exemple qui suit par un verbe conjugué qui concerne directement le lecteur ou l'auditeur : "or vos lerons de cestui" ("nous ne vous parlerons plus de lui").

p. 160 (IV, 6) : *His ergo dictis de domino Balduino, ad ea quae restant de majore exercitu dicenda, redeamus.*

Or vos lerons de cestui; si parlerons des ore en avant coment li granz oz se contenoit qui venoit apres.

L'ablatif absolu est tantôt contourné, tantôt simplement omis :

p. 119 (III, 6) : *Nam per eum navigantes, liberius victus et alimentorum inferebant copias, et armentorum nonnunquam, videntibus nostris et contradicere non valentibus, multitudinem introducebant.*

Ici les expressions latines à l'ablatif absolu, sont simplement omises en français.

p. 965 (XX, 15) : *Advenientes enim de superioribus Aegypti partibus Turcorum infinitae multitudines, et armatis naves onustae, nostris videntibus, nec impedire valentibus, urbem prius pene vacuam, replebant.*

Nos genz les veoient bien ariver à la cité et ne leur pooient desfendre, bien connurent que la cité ne porroit mès estre prise par assaut.

Dans cet exemple, l'ablatif absolu latin ("*nostris videntibus, nec impedire valentibus*") est rendu par des propositions coordonnées.

A côté de l'ablatif absolu, l'accusatif avec l'infinitif aussi doit être contourné en ancien français. Dans le cas suivant, cela nécessite une subordonnée avec le discours indirect :

p. 620 (XIV, 10) : *dicens eos in mortem suam conspirasse*

et leur metoit sus qu'il avoient jurée sa mort.

Mais puisque l'ancien français connaît l'usage – certes limité – des constructions absolues, il arrive au traducteur de garder la syntaxe de l'original latin :

p. 569-570 (X, 10) : *Qui autem ignem subjecerant, a nostris comprehensi, omnes ultore gladio confossi, suis cernentibus interierunt.*

Li Tur qui furent pris aportant le feu, furent mené en une place près de la vile, et lor coupa l'en les testes, voiant cels de Sur.

"*Suis cernentibus*" est traduit par "voiant cels de Sur", formule absolue qui n'est pas rare en ancien français.[123]

Un autre exemple semblable :

[123] Cf. "oiant touz" comme ablatif absolu dans le *Roman de Thèbes*, v. 2668, éd. G. RAYNAUD DE LAGE (Paris, 1890), p. 84.

p. 404 (X, 3) : *praesente clero et populo*

est traduit par

voiant le clergé et voiant le peuple.

La même chose s'observe encore dans :

p. 388 (IX, 16) : *praesente clero et populo*

voiant le clergie et tout le pueple.

Il arrive même que le traducteur anonyme ajoute une construction ablative là où il n'y en a pas en latin :

p. 875 (XVIII, 31) : *tam dominus rex et comes, quam reliqui ejusdem virginis cognati et amici, imperiales nuntios publice conveniunt, alterutrum duum proponentes*

Li quens leur dit, oïant touz, qu'il ne vouloit plus estre entre deux de cele chose

L'énumération fastidieuse des personnes convoquées est évitée grâce à la formule passe-partout "oïant touz", mais cet 'ablatif absolu' ne confère pas une allure véritablement littéraire à cette phrase. Celle-ci a en effet quelque chose d'oral et de bas, notamment en raison du démonstratif "cele" devant "chose".

L'exemple suivant illustre la même duplicité stylistique. Une construction absolue absente de l'original et créée de toute pièce ici ("voiant tous les barons") s'y accompagne d'une reprise pléonastique du sujet et du prédicat ("li jura" et "li princes li jura") qui est propre au langage oral et peut difficilement avoir sa place dans un texte écrit, si négligé soit-il.

p. 652-653 (XIV, 30) : *Tandem visum est arbitris, et quesiti foederis moderatoribus, quod dominus princeps ad imperialem accedens magnificentiam, in praesentia illustrium et inclytorum imperialis palatii, cum universorum coetu procerum suorum, cum debita solemnitate et ligiam exhibeat fidelitatem; juretque praestito corporaliter sacramento, quod domino Imperatori Antiochiam ingredi volenti, vel ejus praesidium, sive irato sive pacato, liberum et tranquillum non neget introitum. ... et jure perpetuo sibi et heredibus suis, tamen in beneficio, quod feodum vulgo dicitur, tranquille possideat.*

Puis s'en retornernernet por aresnier le prince de la pès. Tant parlerent à lui en meintes manieres par qu'il poïssent estre acordé. Aucune parole fu trouvée à que les deux parties s'asentirent qui fu cele : que li prince ala el paveillon l'empereor, et, iluec, *voiant tous les barons de Grece et de la princée d'Antioche*, li fist homage lige de ses meins. Après ce *li jura* seur seinz que toutes les foiz que l'empereor voudroit entrer dedenz Antioche ou dedenz le donjon de la vile qui est desus el tertre, *li princes li jura* qu'il li leroit entrer; et par pès et par guerre, par desus ce, *li jura* encore que se l'empereres pooit conquerre Halape et Cesaire, Hamanz et Enisse, et les baillast au prince por avoir totes quites : *li princes* par ce fesant rendroit à l'empereor Antioche pour tenir à tozjorz en son demeinne com son droit heritage, et l'empereres li promist toute s'aide et son conseill comme à son seingneur lige, et li creanta que se il pooit ces citez que ge vos ai dites, conquerre, il les li bailleroit à tenir en fié.

Notons que la reprise pléonastique du prédicat ("li jura") peut être considérée comme une 'marque fonctionnelle de l'oralité', car il s'agit d'une trace du processus de la communication réelle, non épurée après coup.[124]

Le vrai caractère de la version en ancien français apparaît bien à travers l'exemple suivant. La traduction du triple ablatif absolu du latin nécessite plusieurs phrases, dont la première qui a une syntaxe particulièrement relâchée avec la reprise pronominale de "couvenances". La prolixité de la traduction se manifeste aussi au niveau du contenu. La concession accordée par le prince latin à l'empereur byzantin est commentée de manière à mettre en valeur la supériorité réelle des Latins dont le geste apparent de soumission "honore" les Grecs. Contrairement à la métaphrase d'Anne Comnène, il s'agit ici d'une réinterprétation volontaire et accentuée au profit des Latins.[125]

p. 653 (XIV, 30) : *Sic itaque foedere completo, pace plenius restituta, vexillo imperiali super principalem praesidii arcem collocato, donis ingentibus cumulatus, cum suis princeps in civitatem est regressus.*

[124] Cf. N.W. MAIR, "Elemente gesprochener Sprache bei Robert de Clari : Überlegungen zum Problem der Verschriftlichung im Altfranzösischen", *Zeitschrift für französische Sprache und Literatur* 92 (1982), p. 193-219, aux pages 197-198. Ces 'relicats' oraux d'ordre fonctionnel seraient avant tout les anacoluthes, les accords manqués et les reprises pléonastiques dont on trouve aussi quelques exemples 'sporadiques' dans la *Conquête de Constantinople* de Robert de Clary.

[125] Sur la tolérance affaiblie de l'adaptation en comparaison du texte original de Guillaume de Tyr, voir SCHWINGES, *Kreuzzugsideologie und Toleranz*, p. 50.

Après ces couvenances que ge vos ai dites, quant eles furent toutes acomplies, l'empereres fist moult grant joie au prince; de moult biaux dons et de granz donna à lui et à ses barons, puis pristrent congié à l'empereor et s'en retornernet en la vile. La baniere l'empereor mistrent seur la tor del plus mestre donjon pour demoutrer que il estoit sires de la cité. Li Grieus le tindrent à grant ennour et à grant gloire.

5.4. Proverbes et sentences

Le traducteur de Guillaume de Tyr a une attitude semblable à celle du métaphraste d'Anne Comnène face aux proverbes et aux citations savantes. Il garde avec prédilection les références bibliques, surtout néo-testamentaires, mais n'a que faire des sentences de la sagesse antique. Analysant ce problème à propos du texte en langue vulgaire de Guillaume de Tyr, appelé aussi *Livre d'Eracles*, Edouard M. LANGILLE a établi qu'il y avait une affinité entre culture écrite et sentence d'un côté et entre culture orale et proverbe de l'autre. Il recense également plusieurs proverbes latins que le traducteur a supprimés.[126] Voici quelques exemples en plus de ceux trouvés par Langille.

Le proverbe appliqué à deux prélats méchants est supprimé dans la version vulgarisée.[127]

p. 365 (IX, 1) : *Erat enim perversae mentis homo, pro nihilo ducens honestatem :* Qualis quisque est, talium consortio delectatur; pares enim paribus, veteri proverbio, facile junguntur.

quar ambedui savoient trop de mal; por ce s'estoient acordez ensemble, quar il estoient mauvès ambedui.

Une longue citation vétéro-testamentaire d'Isaïe est supprimée, mais la référence au *Nouveau Testament* est gardée :

p. 557 (X, 1) : *Mulier, magna est fides tua.*

Fame ta foiz te fait sauve.

[126] E. LANGILLE, "Locutions proverbiales dans le Livre d'Eracles", *Le Moyen Français* 33 (1993), p. 109-123.

[127] Selon SCHWINGES (ID., *Kreuzzugsideologie und Toleranz,* p. 289), les références néo-testamentaires auraient même été multipliées dans la version vulgarisée, au détriment des réminisciences classiques.

Le traducteur préfère parfois supprimer les comparaisons, quitte à user de périphrases ou d'explications plus longues que dans l'original :

p. 668 (XV, 7) : *Sanguinus, tanquam vermis inquietus, successibus in immensum elatus, praesumit etiam Damascenorum regnum sibi vendicare.*

Onques n'ot en Crestienté si cruel guerrier comme fu Sanguins de Halape. Meinz domages fist à nos gens. Lors monta en si grant orgueill qu'il volt sus la gent de sa loi conquerre le reaume de Damas.

Mais il maintient la comparaison entre Tanteis et la couleuvre dissimulée entre les anguilles.

p. 108 (II, 23) : Si estoit aussint comme la coluevre entre les enguiles.

Le texte latin (p. 107), comporte, en plus de la couleuvre, une citation virgilienne supprimée dans *Eracles* :

Hic etiam cum manu suorum nonnulla nostris principibus associatus erat, ut non deesset anser, qui inter olores perstreperet, *et perversus* coluber inter anguillas.

Les Ascalonites ne sont plus des moustiques dans l'ancien français, le traducteur se contente de traduire la seconde partie de la phrase :

p. 572 (XIII, 12) : *Porro Ascalonitae velut culices inquieti, in nocendi proposito perseverantes*

Cil d'Esqalone qui ne se reposoient de fere mal.

5.5. Analepses et prolepses, interventions de l'auteur chez Guillaume de Tyr

Tout comme dans la métaphrase grecque, les analepses sont souvent personnelles face aux constructions élégantes et impersonnelles de l'original.[128]

[128] Mais le contraire aussi peut arriver, certes pour une raison pratique. Etant donné que le traducteur ne parle pas à la première personne du singulier mais fait référence à "cil meismes qui ceste estoire fist" et celui qui "ses resons ... a mises en cest escrit", certaines expressions personnelles de Guillaume de Tyr sont transformées à la troisième personne (p. 768 [XVII, 7]) : "*Memini me frequenter interrogasse et saepius, prudentes viros, et quibus illius temporis solidior adhuc suberat memoria, et ea maxime intentione, ut compertum historiae mandarem praesenti :*

p. 139 (III, 19) : *Tarsum ... de qua nobis in praesenti est sermo.*

L'une a nom Tarsse dont j'ai parlé avant.

Ces éléments phatiques, aussi bien la prolepse que l'analepse, sont une caractéristique constante des langues à forte oralité, comme c'est le cas de l'ancien français.[129]

p. 572 (XIII, 12) : *illam, quam superius diximus in mari semper paratam*

où il avoit une galie, si com je vos ai dit, qui touz jorz estoient apareillié.

Dans cet exemple le participe conjoint "*paratam*", dépendant du verbe de déclaration "*diximus*" est rendu par une subordonnée, l'analepse étant exprimée grâce à une incise, ce qui alourdit considérablement la phrase, tout en lui donnant une allure plus spontanée, moins élégante certes, mais plus 'orale'.

Il arrive que lorsque le latin a le verbe *dicere* ("*dicemus*" "nous dirons"), le traducteur s'adresse plus directement au lecteur, plus exactement à l'auditeur, car le verbe qu'il emploie – omniprésent dans la chanson de geste aussi – est "ouïr" (entendre : "vous orroiz ça avant").

p. 620 (XIV, 10) : *Sed de his hactenus, nam in sequentibus, tempore opportuno, de ejus exitu suo loco dicemus.*

Mès de ce ne vous dirai ore plus, quar vous orroiz ça avant à quel chief vint se aferes.

Ces analepses sont parfois ajoutées en ancien français sans qu'il y en ait des traces en latin :

quaenam tanti mali causa fuerit, et qui tanti sceleris fuerint auctores".
"Plusors genz se mistrent meintes fois en queste de demander à sages homes qui avoient esté en cele besongne, por savoir certeinement comment et par qui cele traïson avoit esté einssint porparlée et fete; cil meismes qui ceste estoire fist, le demanda plusors foiz as genz del païs. Diversses resons li en disoit l'en qu'il a mises en cest escrit".

[129] Cf. MAIR, "Elemente gesprochener Sprache bei Robert de Clari", p. 198 : "*Bekanntlich zeichnet sich die gesprochene Sprache durch einen hohen Anteil an phatischen Elementen aus, die Kontaktherstellung und -aufrechterhaltung zwischen den Kommunikationspartnern dienen*". Exemples stéréotypés dans la *Conquête de Constantinople* avec deux types d'éléments phatiques : l'analepse et la prolepse ("*der vorausgreifende und der rückgreifende Verweis*").

p. 563 (XIV, 6) : *compositis ergo sarcinis*

Jà s'estoient mis entour la vile, si com ge vos ai dit, li dui ost.

Une expression comme "*quidam juvenes*" ("quelques jeunes gens") peut aussi donner lieu à une intervention du narrateur ("ne sai quanz joenes homes") :

p. 569 : *Factum est autem una die, quod quidam juvenes de civitate, ut se in populo suo commendabiliores redderent*

il avint que ne sai quanz joenes homes qui de la vile estoient, por aquerre los et pris.

L'ajout d'une intervention du narrateur peut aussi s'expliquer par la volonté d'établir une connivence, une proximité avec le lecteur–auditeur, notamment pour rendre certaines informations – considérées peut-être comme trop exotiques – moins difficiles et moins indigestes. Ainsi, les attaques répétées des "Ascalonites" sont introduites dans la mise en roman par la formule " vous avez souvent entendu dire comment les Turcs malmenaient les chrétiens chaque fois qu'ils en avaient l'occasion".

p. 696 (XV, 24) : *Volentes Ascalonitarum nimis desaevientium impetus refrenare, et discurrendi per regionem nimiam aliquatenus artare licentiam.*

Bien avez oï dire meintes fois comment li Turc grevoient les Crestiens toutes les fois qu'il en avoient le poir.

Dans le même esprit, le traducteur fait des efforts pour s'adapter au niveau de son public. Si Guillaume de Tyr, pleinement confiant dans l'utilité de son érudition historique ("*non enim erit absque historiae compendio, in hac parte lectorem reddidisse doctiorem*") n'hésite pas à donner à ses lecteurs, les Francs latinophones d'Orient, tous les détails qu'il a pu accumuler sur l'histoire musulmane, son traducteur est déjà plus prudent. Il permet d'avance à ses lecteurs virtuels, probablement européens, de sauter certains passages ("cil qui il desplaira, pourra trespasser ce et lire après") qu'ils pourraient trouver inintéressants à propos de la généalogie de tel chef musulman, si éloignée de leurs préoccupations quotidiennes.

p. 914 (XIX, 19) : *Et quoniam de magnificentia ejus, secundum quod audivimus ab his qui viderunt et oculata fide inspexerunt, dictum est, de nomine quoque dignitatis, et ortu et processu ejus, quantum nobis nosse datum est, tum ex lectione veterum historiarum, tum ex multorum veridica relatione, in medium proferamus; non enim erit absque historiae compendio, in hac parte lectorem reddidisse doctiorem.*

Porce que vous avez oï parler de ce grant prince et de l'autre galife qui est à Baudas, je vous dirai si, com la verité est, dom il commencierent. Aucunes genz porront estre qui savoir le voudront, cil qui il desplaira, pourra trespasser ce et lire après.

Les interventions du narrateur peuvent aussi être des prolepses, des anticipations. Dans l'exemple suivant, la prolepse du texte latin, se référant à l'écriture ("*scribere proposuimus*"), est 'oralisée' dans l'ancien français : "et vos dirai comment".

p. 31 (I, 8) : *Cujus modum et divinae dispositionis ordinationem, qua diutinam plebi suae relevare voluit afflictionem, hoc praesenti opere, ad Christi fidelium perpetuam memoriam, scribere proposuimus.*

Mès li Sires ... regarda la gent en pitié et leur envoia comfort et delivrance des tormenz où il avoient longuement esté, et vos dirai comment.

La prolepse permet aussi à l'adaptateur d'annoncer une coupure qu'il fait dans le texte original :

p. 550 (XII, 25) : *Sed ut nihil antiquitatis eorum quae interim occurrunt praetereamus, libet rescriptum privilegii, consonantiam pactorum inter Venetos et principes regni Hierolymorum continentis, ad maiorem rerum gestarum evidentiam ponere, quod sic habet.*

Là fu li seremenz fez de tenir les covenances qui avoient esté acordées entre les barons du regne et les Veniciens de que nous vous dirons une partie.

Les ajouts dans la version française peuvent parfois s'expliquer par la volonté de donner plus de vraisemblance au récit. Ainsi, lorsqu'un guerrier turc se moque des croisés, le traducteur ajoute qu'il connaissait un peu "nostre langage" :

p. 122 (III, 9) : *Erat autem inter eos, qui murum ab impugnantibus tuebantur, quidam caeteris improbior, corpore quoque et viribus notabilior, qui arcu in nostros multam operabatur stragem. Insuper etiam et de successu, quo diu nimis usus fuerat, intumescens, nostros probris afficiebat et contumeliis, desides eos vocans, et timiditatis objiciens titulum.*

Seur le mur en cele partie où le duz Godefroix asailloit, avoit un Turc grant et fort et hardi qui mout fesoit grant mal à nostre gent, et mout en bleçoit à trere d'un fort arc turquois qu'il tenoit; avec ce à un pou de nostre langage qu'il savoit ne linoit d'asaillir et de mesaamer ceuls qui asailloient, et coarz les clamoit.

Mais les détails linguistiques donnés par le traducteur sont parfois fort curieux. Si le grec byzantin parlé est traduit par "grezois" –

p. 692 (XV, 21) : *Gaufridum, abatem Templi Domini, graeca lingua peritum*

Jeufroi, l'abé de l'iglise del Temple qui bien savoit parler le grezois –

il n'en est pas de même du grec ancien dans les références à l'antiquité, où, suivant la coutume médiévale, tout ce qui est en langue écrite et érudite est du "latin".[130]

Remarquons que le nom de l'empereur Constantin Monomaque n'est traduit et expliqué, de manière fort savante, que dans la version française (p. 20 [I, 6]) : "Constentins qui ot seurnom Monomaques : qui vaut autant en grieu comme seus combattieres".

5.6. Parataxe et style épique

Parallèlement à ce que nous avons constaté pour la métaphrase, une caractéristique orale majeure de la mise en roman est sa tendance à la parataxe, son incapacité à construire des phrases synthétiques longues.

p. 578 : *Interea domino rege Hierosolymis existente, crebris nuntiatur legionibus, quemdam inter Orientales principes potentissimum,* Bursequinum nomine, *congre-*

[130] Cf. p. 555 (XIII, 1) : "*Alter vero Thebanae conditor urbis, et Graecarum inventor litterarum*" – "Li citeain de la vile, si com l'en trueve en l'Escripture, troverent premierement letres de latin"; et p. 556 (XIII, 1) : "*Tyrus; quod posterius, licet et Graecam videatur redolere eloquentiam (interpretatur enim Angustia)*" – "Par l'atre nom est apelée Tyr, qui plus s'acorde au latin et au non de celui qui la fonda".

gata ex finibus orientalibus ingenti militia, transito Euphrate, in partes pervenisse Antiochenas.

Une novele corut par le païs, tandis com li rois estoient en Jerusalem, que li plus poissanz princes des Turs de la terre d'Orient, *Borssequins avoit non*, estoit issuz de son païs o tout grant planté de gent et estoit venuz ès parties d'Antioche.

L'ablatif latin, traduisible en français moderne par "au nom de Borsequin", est sans doute ressenti comme trop compliqué, et est 'analysé' par une incise, certes agrammaticale, mais au moins compréhensible à l'oral ("Borssequins avoit non"). Eugen LERCH avait attiré l'attention sur les possibilités infinies de la parataxe : même les liens les plus abstraits en terme de phrases conditionnelles ou concessives peuvent être exprimés par la parataxe dans les langues "primitives" dont l'ancien français fait partie. Et le texte de l'historien de la IVe croisade, Robert de Clari, en gros contemporain de notre mise en roman, n'échappe pas à cette qualification.[131]

La parataxe s'accorde à merveille avec le principe pragmatique de l'antéposition du thème, car les constituants de la phrase peuvent être repris ultérieurement lorsque la phrase semble s'embrouiller. C'est ce qui explique les nombreuses reprises pronominales du complément d'objet direct, ainsi que les pronoms pléonastiques.

p. 550 (XII, 24) : *Et utrius illarum urbium nomen secum attulerit ad illam uterque exercitus sine questione dirigatur.*

Il avoient avant devisé que la cité de qoi il prendroit le non, li dui ost l'iroient aseoir par mer et par terre.

Ici, "la cité" précède le sujet "li dui ost", et ce complément d'objet direct en première position de la subordonnée devra être repris par un pronom dans "l'iroient aseoir", sans qu'il s'agisse ici d'une mise en relief de "cité". La même chose s'observe p. 24 (I, 7) : "et orent afermé entr'aus que cil seroit rois qui sa saaite li emfès leveroit", ainsi que p. 14 (I, 3) : "et le pueple de la Crestineté qui estoit souz lui, et les seinz leus qui estoient en son pooir volt il qu'il fussent atiriez et atornez si comme Charlemeinne li mandoit".

Mais parmi toutes ces manifestations du langage oral, la plus spectaculaire est ce style épique, auquel Schwinges aussi fait allusion.[132] En effet, les formu

[131] E. LERCH, *Historische französische Syntax* (Leipzig, 1925), p. 45.

[132] SCHWINGES (*Kreuzzugsideologie und Toleranz*, p. 45) parle d'un style proche de celui

les empruntées au style de la chanson de geste ("lors vissiez", c'est-à-dire "alors vous auriez vu"), les interventions de l'auteur interpelant son public,[133] sont des marqueurs d'oralité spécifiques au texte français, et absents de la métaphrase grecque.

> p. 94 (II, 15) : *Quo facto, ex imperialibus vestiariis oblata sunt praedicto viro munera in auro, vestibus, vasis et pretiosis lapidibus, tam pretio quam dignitate incomparabilia*
>
> Lors veissiez venir del tresor l'empereor trop granz richeces, or et argent.[134]

Cette parenté des chroniques françaises de la Méditerranée orientale avec la littérature épique d'Occident se manifeste donc aussi bien dans la description des personnages que dans les emprunts au vocabulaire des chansons de geste.[135]

6. Conclusion : Grecs et Français entre oralité spontanée et oralité secondaire

Malgré quelques rares tentatives du métaphraste byzantin d'élever le niveau de style de son original, dans l'ensemble son travail est beaucoup moins prétentieux par rapport à la 'poétisation' effectuée avec plus ou moins de succès dans la traduction française de Guillaume de Tyr. Si la plupart des phénomènes linguistiques (parataxe au détriment de l'hypotaxe) et stylistiques (parallélisme au détriment du chiasme) propres à l'oralité se retrouvent avec une grande

de la chanson de geste écrite en prose populaire : "*Volksprosa ... durchaus im Geiste der Chansons de geste. ... beinahe epische Gestaltung*".

[133] Sur la parataxe et les formules épiques d'adresse à l'audience dans la chanson de geste, voir J.-Ch. PAYEN, *Le Moyen Âge* (Paris, 1997), p. 174-176.

[134] Deux autre exemples parmi de nombreux autres de ces formules épiques :1) p. 46 (I, 17) : "*Transcursa itaque hieme, cum prima veris subsequentis se obtulerunt initia, et frigore depulso, grata terris reddita est temperies, equos praeparant, arma exerunt, componunt sarcinas*" – "Et quant li marz fu venuz, lors veissiez chevaus appareillier, somiers palefrois et destriers; tentes et paveillons; fere armeures charchier".
2) p. 135 (III, 16) : "*certatim ad aquas properant*" – "lors veissiez corre à la rive à grant haste".

[135] Cf. JACOBY, "La littérature française dans les états latins", p. 645. Les formules épiques sont très présentes également dans la chronique de Geoffroy de Villhardouin (*Conquête de Constantinople*, 128, in : *Mémoires de Geoffroy de Ville-Hardouin*, éd. J.F. MICHAUD et J.J.F. POUJOULAT (Paris, 1830), p. 57) qui s'exprime ainsi en décrivant la seconde prise de Constantinople par les croisés : "Lors veïssiez Griffons abatre, et chevaus gaaignier et palefroi, muls et mulles, et autres avoirs".

fréquence dans les deux adaptations, on peut néanmoins avoir l'impression que la métaphrase ne se veut pas littéraire – au maximum elle a pour souci de rester dans le cadre de la correction grammaticale – tandis que le texte en ancien français s'inscrit dans un projet littéraire en pleine expansion au début du XIIIe siècle : en s'inspirant du genre épique et du roman antique et courtois, inventer la prose française pour écrire l'histoire dans la langue vernaculaire. Il est par contre peu probable que les métaphrases aient été conçues dans le cadre d'un véritable projet de cette envergure. Il s'agit beaucoup plus de textes auxiliaires que des érudits pressés ou peut-être de prétendus érudits ont notés presqu'en marge des manuscrits pour faciliter la lecture des oeuvres originales.

Si l'oralité est présente dans les deux textes, elle l'est de façon différente. Dans la métaphrase elle semble due à la spontanéité véritablement orale – sous la dictée non révisée – du travail, puisque les possibilités morpho-syntaxiques encore assez riches dont dispose la 'koïné écrite' ne nécessiteraient a priori aucune entorse sérieuse à la syntaxe classique 'hypotaxique'. Par contre, dans la mise en roman l'oralité peut être motivée d'un côté par la syntaxe encore balbutiante de la langue vulgaire – une oralité fonctionnelle donc –, mais aussi par la tradition littéraire plus ancienne du genre épique – une oralité littéraire, voire artistique, appelée aussi conceptuelle – que ce nouveau genre historique en prose est appelée à intégrer.[136] En effet, si dans un premier temps il y a eu une oralité fonctionnelle de l'ancien français comme de toute langue *in statu nascendi*, elle s'est vite transformée en oralité conceptuelle.[137] Au XIVe siècle, les auteurs francophones chercheront désormais à se défaire de ce style épico-oral démodé[138] qui a fait la fortune du *Livre d'Eracles* au détriment même de son illustre original. Dans le cas des métaphrases grecques, l'appréciation esthétique reste plus ambiguë encore aujourd'hui. En effet, l'amour philologique pour les lettres classiques fait pardonner plus facilement l'atticisme artificiel d'Anne Comnène.[139] En même temps, la métaphrase – qui ne se veut pas vrai-

[136] SHAWCROSS, "Oral residue and narrative structure in the *Chronicle of Morea*", p. 331 : "*As literary devices, specific types of anachrony evolved out of the pragmatic concerns of oral story-tellers*". Le style de Geoffroy de Villehardouin se ressent aussi de la dictée et des procédés oraux de composition. Ceux-ci (y compris la fragmentation, la prolepse, l'analepse et les phrases de transition) constituent en effet le meilleur moyen de gérer une longue narration et de toucher directement le public, même à une époque où l'oralité directe n'est plus guère présente.

[137] Pour les concepts de l'oralité fonctionnelle (oralité directe provoquée par les circonstances même de la composition et par la nature de la langue employée, appelées des "relicats oraux") et de l'oralité conceptuelle (oralité secondaire, introduite en tant que procédé littéraire), voir MAIR, "Elemente gesprochener Sprache bei Robert de Clari", p. 197-198.

[138] SHAWCROSS, "Oral residue and narrative structure in the *Chronicle of Morea*", p. 333.

[139] Mais tout le monde ne préfère pas le style rhétorique compliqué aux charmes d'un style

ment 'démotique', puisqu'elle se contente d'être 'moins attique' – n'a pas pu susciter le même enthousiasme 'national' que les textes écrits en langues romanes. Ceux-ci ont en effet eu la chance d'être considérés dans leur spontanéité orale comme autant d'indices d'une littérature en éclosion, vouée à un brillant avenir, tandis que le travail du métaphraste d'Anne Comnène reste de ce point de vue la tentative avortée d'une trop timide 'démotisation'.

sans fioriture, direct et spontané. Ainsi ZILLIACUS ("Zur stilistischen Umarbeitungstechnik des Symeon Metaphrastes", p. 350) déplore "l'épuration classicisante" opérée par Syméon Métaphraste qui a défiguré la simplicité orale des premiers actes de martyr. Après tout, c'est une question de goût. C'est ainsi que s'opposent, à propos de l'épopée byzantine *Digénis Akritas*, les partisans de la version plus classique de Grottaferrata aux adeptes de la version démotique et vulgaire de l'Escorial dans laquelle ces derniers croient entendre la vraie voix du peuple byzantin.

'Veoir' et 'oïr', *legere* et *audire* : Réflexions sur les interactions entre traditions orale et écrite dans les sources relatives à la Première croisade

SVETLANA LOUTCHITSKY

On a noté depuis longtemps que les chroniques de la Première croisade contiennent une foule de détails fantastiques comme des dialogues imaginaires entre musulmans et chrétiens ou des récits fictifs sur les événements qui se déroulent dans le camp des Sarrasins. Ces passages semblent tout droit sortis d'un poème épique. Ce sont d'abord des entretiens de l'atabek de Mossoul, Karbouka, avec sa mère qui le dissuade de combattre les chrétiens et lui prédit l'échec (les ainsi dites *Prophéties de Calabre*), les passages relatant l'ambassade de Chams-ad Dawla (Sansadoines) au sultan de Perse, les récits sur la tentative des musulmans pour imposer la conversion au chevalier Renaud de Porquet, enfin presque tous les récits des chroniqueurs dans lesquels intervient l'atabek de Mosoul, Karbouka.[1] Ils forment un contraste visible avec la sécheresse et la précision du reste de la narration. De fait, il est possible de déterminer les indices d'oralité dans ces textes : il y a de nombreux dialogues

[1] Il y a d'autres passages qui sont imprégnés de l'influence de la tradition orale, comme, par exemple, les plaintes touchantes exprimées par Guy, prince sicilien, en apprenant la mort de Bohémond ou le passage relatant les lamentations de l'émir al-Afdal etc. Voir : Petrus Tudebodus, *Historia de Hierosolymitano itinere*, éd. J.H. HILL et L. HILL (Paris, 1977 : *Documents relatifs à l'histoire des croisades publiés par l'Académie des inscriptions et belles lettres* 12), p. 106-107, 146-147; *Gesta Francorum et aliorum Hierosolymitanorum*, éd. R. HILL, *The Deeds of the Franks and the Other Pilgrims to Jerusalem* (London et Edinburgh, 1962), p. 96. Je n'ai retenu que les récits, purement imaginaires, portant sur le monde musulman.

et monologues dans ces textes écrits,[2] on y parle souvent à la première personne, on y utilise le présent.[3] Ce sont autant de traces de la culture orale que l'on peut déceler dans ces récits. Ces passages se retrouvent, très semblables aux chroniques, dans les chansons de geste du Premier cycle de la croisade. Partant de l'analyse de ces passages, je m'attacherai à étudier les différentes formes du passage de l'oral à l'écrit et de l'écrit à l'oral.

L'étude porte sur les chroniques latines de la Première croisade dont les textes furent rédigés aux alentours de la première décennie du XIIe s. (y compris les écrits de quatre témoins oculaires : l'auteur des *Gesta Francorum* (l'ainsi dit Anonyme), Tudebode, Raimund d'Aguilers et Foucher de Chartres),[4] mise à part la chronique d'Albert d'Aix qui servit de source pour Guillaume de Tyr.[5] Les diverses parties de son grand ouvrage sont datées de 1102 jusqu'à 1140. Foucher de Chartres dont la chronique relate des événements relatifs au royaume latin de Jérusalem jusqu'à l'année 1127, a dû terminer son oeuvre vers

[2] Voir à ce sujet : S. FLEISCHMAN, "Evaluation in narrative : The present time in medieval 'performed Stories' ", in : *Images of Power : Medieval History – Discourse – Literature*, éd. K. BROWNLEE *et al.* (New Haven, 1986), p. 202 : "*the tense usage of dialogue must be taken as a faithful reflection of the spoken language*".

[3] Pour l'étude des indices d'oralité voir : P. ZUMTHOR, *La lettre et la voix : De la littérature médiévale* (Paris, 1987).

[4] Sur les témoins oculaires voir : Y.N. HARARI, "Eyewitnessing in accounts of the First Crusade : The Gesta Francorum and other contemporary narratives", *Crusades* 3 (2004), p. 77-101.

[5] Son plus grand ouvrage est une *Historia rerum in partibus transmarinis gestarum* considérée comme la source la plus importante sur l'histoire des croisades. Voir : *Willelmus Tyrensis, Chronicon*, éd. R.B.C. HUYGENS, H.E. MAYER et G. RÖSCH, 2 vols. (Turnhout, 1986 : *Corpus Christianorum : Continuatio Mediaevalis* 63-63A).

[6] *Gesta Francorum et aliorum Hierosolymitanorum*; Raimundus de Aguilers, *Historia Francorum qui ceperunt Iherusalem*, in : *Recueil des historiens des croisades publ. par l'Académie des inscriptions et belles lettres, Historiens occidentaux* 3 (Paris, 1866), p. 231-309; Petrus Tudebodus, *Historia de Hierosolymitano itinere*; Radulphus Cadomensis, *Gesta Tancredi in expeditione Hierosolymitana*, in : *Recueil des historiens des croisades ..., Historiens occidentaux* 3), p. 587-716; Ekkehardus Uraugiensis, *Hierosolymita seu libellus de oppressione, liberatione ac restauratione sanctae Hierosolymitanae ecclesiae*, in : *Recueil des historiens des croisades ..., Historiens occidentaux* 5 (Paris, 1895), p. 9-40; Baldricus episcopus Dolensis, *Historia Hierosolymitana*, in : *Recueil des historiens des croisades ..., Historiens occidentaux* 4 (Paris, 1879), p. 1-111; Guibertus Novigentis, *Dei Gesta per Francos*, éd. R.B.C. HUYGENS (Turnhout, 1996 : *Corpus Christianorum : Continuatio Mediaevalis* 127); Albertus Aquensis, *Historia Hierosolymitana*, publ. par l'Académie des inscriptions et belles lettres, in : *Recueil des historiens des croisades, Historiens occidentaux* 4, p. 265-273; Robertus Monachus, *Historia Hierosolymitana*, in: *Recueil des historiens des croisades ..., Historiens occidentaux* 3, p. 717-882.

la fin des années 20.[6] Robert le Moine a écrit son oeuvre entre 1100 et 1118 et la chronique de Raoul de Caen est datée de 1099 jusqu'à 1107.

Quant aux sources littéraires dont j'ai comparé les récits aux passages correspondants des chroniques, il s'agit en premier lieu de la *Chanson d'Antioche* et des autres textes en ancien français qui constituaient ce qu'il est coutume de nommer *Geste d'Outremer.*[7] À la fin du XIIe s., cette geste ne comprenait que trois épopées, à savoir la *Chanson d'Antioche,* la *Conquête de Jérusalem* et les *Chétifs.*[8] Ayant toutes pour objet la Première croisade et la captivité de quelques croisés, elles furent réunies pour la première fois aux alentours de la troisième croisade. Ce processus complexe aboutit à une nouvelle forme d'organisation et constitua ce qu'on appelle le Premier cycle de croisade. La première en date est la *Chanson d'Antioche* qui fut rédigée au début du XIIe siècle par le trouvère Richard le Pèlerin et remaniée par le trouvère flamand Graindor de Douai. Cette oeuvre rapporte les événements de la Première croisade avec une telle exactitude que certains historiens la qualifient de chronique. La *Conquête de Jérusalem* fut écrite aux alentours de 1135 et prolonge la narration de la *Chanson d'Antioche.* Les *Chétifs* (rédigée en 1149) rapporte les aventures fabuleuses des prisonniers chrétiens.[9]

Les relations entre tous ces textes (tant les chroniques que les chansons) sont assez complexes et ont suscité des discussions très animées parmi les éditeurs et les historiens au XIXe s. Ces divergences d'opinions divisent encore de nos jours les médiévistes.[10] Le propos des érudits qui étudiaient ces sujets

[7] Sur la formation de la geste du Premier cycle de la croisade voir : *Les épopées de la croisade : Premier colloque international (Trêves, 6-11 août 1980)*, éd. K.-H. BENDER et H. KLEBER (Stuttgart, 1987).

[8] *Chanson d'Antioche*, éd. S. DUPARC-QUIOC, *La Chanson d'Antioche*, 2 vols. (Paris, 1977-1978 : *Documents relatifs à l'histoire des croisades* 11); *La Chanson de Jerusalem*, éd. N.T. THORP (Tuscaloosa et London, 1992 : *The Old French Crusade Cycle* 6); *Les Chétifs*, éd. G.M. MYERS, (Tuscaloosa et London, 1976 : *The Old French Crusade Cycle* 5).

[9] Sur les rapports entre l'histoire et la littérature dans ces textes voir : J. RICHARD, "L'arrière-plan historique de deux cycles de la croisade", in : *Les épopées de la croisade*, p. 6-16.

[10] Les points de vue sur ce sujet ont été exposé dans les ouvrages suivants : *La Chanson d'Antioche composée au commencement du XIIe siècle par le Pèlerin Richard, renouvelée sous le règne de Philippe Auguste par Graindor de Douai*, éd. P. PARIS (Paris, 1848); H. PIGEONNEAU, *Cycle de la Croisade et de la famille de Bouillon* (Saint-Cloud, 1877); P. PARIS, *Nouvelle étude sur la Chanson d'Antioche (*Paris, 1878); W.K. TIEDAU, *Geschichte der "Chanson d'Antioche des Richard le Pèlerin" und des "Graindor de Douay"* (Göttingen, 1912); N. VERLET-REAUBOURG, "L'oeuvre de Richard le Pèlerin et de Graindor de Douai connue sous le nom de Chanson d'Antioche", in : *Positions des thèses de l'École des Chartes* (Paris, 1932), p. 153-158; A. HATEM, *Les poèmes épiques des croisades* (Paris, 1932); C. CAHEN, *La Syrie du Nord à l'époque des croisades et la principauté franque d'Antioche* (Paris, 1940 : *Institut français de Damas, Bibliothèque orientale* 1); L.A.M. SUMBERG, *La Chanson d'Antioche : Étude historique*

consistait principalement à établir des ressemblances et des différences entre les chroniques latines et les textes en ancien français. Mais la discussion portait non seulement sur le point de savoir si la *Chanson d'Antioche* copiait les chroniques ou si c'était l'inverse, mais touchait également les relations entre l'ancienne chanson et les remaniements effectués par Graindor. C'est en s'appuyant sur les textes relatifs à la Première croisade que les historiens et les éditeurs ont mené à bien ce travail admirable de comparaison, très fin et minutieux.

****

Pour essayer de comprendre les interactions entre tradition écrite et orale qui ont fait l'objet de longues discussions entre les historiens,[11] je procéderai au repérage de tous les passages communs à la chanson et aux chroniques et les comparerai. D'après les historiens, les ressemblances sont assez importantes entre la *Chanson d'Antioche* et les chroniques de Pierre le Tudebode et d'Albert d'Aix. Je vais, donc, porter principalement mon attention sur ces deux chroniques.

La liste des anciens rois d'Antioche

Je commencerai par la liste fantastique des chefs musulmans que l'on retrouve dans la *Chanson d'Antioche* ainsi que dans la chronique de Pierre le Tudebode. Une question se pose dès l'abord : est-ce Tudebode qui a démarqué la chanson ou bien l'inverse?[12] Pourtant si on les compare, on voit à quel point ces passages sont différents (Voir Appendice № 1).

En fait, Tudebode énumère 74 noms tandis que dans la *Chanson d'Antioche* il n'y en a que 38, et il n'y a que 10 qui, de plus, se ressemblent (Rademons-Rodamus, Helias-Elyas, Brumandus-Brumans, Iudas Machabeus-Judas Macabeus, Antiochus-Antiochus, Pilatus-Pilates, Faraon-Faraons, David-Davis, Salomon-Salemons, Herodes-Erodes). Le grand nombre des chefs musulmans est transformé chez Tudebode en autant de rois, prédécesseurs de l'an-

et littéraire (Paris, 1969); DUPARC-QUIOC, *La Chanson d'Antioche*; R.F. COOK, *"Chanson d'Antioche", chanson de geste : Le cycle de croisade est-il épique?* (Amsterdam, 1980).

[11] Jean Flori a étudié soigneusement cette discussion historiographique dans son livre : J. FLORI, *Pierre l'Ermite et la Première croisade* (Paris, 1999), p. 51-69.

[12] On se réfère parfois à cette liste pour prouver que la *Chanson d'Antioche* a démarqué les chroniques.

tique Antioche. Peut-on affirmer alors que la *Chanson d'Antioche* a copié la chronique? C'est peu probable. D'autre part, cette énumération des rois nous rappelle les chansons de geste du cycle de Guillaume ou de Roland car il était dans leur esprit, comme l'a remarqué encore P. Paris, de donner les noms des grands chefs de l'armée musulmane avant le récit d'une grande bataille. Pour expliquer le caractère étrange de ce 'plagiat', on pourrait supposer que Tudebode a mal retenu ces noms qu'il avait entendus.[13] Il y a d'autres ressemblances entre la chronique de Tudebode et la *Chanson d'Antioche*.

La tentative de conversion à l'islam du croisé Raynaut Porquet

Un autre passage problématique se retrouve tant dans la *Chanson d'Antioche* française que dans les chroniques latines (de Pierre le Tudebode et Baudri de Bourgueil). Les chroniqueurs comme le trouvère nous rapportent les exploits et la mort du croisé Raynaut Porquet que les musulmans voulaient convertir à l'islam. Il existe quand-même quelques divergences entre les descriptions dans la *Chanson d'Antioche* et dans les chroniques. Dans la chanson, Garsion (il s'agit de l'émir d'Antioche Yaghi-Siyan)[14] apprend les prouesses de Raynaud, le rencontre sur le champ et lui propose de se convertir à l'islam tandis que, dans la chronique, Garsion s'efforce de convertir Raynaud Porquet après l'avoir fait prisonnier. Chez Tudebode, il refuse de reconnaître les "dieux musulmans" et prie le Dieu chrétien tandis que dans la *Chanson d'Antioche* Raynaud fait encore l'éloge des exploits de Bohémond et promet de lui rendre les terres conquises. Dans les deux cas les musulmans promettent à Raynaud de le faire émir et lui proposent des richesses (voir Appendice № 2).

On a beaucoup discuté de ces ressemblances en avançant l'hypothèse que l'un a peut-être démarqué l'autre.[15] Mais si l'on veut pousser plus avant le sujet des influences, je voudrais brièvement remarquer (sans entrer dans les détails) que l'on peut aussi établir des parallèles avec les chansons de geste traditionnelles (du cycle du Roi et du cycle de Guillaume) qui relatent les propositions

[13] P. PARIS, "Nouvelle étude sur la Chanson d'Antioche (à l'occasion d'une Thèse présentée en 1876 à la Faculté des lettres de Paris)", *Bulletin du bibliophile et du bibliothécaire* 45 (1878), p. 97-121, aux pages 98-99.

[14] Tous les noms des chefs musulmans dans les chroniques sont en fait empruntés à des chansons en ancien français. Voir à ce sujet : P. KUNITZSCH, "Dodekin und andere türkisch-arabische Namen in den chansons de geste", *Zeitschrift für romanische Philologie* 78 (1972), p. 34-44, à la page 43 et *passim*.

[15] Voir, par exemple : PIGEONNEAU, *Cycle de la Croisade*, p. 37.

faites aux chrétiens de se convertir à l'islam, propositions également très souvent renforcées par les promesses matérielles.[16] Il y a d'autres ressemblances entre la chronique et les chanson de geste plus anciennes.[17]

Tant la *Chanson d'Antioche* que la chronique racontent la tentative de Garsion d'échanger Raynaud contre son neveu prisonnier des croisés.[18] La chanson ainsi que Tudebode racontent qu'un jour Garsion fit conduire Raynaud sur la muraille en vue des croisés et lui commanda de supplier ses camarades de le racheter. Celui-ci refusa cependant et cria aux croisés de le tenir pour un homme mort et de poursuivre l'attaque de la ville. Ces passages de la chronique et de la *Chanson d'Antioche* se ressemblent beaucoup (Voir Appendice 3).

Après cela, selon Tudebode et les autres chroniqueurs, Garsion, furieux, le fit décapiter sur-le-champ et condamna au bûcher un grand nombre d'autres prisonniers chrétiens. Tudebode décrit d'une manière détaillée les souffrances des prisonniers chrétiens qui deviennent des martyrs. Par contre, dans la *Chanson d'Antioche*, on ne voit pas mourir Raynaud. Donc, de nouveau nous pouvons noter qu'il y a des divergences entre chronique et chanson. Par contre, dans *Chanson d'Antioche,* on raconte en détail les supplices subis par Raynaud : les cruels Sarrasins se sont saisis de Raynaud et l'ont fait étendre en croix tout de son long sur la table. Après lui avoir attaché pieds et bras, ils lui ont brûlé les jarrets avec des charbons ardents et du soufre enflammé, puis avec du plomb fondu, etc. (voir Appendice 4).[19]

Il y a encore d'autres divergences entre chronique et chanson : à la différence de la *Chanson d'Antioche,* Tudebode ne nous indique pas les circonstances dans lesquelles Renaud fut fait prisonnier[20] et il ne dit mot de la réaction des croisés lorsqu'ils apprirent la nouvelle de sa mort, tandis que dans la chanson de geste on en parle beaucoup. Le trouvère décrit les plaintes et les regrets des

[16] J'ai développé cette thèse dans mon article : S. LOUTCHITSKY , "L'idée de conversion dans les chroniques de la Première croisade", *Cahiers de civilisation médiévale* 44 (2002), p. 39-53, aux pages 44-45.

[17] Le roi Marsile qui appelle Baligant à son secours ressemble beaucoup à Garsion. Voir : G.A. ROSS, "The Baligant episode in the 'Chanson de Roland' and the 'Historia' Petri Tudebodi", *Olifant : A Publication of the Société Rencevals* 13 (1988), p. 177-180, *passim.*

[18] *La Chanson d'Antioche*, v. 4109-4152; *Petri Tudebodi Historia ...*, p. 79.

[19] J'ai remarqué ailleurs (LOUTCHITSKY, "L'idée de conversion ...") que les scènes de la chronique de Tudebode rappelaient beaucoup les martyrologes.

[20] *La Chanson d'Antioche* dit que cet événement s'est passé sur le champ. Voir : v. 4012-4013 : "Rainalt Porcet ont pris Sarrasin et Esclé, / De grans maces le fierent li cuvert desfaé".

croisés pour Raynaud.[21] Il est par conséquent douteux que la *Chanson d'Antioche* ait copié la chronique.

Pour conclure l'analyse de ce passage,[22] je voudrais faire une dernière observation. En introduisant son récit sur Raynaud, le trouvère anticipe un peu les événements en rappelant à son auditoire l'histoire du prisonnier,[23] utilisant la prolepse qui est une des marques de l'oralité.[24] Cela nous donne l'impression qu'il s'agit d'un passage facilement reconnaissable par le lecteur, que l'on a déjà entendu et qui est destiné à être répété et mémorisé. Ce n'est sans doute pas par hasard, que cet épisode est entré dans l'Estoire de Jerusalem et d'Antioche.[25] Cette histoire est aussi devenue un exemplum, cité dans le recueil d'Étienne de Bourbon.[26] Donc, les récits sur la Première croisade se transmettaient oralement. P. Paris a eu raison de supposer que le prêtre Tudebode aurait peut-être voulu faire de l'histoire de la Croisade un corps de légendes, à l'usage du commun des fidèles qui circulaient dans l'armée des croises.[27]

[21] *Chanson d'Antioche*, v. 4438-4441 : "Segnor, se la fussiés, por voir vos puis conter, / Tres bien peüssié sans mençonge conter / C'ainc ne veïstes gens si vassalment errer; / Don't oïssiés Rainalt et plaindre et regreter".

[22] Les historiens ont douté de l'authenticité de cet épisode. Voir : SUMBERG, *La Chanson d'Antioche ...*, p. 111.

[23] *Chanson d'Antioche*, v. 3902 ff. : "Or m'entendés segnor, que Dex vos doinst honor! / Comment Rainalt Porcés fu destroys a dolor / Mais ançois qu'il fust pris lor ocist molt des lor. / Sor le bretesque fu d'une maison al cor / Et Turc et Sarrasin l'asalent a dolor, / Et li ber se desfent com hom de grant valor".

[24] B. CERQUIGLINI, *La parole médiévale : Discours, syntaxe, texte* (Paris, 1981), p. 71.

[25] Ce récit sur la Première croisade est en fait la version abrégée en ancien français de la chronique latine de Foucher de Chartres. Voir : *L'Estoire de Jerusalem et d'Antioche*, in: *Recueil des historiens des croisades ..., Historiens occidentaux* 5 (Paris, 1895), p. 634 : "... puis pledoierent Sarrazin au François et diderent qu'ils prissent lor Crestien et il eussent lor Sarrazin ...". *L'Estoire* raconte aussi l'histoire de la tête catapultée que ramasse l'évêque et qui rit. C'est seulement Baudri de Dol qui parmi les chroniqueurs relate cette légende. Voir : Baldricus Dolensis, *Historia Hierosolymitana*, p. 342.

[26] Voir : *Anecdotes historiques, légendes et apologies tirés du récit inédit d'Étienne de Bourbon*, éd. A. LECOY DE LA MARCHE (Paris, 1877), p. 91 : "*In historia Antiochena dicitur ...*". Sur les sujets de l'histoire des croisades dans les exempla médiévaux voir : J.B. MACGREGOR, "The First Crusade in late medieval exempla", *The Historian* 68 (2006), p. 29-48. Les observations de MacGregor corroborent l'hypothèse selon laquelle les récits sur la Première croisade, les exempla pouvaient être transmis oralement.

[27] PARIS, "Nouvelle étude", p. 98.

L'ambassade de Sansadoines

Un autre passage que l'on retrouve dans les chroniques de croisade ainsi que dans la *Chanson d'Antioche*, en premier lieu chez Albert d'Aix, est le récit de l'ambassade de Sansadoine (Chams ad-Dawla historique), fils de Garsion, au sultan de Perse. Albert d'Aix s'est étendu outre mesure sur les détails de l'ambassade et de la réception des ambassadeurs à la cour du puissant roi de Perse. La même réception tient une place assez importante dans la chanson de Richard.

Le passage est très semblable dans la chanson en ancien français et dans le texte latin de la chronique. Le conseil tenu (au dire du chroniqueur Albert d'Aix)[28] par Garsion (l'émir d'Antioche Yagi-Syian) avec Sansadoine (Chams-ad-Dawla) après la perte d'Antioche par les musulmans ressemble à celui de la *Chanson d'Antioche*.[29] Chez Albert, ainsi que dans la chanson, Garsion donne à son fils Sansadoines des lettres scellées où sont énumérés les noms des chefs de l'armée musulmane qui ont été défaits dans les combats contre les chrétiens. Dans la *Chanson d'Antioche,* Garsion écrit une lettre au sultan à laquelle il joint une moitié de sa barbe, et il confie le tout à son fils. Chez Albert d'Aix, Soliman (Kilij-Arslan qui est l'émir de Nicée), se trouve à Antioche et il est présent au conseil. C'est lui qui est chargé par Darsianus (c'est ainsi qu'Albert appelle parfois Yagi-Syian, l'émir d'Antioche) de parler au nom de l'ambassade et il part avec Sansadoine (voir Appendice № 5).

Mais dans la *Chanson d'Antioche*, Soliman arrive de Nicée avec quarante Turcs, déjà après Sansadoine.[30] Dans la chanson après avoir traversé maintes régions, Sansadoine arrive en Perse à Sarmosane. Le *soudan*[31] avait fait dresser son pavillon auprès d'un verger fleuri. Ce jour-là les rois sarrasins étaient réunis pour adorer l'idole de Mahomet suspendue entre ciel et terre par quatre aimants. L'arrivée de Sansadoines est dramatique. Il frappe en effet Mahomet, qu'il renverse par terre et monte sur son ventre. L'indignation est grande parmi

[28] Albertus Aquensis, *Historia Hierosolymitana*, p. 390.

[29] *Chanson d'Antioche*, v. 4502-4507.

[30] "Soudans a regardé sos l'olive, ens es prés / Et voit les Turs descendre desor destrier navrés. / .XL. en i avoit, cascuns est sanglentés, / N'en i avoit un sol n'ait pié u poing colpés, / U n'ait un oel perdu u ambesdeus crevés ... / Cascuns de lor cevals ert estans et lassés. / Cels avoit Solimans avoec lui amenés / De Nike u il estoit et vencus et matés". Selon S. Duparc-Quioc, il s'agit ici d'un remaniement du trouvère Graindor qui a oublié qu'il avait laissé Soliman à Antioche. Voir : DUPARC-QUIOC, *La Chanson d'Antioche*, 2, p. 166. Elle pense qu'Albert est ici plus proche de la chanson ancienne.

[31] C'est ainsi que le sultan de Perse est nommé dans les chansons de geste du cycle de croisade.

les infidèles et le fils de Garsion manque d'être tué.[32] Vient ensuite le discours de Soliman. Dans la *Chanson d'Antioche,* ainsi que dans la chronique d'Albert d'Aix, Soliman fait éclater sa douleur et sa colère en s'arrachant la barbe et raconte après cela la défaite de Nicée (Appendice 6) :

Ici on peut remarquer que le chroniqueur met l'accent sur la transmission orale, de vive voix (*viva voce*) des nouvelles que Soliman communique au *soudan*. D'après Albert d'Aix Soliman, lorsqu'il relate la défaite des musulmans, s'appuie aussi sur des lettres (*literarum assertione*) pour confirmer par l'écrit ce qu'il relatait de mémoire (*memorabat*). Il apparaît dès lors nettement que ce passage imaginaire qui décrit le monde musulman nous renseigne plutôt sur le mode de communication dans la société occidentale du Moyen Âge que sur les événements réels qui se passent dans le camp des Sarrasins. Le discours de Kilij-Arslan dans Albert, de Soliman dans la *Chanson d'Antioche* est accueilli avec scepticisme par l'auditoire, surtout par Karbouka qui se vante de ses victoires imaginaires sur les chrétiens près de Civitot et qui jure "par le Mahomet qui fait croître le blé" qu'il est facile de vaincre les croisés (Voir Appendice № 7) :

Dans chacun des deux textes il y a une réponse de Soliman à Corbaran disant que les vaincus n'étaient que "de pauvres pèlerins, maigres et sans valeurs" (Appendice № 8) :

Ensuite, Soliman chez Albert, ou Sansadoine dans *Chanson d'Antioche,* sortent les lettres scellées du sceau de Garsion (dans la chanson les "vraies ensegnes") où sont énumérées les noms des chefs musulmans qui ont été défaits dans les combats contre les chrétiens, et les musulmans perdent courage (Voir Appendice № 9) :

Ensuite le *soudan* de Perse envoie des lettres rédigées par son notaire pour que la nouvelle parvienne à tous les souverains musulmans.[33]

[32] v. 4891-4893 : "Mahomes fu en l'air par l'aïmant vertus / Et paien l'aorerent et rendent lor salus, / Or et argent li offrent et pailes et bofus"; v. 4897-4906 : "Dites va, fole gent! molt vos voi eperdus, / Por coi aorés vos ceste piece de fus? / Saciés que Mahomes ne valt pas .II. festus. / Par se fause creance ai mes homes perdus, / Mais se jo sui creüs, tant ert d'un pel batus / Ke jamais por no deu ne sera jor tenus. / Lors a hauciet le poing qu'avoit gros et corsus, / Si fiert Mahon el col qu'il caï estendus, / Sor le ventre li monte voiant mil de ses drus". De nouveau on peut noter des ressemblances entre Antioche et les chanson de geste traditionnelles : la *Chanson de Roland* nous parle aussi de la statue de Mahomet qu'adorent les musulmans. Cf : *Chanson de Roland*, éd. P. JONIN (Paris, 1979), v. 853-854.

[33] Albertus Aquensis, *Historia Hierosolymitana*, p. 394; *Chanson d'Antioche*, v. 5205-5240.

On se demande d'où provient cet épisode de l'ambassade au soudan.[34] N. Verlet-Reaubourg a tenté de montrer que le chroniqueur Albert d'Aix avait bien pris cet épisode dans sa première forme, celle de Richard le Pèlerin.[35] S. Duparc-Quioc a insisté, elle aussi, sur les liens entre la chronique et la *Chanson d'Antioche*.[36] Il est probable qu'Albert d'Aix ait puisé ses informations dans la chanson initiale. Par conséquent, en ce qui concerne l'épisode de l'ambassade de Sansadoines on doit supposer l'influence de la *Chanson d'Antioche* sur la chronique d'Albert d'Aix. Qu'en est-il des autres épisodes?

L'image de Karbouka dans les chroniques

Dans l'épisode de l'ambassade de Sansadoine apparaît pour la première fois, tant dans les chroniques que dans les chansons, l'émir Karbouka. Tous les récits que les chroniqueurs rapportent sur ce personnage sont purement imaginaires, mais s'ils n'ont rien à voir avec la réalité, ils ont l'intérêt de mettre en relief les traits caractéristiques de ce héros, en premier lieu son orgueil. C'est lui qui ne croit pas aux paroles de Sansadoines et qui annonce avec vantardise ses victoires prochaines sur les Chrétiens.

Voici ce que nous rapportent les chroniqueurs (Anonyme, Pierre le Tudebode, Guibert de Nogent, Baudri de Bourgueuil et même Guillaume de Tyr) qui racontent cet épisode.[37] Peu après l'ambassade de Sansadoines, des Turcs qui voulaient se moquer de la confrérie des Francs, mirent sous les yeux de Karbouka une affreuse épée couverte de rouille, un horrible arc en bois et une lance hors d'usage, qu'ils venaient d'enlever à de pauvres pèlerins. Selon Tudebode ils dirent : "Voici les armes que les Francs ont apportées pour nous combattre". Karbouka se prit à sourire et déclara publiquement à tous : "Ce sont-là les armes belliqueuses et resplendissantes qu'ont apportées les chrétiens en Asie contre nous! C'est avec cela qu'ils envisagent et ont la présomption de nous rejeter au-delà des confins du Khorassan ..." etc.[38]

[34] Lewis Sumberg voyait dans cet épisode "un mélange curieux de fiction et de vérité". Voir : SUMBERG, *La Chanson d'Antioche*, p. 112.

[35] VERLET-REAUBOURG, "L'oeuvre de Richard le Pèlerin et de Graindor de Douai", p. 153.

[36] Pour son argumentation voir : DUPARC-QUIOC, *La Chanson d'Antioche*, 1, p. 108-109.

[37] Petrus Tudebodus, *Historia de Hierosolymitano itinere*, p. 91; *Gesta Francorum et aliorum Hierosolymitanorum*, p. 51; Baldricus Dolensis, *Historia Hierosolymitana*, p. 367; Guibertus Novigentis, *Gesta Dei per Francos*, p. 211; Guillaume de Tyr, *Chronicon*, 1, p. 56.

[38] Petrus Tudebodus, *Historia de Hierosolymitano itinere*, p. 91 : " *'Ecce arma quae attulerunt Franci obviam nobis ad pugnam'. Tunc Curbaan, videns haec arma, coepit subridere*

Ce sont presque les mêmes mots qu'il prononce aussi dans la *Chanson d'Antioche.*[39] Les ressemblances entre la chanson française et les chroniques, surtout celle de Robert le Moine, sont assez frappantes (voir Appendice № 11).

Puis Karbouka convoque son secrétaire et lui dit d'écrire promptement plusieurs chartes à faire lire en Khorassan. Selon Anonyme, Pierre Tudebode, Baudri de Dol et Guibert de Nogent,[40] il leur conseille de s'adonner corps et âmes à l'effronterie et à la luxure afin d'engendrer les enfants qui seront capables de prévaloir en vaillant combat sur les chrétiens.[41] Il leur transmet les trois armes, qu'il a enlevées –, dit-il, – à un escadron de Francs. "Ces armes, – continue Karbouka dans sa lettre imaginaire, – sont celles qu'ont apporté le peuple français contre les musulmans".[42] L'émir orgueilleux se vante de ce qu'il tient tous les Francs enfermés à l'intérieur d'Antioche. "Je les ai déjà tous dans la main, – dit-il, – et les ferai ou condamner à la sentence capitale, ou conduire dans le Khorassan en cruelle captivité" ... etc.[43] Dans la *Chanson* d'*Antioche*, on trouve la même lettre[44] qui reproduit les mêmes promesses de Corbaran de réduire en sa puissance la ville royale d'Antioche, la Syrie, la Grèce, la Bulgarie et de subjuguer à la gloire du *soudan* les hommes de la Pouille de la Calabre. Dans les deux textes il annonce avec vantardise ses prochaines victoires sur les chrétiens et prononce des discours arrogants (Voir Appendice № 12).

Son orgueil est mis en relief dans une autre scène imaginaire décrite par les chroniqueurs qui montre aussi que cet orgueil des musulmans se change très vie en peur et en confusion. Les *Gesta Francorum* et ses imitateurs ne rapportent pas l'épisode, mais notre poème est confirmé sur ce point par deux témoins

in propatulo dicendo omnibus aui in illo aderant collegio : 'Haec sunt arma bellica atque nitida quae attulerunt Christiani in Asia, orti in occidentali terra scilicet in Europa qui est mundi pars tercia, quibus putant ac confiduunt nos expellere et propulsare ultra Corosani confinia ...' ".

[39] *Chanson d'Antioche*, v. 6786-6800.

[40] *Gesta Francorum et aliorum Hierosolymitanorum*, p. 52; Petrus Tudebodus, *Historia de Hierosolymitano itinere*, p. 92; Baldricus Dolensis, *Historia Hierosolymitana*, p. 367; Guibertus Novigentis, *Gesta Dei per Francos*, p. 211-212. Tous les passages sont presque identiques.

[41] Petrus Tudebodus, *Historia de Hierosolymitano itinere*, p. 92 : "*Satis namque sint leti et gavisi iocunda concordia et satisfaciant ventribus, spernent et semocinent per universam regionem illam, et omnimodo dent se ad petulantia luxuriam, iterum multos filios patrare congaudent, qui contra Christianos fortiter bellare valeant ...*".

[42] Guibertus Novigentis, *Gesta Dei per Francos*, p. 211 : "*Tria haec vobis arma transmittimus quae quidem Francis tulimus ...*".

[43] Petrus Tudebodus, *Historia de Hierosolymitano itinere*, p. 92 : "*Ego namque habeo iam illos in mea manu; aut eos faciam capitalem subire sententiam, aut eos deducam in Corosanum in captivitate nimia ...*".

[44] *Chanson d'Antioche*, v. 6805-6840.

oculaires – Raimund d'Aguilers,[45] Foucher de Chartres[46] – et par Raoul de Caen.[47] Le même épisode est relaté dans la *Chanson d'Antioche*.[48] Corbaran jouait aux échecs dans sa tente. Ayant appris que les chrétiens s'avançaient pour combattre, il appelle son espion, un certain Turc nommé Miredalin (ou Amidalis) qui le renseigne sur l'armée musulmane, et il lui dit : "Qu'est-ce donc? Ne m'avais-tu pas dit que les Francs étaient en petit nombre et ne viendraient pas me combattre?". Et Miredalin répond : "Je n'ai pas dit qu'ils ne viendraient pas pour combattre; mais attends, je les verrai, et je te dirai s'il te sera facile de les vaincre".[49] Ensuite, voyant l'armée nombreuse des chrétiens qui s'avançait, il dit : "Certes, ces hommes peuvent être tués, mais ils ne peuvent êtres mis en fuite". Alors Corbaran lui dit : "Nul d'entre eux ne pourra-t-il donc être repoussé?" Et Miredalin répond : "Non, ils ne céderont pas de la largeur d'une semelle, toute la race des Païens dût-elle s'élancer sur eux".[50]

Ensuite Karbouka, à la vue de l'armée franque si bien préparée, se repent d'avoir refusé la proposition de Pierre l'Ermite d'un combat limité entre champions. Miredalin est chargé d'aller proposer en son nom aux chrétiens cette proposition qu'il avait refusée à Pierre l'Ermite (Voir Appendice № 13) .[51]

Les rapports de la *Chanson* d'*Antioche* avec ce que dit Foucher de Chartres et Raimund sont très frappants dans ce passage, mais il existe quand même des divergences : dans la chanson il est d'abord question du jeu d'échecs, puis de la mission d'Amidelis. Dans les chroniques il s'agit d'un passage tout seul qui rapporte de ces faits.

Les transitions entre les chroniques et les chansons ont aussi fait l'objet de discussions entre les historiens. Par exemple, selon l'opinion de l'historien

[45] Raimundus de Aguilers, *Historia Francorum*, p. 260.

[46] Fulcherius Carnotensis, *Historia Hierosolymitana*, éd. H. HAGENMEYER (Heidelberg, 1913), p. 348.

[47] Radulfus Cadomensis, *Gesta Tancredi*, p. 667.

[48] *Chanson d'Antioche*, v. 7416, v. 8382 etc.

[49] Raimundus de Aguilers, *Historia Francorum*, p. 260 : "*Inter haec dux Turcorum Corbaras, infra tentorium suum scaccis ludebat; et ... appellavit quemdam Turcum ... nomine Mirdalin, ... et dixit ei : 'Quid hoc est? Nonne tu mihi dixeras quia Franci pauci erant, et nunquam mecum pugnarent?' Et respondit ei Mirdalin : 'Non dixi quod non pugnarent, sed veni, et videbo eos, et dica, tibi si poteris eos facile superare'* ".

[50] Raimundus de Aguilers, *Historia Francorum*, p. 260 : " *'Occidi quidem isti possunt, sed verti in fugam nequeunt'. Mirdalin dixit ad Corbaran : 'Nulli eorum propelli aliquatenus possunt?' Et respondit Mirdalin : 'Non quantum planta pedis habet, cedent, si omnis gens paganorum eis incurrat'* ".

[51] Fulcherius Carnotensis, *Historia Hierosolymitana*, p. 348 : "*Corbagat dixit : 'Mittam ad Francos, ut quod hesterna die mihi mandaverunt, hodie concedam'. Amirdalis dixit : 'Tarde locutus es'. Attamen id mandavit, sed quod quaesivit, non impetravit ...'* ".

allemand W. Tiedau, Foucher de Chartres aurait puisé l'épisode du jeu d'échecs dans la Chanson de Richard le Pèlerin.[52] Mais il se trouve que cette partie d'échecs est aussi racontée par deux participants à la croisade – Raoul de Caen et Raimund d'Aguilers.[53] C'est peut-être pour cette raison que S. Duparc-Quioc, reconnaissant que les deux versions (celle de la *Chanson d'Antioche* et celle des chroniqueurs) sont assez différentes, aboutit à la conclusion qu'il ne s'agit pas, en l'occurrence, de plagiat.[54]

D'autre part, on pourrait noter qu'il est possible de trouver des parallèles sur ce thème dans les chansons de geste traditionnelles. C'est l'orgueil de Karbouka qui est mis en relief dans les chroniques et la chanson. Il se conduit dans ces scènes de la même manière que les musulmans dans les chansons de geste de Guillaume ou du Roi.[55]

Dans les épopées françaises les Sarrasins ainsi que Karbouka, le personnage historique des chroniques de la Première croisade, méprisent tellement leur ennemi qu'ils rejettent comme imprécise toute information sur la supériorité de leurs adversaires.[56] Par conséquent, les passages des lettres imaginaires de Karbouka où il parle de ses prochaines victoires peuvent être rapportées à la tradition littéraire.

[52] TIEDAU, *Geschichte der "Chanson d'Antioche"*, p. 13.

[53] Radulfus Cadomensis, *Gesta Tancredi*, p. 667; Raimundi de Aguilers, *Historia Hierosolymitana*, p. 260.

[54] DUPARC-QUIOC, *La Chanson d'Antioche*, 2, p. 234.

[55] Dans les chansons de geste l'orgueil et la démesure des musulmans se manifestent dans les projets qu'ils font, les messages qu'ils envoient, les menaces qu'ils adressent etc. Cf. notamment : *Fierabras*, éd. A. KROEBER et G. SERVOIS (Paris, 1860 : *Les anciens poètes de la France* 4), v. 363; *La chanson d'Aspremont : Chanson de geste du XIIe siècle : Texte du manuscrit de Wollaton Hall*, éd. L. BRANDIN (Paris, 1925), v. 6201 ff. Sur ce sujet : P. BANCOURT, *Les musulmans dans les chansons de geste du cycle du Roi*, 2 vols. (Aix-en-Provence et Marseille, 1982), 1, p. 196.

[56] Par exemple, dans la *Chanson d'Aspremont* l'émir Agolant accuse les Sarrasins de mensonge lorsqu'il apprend de la faillite de son armée. Voir : *La Chanson d'Aspremont*, v. 3672. C'est dans cette même chanson l'envoyé Baland informe l'émir de l'échec de l'armée musulmane, mais il n'est pas en mesure de s'en rendre compte et continue de promettre de conquérir toute la France et transformer Saint-Denis en "Mahomerie" ('mosquée'). *Ibid.*, v. 4327-4329 : "S'abat lor loi qu il ont establie; / Par tolte France corje ta signorie; / A Saint Denis soit Mahomerie".

Entretiens de Karbouka avec Calabre

Tournons-nous maintenant vers le dernier épisode, celui de la rencontre de Karbouka et de sa mère. Il est relaté en détail dans la *Chanson d'Antioche*. On peut aussi le retrouver dans les chroniques (Anonyme, Tudebode, Robert le Moine et Guibert de Nogent), mais pas chez Albert d'Aix.

Les chroniqueurs mettent en scène la mère de Karbouka (Courbaran), astrologue et magicienne. Elle essaie de convaincre son fils de ne pas livrer bataille. Elle le persuade qu'il n'a pas encore éprouvé le courage des Chrétiens et qu'il est insensé de combattre leur Dieu qui a renversé Pharaon avec son armée dans la Mer Rouge.[57] Elle prédit la défaite des musulmans et même la mort de Karbouka : "Tiens pour assuré, – dit-elle, – que ta vie n'ira point jusqu'à la fin de l'année présente".[58] Elle l'avise que l'on a appris il y a environ cent ans, dans quelques écrits ignorés d'une secte de gentils, que le peuple chrétien se lèverait pour "faire la guerre aux musulmans", qu'il les "vaincrait entièrement" et que "toutes les races des gentils seraient soumises" aux chrétiens.[59] Une seule chose est incertaine, on ne sait "si cet oracle doit s'accomplir prochainement, ou dans des temps éloignés".[60] "Cependant, – dit-elle, – quelques-uns des nôtres pensent que ce temps n'est pas éloigné, parce que ces prédictions et les signes observés dans les astres annoncent la ruine prochaine des choses de ce monde ...".[61] Pour réaliser ces prophéties, la vielle magicienne a fait "les recherches les plus minutieuses dans la science astronomique".[62] Elle a contemplé, avec les astrologues, "le cours des astres, à savoir les sept planètes et les douze signes et tout ce qui pouvait être consulté selon les lois de physique", et tout ce qu'elle a vu s'unit pour promettre aux Francs "tous les honneurs de la victoire" et annoncer l'échec cuisant des musulmans.[63] Le roi païen Karbouka doute malgré cela de

[57] Robertus Monachus, *Historia Hierosolymitana*, p. 812; *Gesta Francorum et aliorum Christianorum*, p. 55; Guibertus Novigentis, *Gesta Dei per Francos*, p. 211-212; Petrus Tudebodus, *Historia de Hierosolymitano itinere*, p. 93.

[58] Guibertus Novigentis, *Dei Gesta per Francos*, p. 211.

[59] "*Fili carrissime, ecce sunt plus quem centum annorum tempora de quibus inventus est in nostra pagina et in gentilium voluminibus, quoniam gens christiana ... nos ubique victura ac super paganos regnatura et nostra gens illis ibique erit subdita ...*" (*Gesta Francorum et aliorum Christianorum*, p. 55); Guibertus Novigentis, *Dei Gesta per Francos*, p. 215.

[60] Robertus Monachus, *Historia Hierosolymitana*, p. 812 : "*Credimus quia hoc totum venturum est, sed nescimus si nunc vel in proximo est*".

[61] *Ibid.* : "*Sed in hoc scientia nostra fuscatur, quia nescimus utrum modo an in longa tempora compleatur*".

[62] Guibertus Novigentus, *Dei Gesta per Francos*, p. 215.

[63] Guibertus Novigentus, *Dei Gesta per Francos*, p. 215.

la supériorité des chrétiens sur les musulmans : "Alors, Bohémond et Tancrède, ne sont donc pas les dieux des Francs ... A propos, est-ce qu'ils mangent à chaque repas deux mille vaches et quatre mille porcs?" "Très cher fils, répondit la mère, Bohémond et Tancrède sont des mortels comme tous les autres, mais leur Dieu les chérit par-dessus tous les autres, et il leur donne une vertu guerrière supérieure à celle de tous les autres ..."[64] etc., etc.

La mère de Karbouka apparaît en trois endroits de la *Chanson d'Antioche*. La première fois à Oliferne (le lieu de résidence de Karbouka, son Quartier général en quelque sorte) après la bataille de Civetot ou les chrétiens ont été écrasés, pour voir son fils et lui parler des prisonniers Richart de Chaumont, Harpin de Bourges, Baudouin de Beauvais (et les autres) à qui Karbouka a proposé de se convertir à l'islam et qui lui rendront un jour un grand service (au dire de Calabre).[65] Le poète note que Calabre connaissait bien "la loi païenne" des Sarrasins.[66]

La deuxième fois elle vient à l'assemblée des Sarrasins qui se tient à La Mecque. Calabre arrive avec les "troupes noires", pour reprendre les termes du poète. Il dit qu'elle a cent quarante ans et qu'elle est très versée dans les sciences et les arts et connaît tout ce qui concerne le mouvement des astres, de la lune et du soleil. Grâce à sa sagesse, donc, elle a prévu la prochaine victoire des Chrétiens et elle est venue prévenir son fils. Ici les ressemblances entre Antioche et certaines chroniques (par exemple, Guibert de Nogent) sont assez grandes(Voir Appendice № 13).

Mais c'est le troisième passage de la *Chanson d'Antioche*[67] qui met en scène Calabre, qui est le plus proche des chroniques latines, surtout de celle de Robert le Moine. Comme dans les textes des chroniques Calabre essaie de convaincre son fils de ne pas livrer bataille : "C'est de la folie, – dit-elle, – de

[64] Petrus Tudebodi, *Historia de Hierosolymitano itinere*, p. 93 : " '*Non sunt igitur Boamundus et Tancredus Francorum dii ... Et quod ipsi manducant in unoquoque prandio duo milia vaccarum?' ... 'Boamundus et Tancred mortales sunt ... Nam Deus illorum omnipotens est nomen eius, qui jecit caelum et terram, et fundavit mariae ... Audiens itaque mater eius quod nullomodo non adquiesceret consiliis eis, vehementer dolens recessit retorsum in Alpeh civitate'* ". Voir aussi : *Gesta Francorum*, p. 55.

[65] C'est de ces mêmes prisonniers chrétiens qu'il s'agira dans une autre chanson – *Les Chétifs*. C'est ainsi que Graindor annonce le début des *Chétifs*.

[66] *Chanson d'Antioche*, v. 765-772 : "Qu'a Oliferne vint a une matinée, / Kalabre vint encontre, sa mere li senée, / De la loi paienie fu molt sage letree. / Contre le roi ala, lïe, brace levee : / 'Biaus fiux', ce dist la vielle, 'or oiez ma pensee : / Tu m'amaines tel gent, c'est verités provee, / Ki t'aront grant mestier, ains que soie finee, / Mais ne sai quant çouiert ne a quel terminée' ".

[67] *Chanson d'Antioche*, v. 6838-6956.

se battre contre le Dieu des Français; n'a-t-il pas fait honte au Pharaon en délivrant le peuple d'Israël"?[68] De plus, d'anciennes prophéties païennes ainsi que les étoiles indiquent que les Français doivent être victorieux[69] et que Corbaran, s'il livre bataille, trouvera la mort d'ici un an.[70] Karbouka n'écoute pas les avertissements de sa mère et se prépare à la bataille (voir Appendice № 14).

Cet épisode est aussi entré dans les autres chansons du Premier cycle de croisade. Dans la chanson *Enfances Godefroi* la mère de Karbouka qui porte le nom de Calabre paraît de nouveau pour prononcer ses prophéties devant le sultan (l'amiral Soudan). Les Sarrasins, à La Mecque, étaient en train de faire la fête en adorant leur dieu Mahomet ainsi que ses confrères Apollin et Tervagant. Calabre trouble la fête. Elle est sortie de la ville, et s'étant assise dans un verger, elle a pu observer à son aise les étoiles; elle y a lu un terrible avenir qu'elle dévoile aux Sarrasins : dans la terre de France (qui appartint jadis au roi Charlemagne "qui fu al roi Charlon") sont nés trois damoiseaux, Godefroi, le duc de Bouillon, et ses frères; ils doivent venir bientôt envahir les terres musulmanes. Au dire de Calabre ils conquerront toute la Syrie (y compris Nicée, Antioche, Césarée etc.) et ils prendront le Temple de Salomon.[71] En entendant ces prophéties, le sultan se met en colère mais Calabre s'obstine dans ses prophéties qu'elle répète à tous les autres.[72] C'est ainsi que le passage imaginaire contenu dans les chroniques de la Première croisade se charge de détails fantastiques et légendaires et s'éloigne de l'ancien texte.

S. Duparc-Quioc et les autres historiens ont affirmé que cet épisode commun à la *Chanson d'Antioche* et aux chroniques est bien le démarquage de Robert le Moine. C'est fort probable, compte tenu des ressemblances très précises entre les deux textes. Mais on peut voir qu'à peu près le même épisode survient successivement dans plusieurs chansons de la *Geste d'Outremer*. S. Duparc-Quioc, elle même, a parlé de l'influence des *Chétifs* sur notre chanson.[73] De nouveau, on ne saurait conclure sur qui a démarqué qui. Est-ce la

[68] *Chanson d'Antioche*, v. 6863-6866.

[69] *Chanson d'Antioche*, v. 6930-6934.

[70] *Chanson d'Antioche*, v. 6945-6950.

[71] *Les Enfances Godefroi*, v. 2231-2241, éd. in *: Les Enfances Godefroi and Le retour de Cornumarant,* éd. E.J. MICKEL (London, 1999 : *The Old French Crusade Cycle* 3).

[72] *Les Enfances Godefroi*, v. 2255-2559 : "Biax niés, ... / Del roialme de Franche venront une tel gent / Qui conquerront vo terre par lor efforcement. / Desi en Oriant n'avront arestement, / Et mes fiex Corbarans en iert en grant torment. / Une pucele qui .III. enfans porta".

[73] DUPARC-QUIOC, *La Chanson d'Antioche*, 2, p. 105-106.

chronique de Robert le Moine qui a influencé la *Chanson d'Antioche* ou le chroniqueur s'est-il inspiré de la chanson?

*****

Après l'étude des passages qui ont fait l'objet des discussions historiographiques, je m'abstiendrai de poser la question "qui a copié et copié qui?". En fait, la discussion menée par de brillants érudits et de fins connaisseurs des textes des croisades, la discussion qui se poursuit depuis à peu près cent cinquante ans butte sur une impasse. Dans tous les exemples donnés par les historiens, il ne s'agit pas de copies fidèles. Il y a certes des passages qui se rapprochent, on peut établir des ressemblances entre chroniques latines et chansons en ancien français (non seulement les chansons de geste du Premier cycle de croisade, mais aussi les chansons de geste du cycle du Roi et de Guillaume), mais y a-t-il des passages pour lesquels on peut définitivement affirmer que le chroniqueur a fidèlement 'traduit' le trouvère ou l'inverse? L'analyse précise du texte de la *Chanson d'Antioche* ne montre à l'égard des chroniques aucune dépendance réelle, si ce n'est envers la chronique de Robert le Moine, copiée presque mot à mot.

De ce fait, la question "qui a copié et copié qui?" me semble-t-elle mal posée.

Il est possible que pour se tirer de cette impasse des influences et des emprunts, il faille prendre en considération une dimension essentielle de l'écriture médiévale, sur laquelle de nombreux travaux récents (tels ceux de P. Zumthor, M. Clanchy, B. Stock et bien d'autres) ont attiré fortement l'attention, à savoir sa dimension d'oralité, et réfléchir sur la spécificité des interactions entre traditions orale et écrite. La question s'est toujours posée sous la forme : est-ce que les chanteurs démarquaient vraiment les chroniques ou est-ce que les chroniqueurs copiaient la *Chanson d'Antioche*? Pour tenter de résoudre ce problème, il faut prendre en considération la date de la composition des oeuvres historiques et littéraires en question. A mon avis, si les chroniques de la Première croisade ont été rédigées au début du XIIe siècle (ou même aux alentours des années 20)[74] et si la *Chanson d'Antioche* a été composée presque en même

[74] Albert d'Aix a écrit sa chronique vers 1120, Foucher de Chartres termina son oeuvre dans les années 1127; les récits de croisade de Pierre Tudébode, le texte d'Anonyme et celui de Raimund de Aguilers sont tous datés de la première décennie du XIIe s., Robert le Moine écrivit son oeuvre avant 1107, Guibert de Nogent entre 1104 et 1108. Pour la datation des chroniques

temps[75] et remaniée vers la fin du XIIe siècle, il est peu probable que les poètes (et peut-être même les chroniqueurs) aient pu avoir les textes sous les yeux et les copier mot à mot. Il faut d'abord faire état de ce que les manuscrits ne se multipliaient et ne se répandaient pas alors avec la rapidité dont nous sommes aujourd'hui redevables à l'imprimerie. On a déjà noté que les divergences entre les chroniques et la *Chanson d' Antioche* sont assez considérables et que jamais le plagiat n'a été aussi infidèle. Les trouvères, qui chantaient les chansons pour le monde illettré et qui n'entendaient pas assez bien le latin, pouvaient-ils puiser dans les chroniques latines? J'en doute. Mais il est fort probable que les chroniqueurs durent tenir compte de ce que les trouvères et les jongleurs avaient déjà chanté. On peut supposer que chaque événement d'importance capitale (en l'occurrence les événements liés au siège d'Antioche) a dû très tôt susciter des chants en langue vulgaire.[76] Ceux-ci étaient, peut-être, des bulletins de bataille, des cantilènes que les jongleurs récitèrent et que les croisés écoutèrent avec grand intérêt.[77] Ensuite, ces passages d'où proviennent les ressemblances entre les oeuvres des deux genres ont dû pénétrer soit dans les chroniques soit dans la *Chanson*. Il semble que ce soit de cette façon que les chants les plus anciens sont parvenus aux chroniqueurs sous forme orale. Les chroniqueurs ont bien pu entendre la *Chanson* et les récits imaginaires plusieurs fois répétés par un jongleur.[78] Peut-on glaner des renseignements précis à ce sujet

de la Première croisade voir : R. HIESTAND, "Il cronista medievale et il suo pubblico", *Annali della Facoltà di Lettere e Filosofia dell'Università di Napoli* 27 (1984-1985), p. 207-227; DUPARC-QUIOC, *La Chanson d'Antioche*, 2, p. 209.

[75] On place sa composition peu après la prise d'Antioche. D'après l'opinion générale, elle ne saurait remonter au-delà de 1121 ou 1122; dès 1135 il existait une première *Conquête de Jérusalem*, vers 1140-1160 – *Les Chétifs*; ces chansons ne nous sont pas parvenues en l'état; entre 1180 et 1187 un auteur anonyme aurait remanié ces chansons et les aurait réunies en un ensemble. Voir : SUMBERG, *La Chanson d'Antioche,* p. 11; S. DUPARC-QUIOC, *Le cycle de la croisade* (Paris, 1955 : *Bibliothèque de l'École des hautes études : Sciences historiques et philologiques* 305).

[76] L'on sait que les gens de guerre composaient ou chantaient des chants épiques : E. FARAL, *Les jongleurs en France au Moyen Âge* (Paris, 1971 : *Bibliothèque de l'école des hautes études, IVe section : Sciences historiques et philologiques* 187), p. 4-5 : "Les récits, nés dans les combats, enflammaient ensuite le coeur des guerriers".

[77] Paulin Paris admet que onze thèmes de Tudebode avaient le caractère de vrais bulletins. Selon lui on dut les envoyer l'un après l'autre en France sous forme de lettres. Il pense que ces lettres étaient ordinairement lues au prône de l'église. Tudebode avait bien pu, soit à Marra, soit à Jérusalem, entendre les chants composés en langue vulgaire sur les désastres de l'armée de Pierre l'Hermite, sur les rodomontades de Corbaran et les prédictions de la vieille Calabra, sa mère etc. Voir : P. PARIS, *La Chanson d'Antioche,* p. XXXIV.

[78] Il s'agit dans l'occurrence d'une oralité primaire et immédiate ou pure (selon le terme de P. Zumthor), sans contact avec l' 'écriture'. Voir : P. ZUMTHOR, *Introduction à la poésie orale*

dans les chroniques? L'on sait que la tradition orale était très influente. Mais en fait, il est difficile d'en trouver des traces directes dans les chroniques de croisade car c'était l'écrit qui faisait foi à l'époque médiévale. Le prestige de l'écrit est indéniable dans une civilisation chrétienne du Livre. Les chroniqueurs qui recueillaient les gestes de la guerre sainte durent écouter les trouvères et les jongleurs, mais un clerc latiniste n'aurait jamais avoué qu'il avait puisé dans une telle source.[79] Par contre, les trouvères ne manquaient jamais de mentionner le livre latin qu'ils avaient pu connaître. Les chanteurs de geste nomment des textes écrits comme étant leur source. De cette façon ils s'en rapportent à l'autorité. Selon la tradition, les chanteurs devaient interpréter les événements d'après ce qu'ils avaient vu et lu et non d'après ce qu'on leur avait raconté.

A titre d'exemple je citerai simplement la chanson de geste de la Première croisade qui a été découverte par Paul Meyer à la fin du XIXe s. et qui a été publiée dans la revue *Romania*.[80] Ce texte connu sous le titre *Poème sur la Première croisade imité de Baudri de Bourgueil*, ou *Estoire d'Antioche*, manuscrit qui fut jadis découvert dans la Bibliothèque Bodleian (Ms Hatton 77). Donc, le trouvère anonyme auteur de cette chanson, la présente comme la simple reproduction de la chronique de Baudri de Dol (qui avait quant à lui transmis en latin la relation de Tudebode). Comme c'est souvent le cas au Moyen Âge l'auteur ne prétend pas être l'inventeur de sa fiction. Il se présente comme un scribe chargé de reproduire le texte d'un grand prélat en faveur du monde illettré.[81] C'est donc la langue latine qui créait l' *auctoritas*.

En fait il n'est pas improbable qu'un latiniste aussi raffiné que l'était Baudri ait eu l'idée d'écrire en roman. On voit qu'il est important, même pour un trouvère anonyme, de se référer à la tradition écrite censée faire autorité. Ainsi, même les chanteurs qui utilisaient incontestablement les traditions orales dans leurs œuvres, préfèrent ne pas mentionner leurs sources. C'est encore plus juste pour les chroniqueurs y compris pour les chroniqueurs de croisade.

On peut repérer de nombreuses références à la tradition écrite dans leurs œuvres. Ekkehardus mentionne dans sa chronique un petit livre qu'il a vu à

(Paris, 1983), p. 361.

[79] P. PARIS, "Nouvelle étude", p. 99.

[80] P. MEYER, "Un récit en vers français de la Première croisade fondé sur Baudri de Bourgueil", *Romania* 5 (1876), p. 1-63.

[81] *Ibid.* : "Le clerc provençal l'a d'abord transcrit en latin / ... Baudri, l'archevêque de Dol.. l'a dictée encore mieux / Et l'a transformé en roman / Pour que les gens qui ne sont pas lettrés l'entendent".

Jérusalem.[82] Guibert de Nogent avoue aussi qu'il a beaucoup pillé Foucher de Chartres qu'il présente comme étant son garant.[83]

Baudri de Dol, lui aussi, avoue qu'il a puisé dans la chronique anonyme bien qu'il en ait changé le style grossier.[84] Il a pris les *Gesta Francorum* comme matière pour son oeuvre, mais il en a changé le style.

Dans sa chronique Raoul de Caen se réfère en premier lieu à la tradition écrite :

"Nous devons, donc, nous appliquer avec le plus grand soin à lire ce qui a été écrit, à écrire ce qui mérite d'être lu ...".[85]

Compte tenu de ce rôle dominant d'autorité tenu par la tradition écrite il est d'autant plus surprenant de découvrir que les chroniqueurs de la Première croisade utilisaient quand même beaucoup de témoignages oraux. Si nous procédons à un relevé de ces allusions à la tradition orale dans les sources relatives à la Première croisade, nous voyons qu'Ekkehard, par exemple, avoue qu'il a recueilli les témoignages de la bouche de témoins oculaires ou de gens qu'il avait lieu de croire bien informés.[86] Guibert de Nogent ne se contente pas de copier son modèle (Foucher de Chartres), il ajoute aussi un grand nombre d'informations supplémentaires puisées dans les conversations avec d'anciens participants à la croisade.[87] Baudri de Dol, lui aussi, se réfère aux relations des témoins oculaires.[88] Des croisés, revenus en Occident, leur ont raconté ou préci-

[82] Voir, par exemple : Ekkehardus Uraugiensis, *Hierosolymita*, p. 21 : "*Legimus Jherosolimae libellum*".

[83] Guibertus Novigentis, *Dei Gesta per Francos*, p. 215 : "*Praesentis historiae corpori, auctore mundi propitio, posituri calces, Fulcherium quemdam, Carnotensem presbyterum, qui Balduini apud Edessam ducis dudum capellanus extiterat, quaedam quae nos latuerant alia, diverse etiam a nobis aliqua, sed pauca, haecque fallaciter et scabro, ut caeteri, sermone, fudisse comperimus*".

[84] Baldricus Dolensis, *Historia Hierosolymitana*, p. 10 : "*... sed nescio quis compiliator, nomino suppresso, libellum super hac re nimis rusticanum ediderat; veritatem tamen texuerat, sed propter inurbanitatem codicis, nobilis materia viluerat; et simpliciores etiam inculta et incompleta lectio confestim a se avocabat*".

[85] "*Debemus igitur summa ope niti et legere scripta et scribere legenda ...*" (Radulfus Cadomensis, *Gesta Tancredi*, p. 623).

[86] Ekkehardus Uraugiensis, *Hierosolymita*, p. 35 : "*Referebat mihi venerabilis abbas Gerhardus*"; p. 26-27, 32; p. 36 : "*Neque hoc silentio praetereundum, quod eodem anno ibidem cognovimus contigisse venerabili Herimanno presbytero, qui tunc in Monte Oliveti conversatur, in haec verba referente ...*".

[87] Guibertus Novigentis, *Dei Gesta per Francos*, p. 131 : "*per eos tandem, qui in illa expeditione eum noverant eoque, usi sunt, attigimus eius notitiam*"; p. 225 : "*ab his qui interduere asseritur quod ...*"; p. 277 : "*Est etiam mihi non inferiore relatione compertum ...*".

[88] Baldricus Dolensis, *Historia Hierosolymitana*, p. 10 : "*partim narrantium qui ibi affuerant relatione fretus quae audivi interseram ...*".

sé des détails, permettant ainsi aux chroniqueurs de compléter leurs récits. Mais c'est surtout Albert d'Aix qui a rédigé son livre d'après ce que lui racontaient ceux qu'il croyait le mieux informés. Dans sa chronique il dit :

> ... j'ai résolu du moins, dans mon audace téméraire, de confier à la mémoire des hommes quelques-unes des choses qui ne sont connues par les rapports et les révélations relations / récits des personnes qui ont assisté aux événements ...[89]
>
> *... temerario ausu decrevi saltem ex his aliqua memoriae commendare quae auditu et relatione nota fierent ab his qui praesentes adfuissent.*

Le chroniqueur insiste sur le fait qu'il tient ses informations "de la bouche des témoins oculaires".[90] Sa chronique est semée d'expressions comme "on dit" (*fertur*).[91] Au nombre des "on dit" qu'il a enregistrés, il est assurément permis de compter les chansons populaires qu'interprétaient les jongleurs.

Il est permis de croire, à défaut de pouvoir le prouver, qu'il s'agit ici de chansons de geste populaires. En fait, les oeuvres littéraires comme la *Chanson d'Antioche* pouvaient être mémorisées, apprises et répétées de manière purement orale. Selon J. Flori, Albert d'Aix a pu avoir connaissance de la *Chanson* en l'entendant plusieurs fois répétée par un jongleur, déclamée en public. La mémorisation d'une pièce d'une si grande ampleur n'avait, alors, rien de surprenant.[92] Mais le chroniqueur ne parle que des relations "très véridiques" *(veridica relatione)* des participants à la croisade. Il aurait sans doute cru trop ravaler sa dignité de clerc en avouant ce qu'il empruntait aux récits des jongleurs populaires.

[89] Alberti Aquensis, *Historia Hierosolymitana*, p. 271.

[90] Voir : Albertus Aquensis, *Historia Hierosolymitana*, p. 291 : "*Sicut hi pro vero affirmant qui praesentes vix evaserunt*"; p. 334 : "*ut aiunt pro vero qui affuerunt*", p. 339 :"*ex veridica eorum relatione qui et participes fuerunt*"; p. 572 : "*ex ore illorum qui praesentes oculis spexerunt*"; etc.

[91] Voir, par exemple : Albertus Aquensis, *Historia Hierosolymitana*, p. 382 : "*auditis verbis*".

[92] C'est aussi de cette façon que S. Edgington explique les ressemblances entre chronique et Chanson : "*We underestimate the aural memory of these generations who lived in an age where writing was uncommon; it seems unlikely that Albert could have memorized the quantity of information which is shared*" (S. EDGINGTON, "Albert of Aachen and the Chanson de geste", in : *The Crusades and Their Sources : Essays Presented to B. Hamilton*, éd. J. FRANCE et W. ZAJAC (Aldershot, 1998), p. 29-39, esp. p. 29). Voir aussi : S. EDGINGTON, "Romance and reality in the sources for the siege of Antioch, 1097-1098", in : *Porphyrogenita : Essays on the History and Literature of Byzantium and the Latin East in Honour of Julian Chrysostomides*, éd. C. DENDRINOS, J. HARRIS, E. HARVALLA-CROOK et J. HERRIN (Aldershot, 2003), p. 33-45.

En outre ce ne sont pas seulement Albert d'Aix et *Chanson d'Antioche* qui sont proches. Déjà Paulin Paris avait noté beaucoup de points de ressemblance entre le début de la chronique d'Albert d'Aix et la geste des *Chétifs*. Selon lui Albert avait pu emprunter au chanteur vulgaire tout ce qu'il nous dit des campagnes de Pierre l'Ermite et de Godescalc.[93] Or on sait que la *Chanson des Chétifs* suit d'assez près celle de *Chanson d'Antioche* qui n'a pu être achevée avant 1125. En comparant les chroniques de la Première croisade avec les chansons de geste, nous avons découvert les ressemblances existant entre plusieurs passages sur Calabre, sur Karbouka, etc. Donc, rien n'empêche d'admettre que non seulement *Chanson d'Antioche*, mais aussi les autres chansons de geste du Premier cycle ont pu influencer le chroniqueur. Cela corrobore l'hypothèse concernant les sources orales d'Albert.

De plus les chroniqueurs nous rapportent que les croisés déclamaient des chants de guerre. Voilà ce que nous raconte Raimund d'Aguiler en parlant de l'armée franque au moment de marcher sur Corbaran :

> Est-il besoin de parler de leur courage? On entendait tous ces chevaliers entonner des chants guerriers, comme si le combat qui s'approchait n'eût été pour eux qu'une partie de plaisir.[94]

Il est plus que probable que les croisés aient chanté les chansons de croisade avant les combats à l'exemple de Taillefer.[95] Cet épisode est très familier à tous les médiévistes. On sait en effet que ce chevalier a chanté la *Chanson de Roland* devant des troupes normandes au matin de la bataille de Hastings en 1066. En général, les croisés chantaient beaucoup. On sait, par exemple, que l'on a composé des chants satyriques contre Arnold, élu patriarche de Jérusalem peu après la Première croisade, contre le gré des croisés.[96] Chaque événement signi-

[93] PARIS, "Nouvelle étude", p. 99. Voir : *Alberti Aquensis Historia*, Lib. I, c. I-III, p. 271-273; c. XXV, p. 291-292; *Les Chétifs*, v. 1687-1690, 1795-1800, 2427-2430.

[94] Raimundus de Aguilers, *Historia Francorum*, p. 247 : "*De audacia eorum quid loquar? cum etiam cantus militares tam festive milites agerent, ut quasi pro ludo imminens bellum agerent*".

[95] P. Zumthor parle des chants guerriers qui existaient dans les sociétés traditionnelles et qui étaient destinés à exciter les guerriers au combat. Voir : ZUMTHOR, *Introduction à la poésie orale*, p. 271.

[96] Raimund de Aguilers dit que les chevaliers composaient les chants de sa conduite malhonnête : "*vulgares cantus de eo inhoneste composuissent*". Voir aussi : "*Eo tempore Arnulfus, capellanus Normanniae comitis, a quibusdam in patriarcham eligitur, contradicentibus bonis, tum quia non erat subdiaconus. Maxime etia, quia erat de genere sacerdotali, et in itinere nostro de incontinentia accusabatur, adeo ut vulgares cantus de eo inhoneste composuissent*" (Raimundus de Aguilers, *Historia Francorum*, p. 154).

ficatif suscitait probablement des chants en langue vulgaire que les croisés écoutaient.[97]

On peut supposer que les cantilènes que l'on chantait dans l'armée servaient de jalon pour la mémorisation des faits, et que les chanteurs composaient leurs chansons au fil des événements : la *Chanson d'Antioche* ne fut pas rédigée d'un seul jet.

En fait, il est impossible qu'une œuvre médiévale soit une œuvre individuelle qu'un auteur écrit seul et en une seule reprise. On ne saurait penser que l'on composait une oeuvre médiévale de la même manière qu'une œuvre contemporaine. R. Cook, qui s'est élevé contre les thèses de S. Duparc-Quioc, pensait que Graindor de Douai en faisant allusion au "pèlerin Richard" n'aurait fait que céder à une mode, celle des "allusions jongleresques" et que le pèlerin Richard ne serait qu'un mythe. Nous ne partageons pas cette opinion car on peut supposer que beaucoup de jongleurs accompagnaient les croisés, et qu'il y en avait parmi eux qui étaient capables de composer des cantilènes. Il est probable que ce ne fut pas seulement Richard qui composa la chanson de geste. Mais seul le nom de Richard nous est parvenu. On connaît, par exemple, le poème latin sur la croisade de Gilon de Paris, composé aux alentours de 1100 et complété avant 1118 par un poète anonyme de la région de Charleville.[98] L'on sait que Gilon s'appuyait sur les traditions orales lotharingiennes. Les éditeurs de son oeuvre ont montré qu'il y avait des ressemblances frappantes entre la *Chanson d'Antioche* et ce poème, ce qui nous amène à supposer que ses auteurs ont eu accès aux chants épiques qui présentaient la version la plus ancienne de la *Chanson d'Antioche*. On peut citer un autre exemple : le chroniqueur flamand Lambert d'Ardres qui a rédigé sa chronique à la fin du XIIe siècle nous parle des croisés flamands et signale, en particulier, les hauts faits du

[97] Les manuscrits conservés de la *Chanson d'Antioche* peuvent nous renseigner sur la façon dont les croisés percevaient les chants destinés à glorifier les hauts faits des croisés. Voici que commence la chanson : v. 1-5 : " 'Faites silence, seigneurs, et tenez-vous en paix si vous voulez entendre chanson de gloire ...'. 'Segnor, soies en pais, laisiés la noise ester, / Se volés cançon glorieuse escouter ...' ". On voit que la *Chanson d'Antioche*, remaniée et rédigée vers la fin du XIIe s., était écoutée et non pas lue, et de l'auditeur le plus naturel. v. 28-35 : " 'Baron or m'escoutés, si laisiés le noisier, / Je vos dirai chançon qui molt fait a proisier. / Ki de Iherusalem velt oïr commencier, / Si se traie envers moi, por Deu l'en voel proier, / Jou ne li ruis del sien, palefroi ne destrier, / Peliçon vair ne gris ne vaillant un denier. / S'il por Deu nel medore; qu'il l'en range loier' " (" 'Faites silence, barons, et prêtez-moi l'oreille; je vais vous dire une chanson qui mérite d'être écoutée. Si vous voulez tout savoir sur Jérusalem, approchez-vous de moi, je vous prie au nom de Dieu. Je ne veux recevoir de vous ni palefroi ni destrier, ni pelisse de vair ou de gris, sauf si vous me les donnez au nom de Dieu – et alors, qu'il vous le rende' ").

[98] Voir : *Historia gestarum nostri temporis Hierosolymitane*, éd. G. GROCOK et E. SIBERRY (Oxford, 1997).

comte Arnoul qui pourtant n'est pas mentionné dans la chanson de geste.[99] Pour expliquer le silence gardé par la chanson sur les faits d'armes de ce dernier, il assure que l'on aurait également parlé de ses prouesses s'il avait consenti à donner au trouvère une paire de chausses écarlates que celui-ci demandait pour prix de cette publicité. Qui était ce jongleur qui a refusé de glorifier les exploits du croisé flamand? Lambert faisait-il référence à Richard le Pèlerin, comme le pensait P. Paris?[100] Nul ne le sait. De plus cette histoire ne semble pas très vraisemblable, mais elle nous permet de conjecturer qu'il y avait d'autres jongleurs à part Richard dans l'armée des croisés. En effet le chroniqueur limousin Geoffroy Vigeois nous parle du poète Grégoire Bechada, chevalier d'Auvergne, qui aurait, au retour de la croisade, composé un poème provençal sur la conquête de Jérusalem. Le poème intitulé *Grand Conquista de Ultramar* serait la version espagnole de cette chanson de croisade. Donc, tous ces divers poèmes épiques qui circulaient en Europe pouvaient servir de source orale aux chroniqueurs.[101] Tout cela nous amène à penser que le pèlerin Richard ne fut assurément pas le seul, entre tant de jongleurs, qui entreprit de célébrer les héros de la croisade, mais que sa chanson a gagné la popularité qui a probablement été refusée aux autres chansons.

Les parallèles avec les chansons de geste traditionnelles ont déjà été relevés. Ce n'est pas par hasard que Paulin Paris écrivait :

> Les gestes d'Alexandre, de Roland, d'Olivier, de Guillaume d'Orange charmaient alors toutes les imaginations et contribuèrent puissamment à allumer l'enthousiasme de la Croisade.[102]

[99] *Lamberti Ardensis ecclesiae presbyteri Chronicon ghisnense et ardense*, éd. J. HELLER, in : *Annales aevi Suevici (Supplementa tomorum XVI et XVII) : Gesta saec. XII. XIII. (Supplementa tomorum XX-XXIII)*, éd. G. WAITZ *et al.* (Hannover, 1879 : *Monumenta Germaniae Historica : Scriptores* 24), p. 626-627.

[100] Voir : PARIS, "Nouvelle étude", p. 453-454; FLORI, *Pierre l'Ermite et la croisade*, p. 56-58.

[101] Pour la première édition de *Canso* voir : P. MEYER, "Fragment d'une Chanson d'Antioche en provençal", *Archives de l'Orient latin* 2 (1884), p. 467-509. Voir aussi : G. PARIS, "La Chanson d'Antioche provençale et la Gran Conquista de Ultramar", *Romania* 17 (1888), p. 513-541, 19 (1890), p. 562-591, 22 (1893), p. 345-363. A part les chansons du Premier cycle de croisade il y avait d'autres oeuvre littéraires consacrées à la Première croisade. L'un des éditeurs écrit à ce sujet : "*it can ... be argued that there was a wider tradition of epic poetry about the crusade than just the texts known as Crusader cycle*" (C. SWEETENHAM et L.M. PATERSON, *The Canso d'Antioca : An Occitan Epic Chronicle of the First Crusade* (Aldershot, 2003), p. 76.

[102] PARIS, "Nouvelle étude", p. 107.

On peut affirmer que les traditions orales de la Première croisade étaient assez riches et abondantes pour que les trouvères et les chroniqueurs puissent puiser dans ces sources primaires, dans ces diverses cantilènes que l'on composait sur-le-champ. On apprenait les choses en écoutant, on les mémorisait, les chroniqueurs puisaient dans ces fragments épiques. En somme, une tradition vernaculaire concernant les événements d'Antioche, créée au fur et à mesure que les événements se déroulaient, devait exister. On ne peut douter du fait que cette tradition originale plus ancienne sur la Première croisade ait emprunté aux récits divers de croisade, cependant il ne pouvait pas s'agir d' emprunts directs.

Enfin ce n'étaient pas seulement les chansons et les oeuvres littéraires qui pouvaient être transmises oralement, mais aussi des passages entiers des textes de chroniques. Je relèverai maintenant, pour le prouver, toutes les références à ce phénomène.

Robert le Moine dit clairement dans le prologue de sa chronique que son œuvre est destinée à être lue à haute voix : "Ceux qui liront ou entendront ces choses sachent que notre récit ne contiendra rien de frivole, rien de mensonger, nulle bagatelle, et nulle autre chose que la vérité".[103] Voilà comme il présente son oeuvre à son auditoire :

> Je prie tous ceux qui liront cette histoire ou l'entendront lire, et qui l'ayant entendue, la comprendront, de me pardonner s'ils reconnaissent dans sa composition des choses sans élégance, car j'ai été obligé de l'écrire par obéissance.[104]

On voit que non seulement on lisait les chroniques, mais qu'on les écoutait et qu'on les partageait dans l'écoute collective. Il est certain que les références à la lecture orale ne sont pas très nombreuses, mais la cause en est sans doute que la lecture à haute voix était considérée comme une chose à tel point naturelle qu'il n'y avait pas besoin de la mentionner.

D'après les sources relatives à la Première croisade on peut aboutir à la conclusion que le public médiéval écoutait plus qu'il ne lisait. P. Zumthor, dont les travaux ont fortement souligné l'empreinte de l'oral sur la littérature médié-

[103] Robertus Monachus, *Historia Hierosolymitana*, p. 721 : "*Sciant qui haec legerint vel audierunt qui nihil frivoli, nihil mendacii, nihil nugarum, nisi quod verum est enarrabimus*".

[104] Robertus Monachus, *Historia Hierosolymitana*, p. 723 : "*Universos qui hanc historiam legerint, sive legerint audierint et auditam intellexerint, deprecor ut, quum in ea aliquid unurbanae compositum invenerint, concedant veniam, quia hanc scribere compulsus sum per obedientiam*". En fait,on ne sait pas comment se passait cette lecture en réalité : est-ce qu'on tenait en main un manuscrit et lisait de cette façon; est-ce qu'on lisait vraiment en latin?

vale, qualifie cette situation d'oralité secondaire', c'est à dire une oralité qui se recompose à partir de l'écriture.[105] On peut même dire que la tradition écrite a été en grande partie transmise par des moyens oraux. On ajoutait ces passages de chroniques aux textes qui circulaient parmi les croisés. En somme, les relations entre tradition écrite et tradition orale sont si complexes qu' il est difficile de séparer l'une de l'autre.

Pour mieux comprendre ces mécanismes du passage de la tradition écrite à la tradition littéraire ainsi que ces transitions entre chansons et chroniques, je voudrais revenir à notre récit en vers de la Première croisade, ou l'auteur nous parle de sa propre oeuvre :

> *Le clerc provençal l'a d'abord transcrit en latin / Et a fait un grand livre où Baudri l'a trouvé, / Baudri, l'archevêque de Dol / Qui l'a dictée encore mieux / Et l'a transformé en roman / Pour que les gens qui ne sont pas lettrés l'entendent / Et si je dis plus, on ne doit pas me blâmer, / Car le bon clerc a oublié mainte chose / Qu'ont chanté pour la verité ceux / Qui l'ont vu et regardé de leurs yeux.*[106]

> Un clerc provençal l'a d'abord transcrit en latin / Et a fait un grand livre où Baudri l'a trouvé, / Baudri, l'archevêque de Dol / Qui l'a dictée encore mieux / Et l'a transformé en roman / Pour que les gens qui ne sont pas lettrés l'entendent / Et si je dis plus, on ne doit pas me blâmer, / Car le bon clerc a oublié mainte chose / Qu'ont chanté pour la vérité ceux / Qui l'ont vu et regardé de leurs yeux.

Ce petit texte est en fait traversé par les problèmes de la communication. On apprend qu'il existait un texte quelconque qui a été transcrit en latin par un clerc et que c'est à partir de ce texte que Baudri de Dol a composé un texte en roman pour les gens illettrés.[107] Il est à noter que Baudri de Dol a dicté ce texte et qu'il ne l'a pas écrit, ce qui prouve qu'a l'époque médiévale 'écrire' voulait dire plutôt 'dicter' comme 'lire' signifiait en premier lieu 'écouter'. Ensuite, comme le dit notre auteur, on a commencé à oublier petit à petit ce texte initial qui fut écrit en latin et traduit en roman. Mais l'auteur de ce récit se souvient

[105] Voir : ZUMTHOR, *Introduction à la poésie orale*, p. 36. D. Green parle de la semi-oralité (*semi-orality*) comme "*a hinge between readers and oral tradition, reading out of a written text to a listening audience*" (D.H. GREEN, *Medieval Listening and Reading : The Primary Reception of German Literature, 800-1300* (Cambridge, 1994), p. 171).

[106] Voir la note 93.

[107] Carol Sweetenham parle à ce propos des influences de la *Canso* sur ce texte. Par exemple, la remarque que Baudri de Dol a composé le texte a la portée du monde illettré reproduit littéralement le passage de Geoffroy de Vigeois où il rapporte du poème de Grégoire Bechada. Voir : SWEETENHAM et PATERSON, *The Canso d'Antioca*, p. 74.

encore de cette partie oubliée qu'il rajoute dans son récit en vers de la Première croisade. Cela veut dire, sans doute, qu'il l'a mémorisée, il l'a apprise à force de l'écouter de la bouche de ceux qui la chantaient pour la vérité. Il s'agit donc ici de la perception auditive de ce texte et de sa mémorisation.[108] Mais on apprend en même temps qu'il s'agit de la transmission orale du texte écrit car ceux qui la chantaient l'ont vu et regardé (*veüe et regardée*). Donc, ce texte initial, cette source commune existait aussi sous forme écrite, mais elle était en même temps transmise par des moyens oraux, sans recours direct à cette forme écrite et c'est grâce à la transmission orale qu'on l'a mémorisée. C'est ainsi que s'effectuait probablement ce passage de l'oral à l'écrit. Ce petit texte peut illustrer les observations faites plus haut au sujet des transitions entre chansons et chroniques. S'agirait-il du texte de Pierre le Tudebode qui a rassemblé dans sa chronique des légendes qui circulaient dans l'armée croisée? On ne le saura jamais.

Ce que l'on voit bien, par contre, c'est que les traditions orale et écrite n'étaient pas séparées l'une de l'autre, mais plutôt se soutenaient l'une l'autre. Donc, il n' y a pas un oral qui ne fonctionne qu'à partir de l'écrit ni le contraire. Cela nous conduit à contester la dichotomie trop rigide et simplifiée oralité / écriture. Cette dichotomie a dû apparaître à l'époque de l'imprimerie, elle reflète notre vision moderne des choses, mais il serait imprudent de la projeter sur l'époque médiévale.

On me permettra une dernière observation : les passages que nous avons recueillis nous montrent bien que la culture médiévale était vraiment très marquée par la tradition orale. Nous avons vu que l'on partageait dans l'écoute collective non seulement des textes vernaculaires mais aussi des textes latins, que l'on apprenait par coeur et que l'on mémorisait des chants en langue vulgaire. L'oral prévalait sur l'écrit. On a aussi pu distinguer dans cette étude les diverses formes de l'oralité : l'oralité pure, sans contact avec l'écrit, et l'oralité secondaire qui se recompose à partir de l'écrit.

Quant au problème "qui a copié et copié qui?" on a vu que c'était la question qui était mal posée. Il n'est pas possible d'expliquer les transitions entre chroniques et chansons de geste par l'influence directe des unes sur les autres. Il ne s'agit pas de plagiat. Il n'y pas de source d'où toutes les autres sources seraient issues. En réalité toutes les traditions, qu'elles soient orales ou écrites,

[108] Malheureusement, dans les textes relatifs à la Première croisade il n'y a pas de renseignement au sujet des procédés mnémoniques que les hommes médiévaux utilisaient pour retenir des textes relativement étendus. La transmission orale impose aussi des éléments visuels comme des gestes et de la mimique. Mais nous ne disposons pas d'information à ce sujet.

étaient très étroitement liées. On voit que la frontière entre les chroniques et les chansons de geste était en fait très floue à cette époque.

En ce qui concerne le problème de l'authenticité des passages analysés, nous l'avons laissé de côté dans cet article. Ces passages, imprégnés par la tradition orale, étaient qualifiés d'imaginaires par les historiens. Comme l'écrivait Emile Brehier,

> les Turcs que ces passages nous décrivent sont entièrement conventionnels et légendaires : ils adorent les idoles, jurent par les noms de tous leurs dieux et reconnaissent le calife comme leur pape. Ces morceaux romanesques relèvent plutôt du folklore que de l'histoire; ils nous montrent l'idée que les chrétiens se faisaient des musulmans, et on peut les rapprocher de passages analogues de nos chansons de geste.[109]

Il est curieux de noter que certains de ces épisodes sont entrés dans les exempla comme, par exemple, le récit du martyre de Raynaud Porquet.

Enfin, nous avons vu que les passages que nous avons analysés étaient très spectaculaires. Par exemple, dans l'épisode de l'ambassade de Sansadoines le trouvère nous décrit la scène dramatique de l'adoration de l'idole. Ce n'est pas par hasard que les épisodes de la croisade furent très vite mis en scène comme en témoignent, par exemple, les oeuvres de Jean d'Arras, en particulier son *Jeu de Saint Nicolas*.[110] Les passages de nos chroniques sont très scéniques, dialogués.[111] On peut supposer (sans pouvoir encore le prouver) que les récits imaginaires dans les chroniques de croisade, ces épisodes fantastiques décrivant le monde musulman qu'on ne connaissait pas étaient aussi mis en scène et joués dans l'armée croisée.[112] Malheureusement, on ne sait rien des techniques de théâtre dans ce milieu à cette époque.

[109] *Histoire anonyme de la Première croisade*, éd. E. BREHIER (Paris, 1924), p. VII.

[110] Voir : Jehan Bodel, *Jeu de Saint Nicolas* (compos. 1198-1202), v. 139-143, éd. A. HENRY (Genève, 1834; réimprimé 1981), p. 71.

[111] On sait que l'interprétation des oeuvres de la littérature médiévale était très souvent accompagnée par des gestes, des sons de la musique et des spectacles. Sur ces aspects de la littérature du Moyen Âge voir : E.B. VITZ, *Orality and Performance in Early French Romance* (Cambridge, 1999).

[112] Il y a des références à ce sujet dans les chansons du cycle de croisade : *Les Enfances Godefroi*, v. 14475.

Appendice No. 1

Petri Tudebodi Historia ..., p. 120

LXX et V que reges constituerunt quorum nomina sunt haec : Mirgulandus, Ebramdons, Lamuirafres, Rademons, Helias, Calarfines, Margories, Faraon, Brumandus, Prelion, Laidus, Rudandus, Iudas Machabeus, Nubles, Samson, David hereticus, Salomon, Pilatus, Herodes, Helidius, Gafernus, Rudandus, Galderius, Morfirius, Fortis Eustras, Maraon, Argolas, Ordotius, Fortis Lamusteoc, Alapres amiralius, Morabilis, Orgidandum, Morlionus, Organus, Gorbandus impius de Sarmazana, Bracerandus, Morus rex, Pulcher Clarandus, Ariandon, Rex Thanas, Escomus, Duras, Dormandus, Rex Vision, Satanus, Tobus, Lintion, Malardus, Dairamornus, Mordandus, Drahonus, Brumories, Apparandus, Effremion, Noirandus, Fortis Bruas, Corgandus, Udonus, Impius Telandus, Pelufres, Troandus, Candelos rex, Rambulandus, Gazani, Mirmon, Oringes, Brulion, Mardrolienus, Droliandus, Daribonus, Gazianus, Bromirius, Antiochus qui dux fuit aliorum, et abeo dicitur Antiochia".

Chanson d'Antioche, v. 9015-9025

Il i fu Brudalans, Rodamus et Grandons / Elyas et Cleremes, Brumans et Derions, / Li amirals Gramarmes, Braimans et Faraons, / Et Judas Macabeus, Tenebrois et Sansons, / Antiochus li rouges, Davis et Salemons, / v. 9020 Erodes et Pilates, Gaifiers et Lucions, / Claras de Sarmazane, Corbas et Lirions, / Dinemors et Mallars, Tiason, Firmions, / Arbulans, Lamusars, Aloris, Guenedons, / Madonies d'Oliandre et li rois Lorions; / v. 9025 Od els fu Sansadonies, Solimans et Noirons, / Li ber Amedelis et li Rouges Lions".

Appendice No. 2

Tudebodi Historia Hierosolymitana ..., p. 80

Tunc Cassianus amiralius continuo iussit eum descendere de muro , et dixit ei per drogomanum : "Rainalde, vis honeste nobiscum vibere et gaudere?" Rainaldus respondit : "Quomodo vobiscum honeste vivere sine peccato potuero?" Dixitque

Chanson d'Antioche, v. 3972-3987

"Rainalt, dist Garsions, molt as le cuer vaillant, / Car fai ço que jo di par tel convenant / Que tu croies Mahon et no deu Tervagant, v. 3975 Et jo t'envoierai a l'amiral Soudant / , Aumaçor te ferai, u roi, u amirant. / - Paiens, ce dist Rainals,

amiralius : "Abnega Deum tuum, quem colis et credis, et crede Malphumet et nostris aliis diis. Quod si feceris, dabimus tibi omnia quae peteris, videlicet aurum et argentum, equos et mulas, et alia plurima ornamenta que volueris, et uxores et hereditates, et maximo honore dabimus te. Cui Ranaldus respondit : "Date michi spatium quo possim consiliare mecum". Et amiralius libenti animo concessit. Tunc Rainaldus proiecit se in orationibus, iunctis manibus contra orientem, humiliter Deum rogans ut ei subveniat, suamque animam in sinu Abrahae dignanter suscipiat. Quod cum vidisset amiralius vocavit drogomanudum, et dixit ei : "Quid ait Rainaldus?". Drogomanus respondit : "Suum Deum nullomodo negabit. Omnia tua ornamenta et tuos deos abnegat" ...

vas me tu sermonant? / Ne vos, ne tos vos dex, ne pris jo un bezant. / Por Damedeu vengier, le pere raemant, / v. 3980 Ving jo en ceste terre sor la gent miscreant; / Puis en aim ors .III. Cens par le mien esciant, / Et ferai, se jo puis, u plus u autretant / Se jo prang ceste vile, Franc en ierent joiant, / Cest palais renderai Buiemont le Puillant / v. 3985 Fiux Robert Guicart, le hardi combatant; 'Puis irons se Deu plaist, en Jursalem avant, / Si prandrons le Sepucre u Dex fu suscitant, / Puis conquerrons la terre desci qu'en Oriant".

Appendice No. 3

Petri Tudebodi Historia Hierosolymitana ..., p. 79

"Alia die adduxerunt Turci supra murum civitatis quendam militem ... Rainaldum Porchetum ... dixeruntque ei ut loqueretur cum Christianis peregrinis quatinus eum redimerent maximo censu antequam capud amisisset. Qui, cum fuit supra murum, locutus est nostris senioribus dicens : "Seniores, tantum namque valet ac si mortuus essem; et ideo deprecor vos, sicuti meos fratres, quod pro me nullum munus offeratis. Sed estote securi, in fide Christi et Sanct Sepulchri, quod Deus vobiscum est et semper erit ..."

Chanson d'Antioche, v. 4400-4430

"Garsions commanda Rainalt a desloier ... De rices dras de soie et vestir et caucier. / Aprés le fait lever sor un corant destrier, / ... Puis manda Buiemont qu'il viegne a lui plaider / Et s'aimant ses prisons, le sien ravra entier ... .Rainalt Porcés les voit, si commence a hucier : "Buiemont de Sesile! por Deu je vos requier, / Et a tos vos barons en revoel jo proier, / Ke por moi ne rendés le vaillant de denier, / Car j'ai les garés quis, jamais n'arai mestier. / Ci m'ont, sor cest ceval, fait li Turc atacier, / N'ai mais mestier de vivre, car ne me puis aider".

Appendice No. 4

Petri Tudebodi Historia ..., p. 81

Et fecit sicca ligna et paleam et fenum circa eos ordinare, ac deinde sicuti inimicus Dei ignem iussit, mittere. Christiani igitur ... valde stridabant et clamabant; quorum voces resonabant ad celum ad Deum pro cuius amore eorum carnes et ossa cremabant; et sic martyrizati fuerunt omnes isti uno diem, portantes in caelum candidas stolas ante Dominum.

Chanson d'Antioche, v. 4372-4390

v. 4372 Rainalt Porcet ont pris li Sarrasin felon; / En crois l'on estendu sor le table e bandon, / Les bras li ont loiés et les piés environ, / v. 4375 Les garés li ont quis a fu et a carbon, / A fer caut et boullant et a soufre et a plon, / Et les vaines des bras, ausi cascun talon. / Rainals brait et si crie clerement a haut ton :

Appendice No. 5

Alberti Aquensis Historia ..., p. 89

Aderat in conspectu ejusdem sceptrigeri Solimannus, de Nicaea urbe expulsus et Romaniae finibus, quem praefatus Darsianus compellans, nuncium suae legationis fieri obnixe petit, sciens eum virum facundum, et omnibus regnis Gentilium notissimum, dicens ad eum : "Tu generis mei proximus, cum duodecim legatis meis et filio meo Sansadonia, Corruzan, in terram et regnum nativitatis nostrae, profecturus es ... Vocetur ergo scriptor et notarius meus ut litteras et sigillum meum vobiscum deferatis ...

Chanson d'Antioche, v. 4605-4640

CXCII v. 4605 "Garsions a son fil Sansadoine apelé, / Puis li a le message et dit et devisé / Et fait un brief escrire, apres l'a seelé : / "Bials fiux, tu t'en iras a Soudan l'amiré, / De moie part li dites salus et amisté, / v. 4610 K'il me veigne secorre od trestout son barné. / ... v.4623 : Et s'il çou ne velt croire que par vos ai mandé / Li costé de ma barbe li seront presenté". CXCIII v. 4640 "Le costé de ma barbe avoec toi porteras, / Ce seront les ensegnes que tu li mostreras ..."

Voir aussi : *Fulcherii Carnotensis Historia Hierosolymitana*, Lib. I, Cap. XV, 7, éd. H. HAGENMEYER (Heidelberg, 1913), p. 220.

Appendice No. 6

Alberti Aquensis Historia ..., p. 390

... Solimannus ... salutato autem rege, antequam legationem aperiret, sicut mos

Chanson d'Antioche, v. 5005-5010

CCVI v. 5005 "Si a tiré sa barbe,.C. pels en a ostés, / Molt par resambloit bien

est Turcorum, de infortunio et injuriis conquerentium, in conspectu ejusdem magni ac potentissimi regis, et praesentia suorum, pilleos a capite humi jacientes, barbas unguibus saevissime discerpunt, crines digitis distrahunt et evellunt, et in magnis lamentationibus suspiria trahunt ... Solimannus ... omnem rem ex ordine retulit, quodque viva voce non poterat, literarum assertione memorabat : "Nicaeam, inquit, ... in manu forti et exercitu vehementi nobis abstulerunt : quam captam uxore et duobus filiis meis imperatori Constantinopolis tradiderunt ...

home qui fust irés. / Il est par grant dolor el pavellon entrés. / Desrompue a le presse, si est avant alés, / La u il voit Soudan, au pie li est clinés ..."

Appendice No. 7

Alberti Aquensis Historia ..., p. 391

In risu et deliramento verba et querimonia hujus rex de Corruzana accepit, leviter in aures misit; minime has calumpnias ab ulla mundi plaga posse Turcis inferri se credere fatetur : virtutem Solimanni, hactenus nominatissimam, militiaeque illius audaciam pro parva reputans. Audiente suorum coetu ... p.392 "Olim centum milia Christianorum stravi, amputatis capitibus, juxta Civitot, ubi montana terminantur, in auxilium Solimanni accitus contra imperatorem Graecorum, dissipato illius exercitu et fugato ab obsidione urbis Niceae ...".

Chanson d'Antioche, v. 5050-5056

v. 5050 "Par Mahomet mon deu qui fait croïstre le blé, / Mervel moi de tel gent don't on a ci conté / Ki si ont Soliman tolüe sa cité. / Al pui del Civetot, droit al mont devalé, / En ai jo .XXX. mil ocis paar verité. / v. 5055 Ainc n'en I ot un seul n'eüst le cief coupe / N'en quidai avoir gerre en trestot mon aé ...".

Appendice No. 8

Alberti Aquensis Historia ..., p. 392

Solimannus, qui erat vir mirae et magnae industriae, audita illius superbia et verborum jactantia, aequo animo haec illi

Chanson d'Antioche, v. 5057 seqq.

" – Sire, dist Solimans, as tu le sens dervé? / Çou estoient tapins que avies encontré, / Malvaise gent caitive, conqueltive et

responsa dedit : "O frater et amicus noster Corbahan, quare sic nos parvipendis et parum audentes astruis, nosque in tuo auxilio vicisse, et imperatorem Constantinopolis attrivisse et Petri heremitae inaudita milia? Imperatoris exercitus, gens Graecorum mollis et effeminata, bellorum exercitus raro vexata, in virtute robustorum facile potuit superari, superata decollari. Petri similiter heremitae agmina, pusillam manum et mendicam, pedites et iners vulgus feminarum, omnes longa via fatigatos, quingentos solummodo equites revera comprobavi : quos levi in cursu et caede consumere nobis non multum erat difficile ...

enflé, / v. 5060 Maigre, caitiff et las et trestot descarne, / De la maisnier estoient dant Pieron le barbé. / Celui qui a le barbe dusc'al neu del baudré. / Or est li tans venus que nos l'avons compré, / Car illuec est li flors de la crestïenté, / v. 5065 Ja mellor chevalier n'ierent mais recovré. / Amirals de Persie, dit vos verité / Que de toutes proeces sont Franc plus alosé".

Appendice No. 9

Alberti Aquensis Historia ..., p. 391

" ... *Unde, quia nequiverat omnia viva voce explicare, litteras cum sigillo Darsiano aperit, in quibus nomina regnorum et nomina principum Christianorum Turcos expugnantium intitulata erant, et quanti eorum sint exercitus et vires. Rex vero et omnis primates Gentilium, qui secum aderant, agnitis litteris et rebus viribusque Gallorum, consternati sunt animo* ... ".

Chanson d'Antioche, v. 4957 sqq.

"Je verrés tels ensegnes que bien croire devrés" / v. 4950 Met sa mais a sa hueze, n'I est plus demorés, / Le barbe en a sacié don't li pels est mellés; / Le roi Soudan le done, voiant tos ses fievés. / L'amirals le desploie, sempres est acertés / Que Garsions l'avoit son menton rasés, / v. 4955 Molt en fu l'amirals dolans et abosmés. / Il escrie a ses homes : "Del secorre pensés, / "Vesci vraies ensegnes, molt par est aprieses", / Quant sa barbe a coupée, co est grans pietés" / Tout se teurent paien, ains mot n'I fut sonés.

Appendice No. 10

Roberti Monachi Historia ..., p. 810

... *attulerunt ante eum Francingenam ensem, valde despicabilem et obtusum et*

Chanson d'Antioche, v. 6787-6800

CCLXXVI Atant es vos un Turc qui molt fu ses amis, / Une lance a trovee gisant en

foeda rubigine tectum. Attulerunt et lanceam eadem deformitate consimilem, ... Tunc Corbanam subridens ait : "Liquet quia satis est gens illa insensate, et ratione parum utitur, quae talibus armis aestimat subjugare sibi regnum Persarum. Gens quippe est praesumptuosa, et alterius juris nimium ambitiosa; gens videlicet quae in sua confidit animositate; sed per Mathomum, male intravit fines Syriae murosque regiae civitatis Antiochiae ...

un lairis, / En une espee nue dont li brans fu malmis, / Tos estoit ruëlliés, maillentés et noircis, / v. 6790 Li fourials par defors estoit demis porris. / Corbarans les esgarde, si en a fait un ris : " / ... .Amis, dist Corbarans, par foi le vos plevis, / Molt par tieng cele gent a fols et a caitis / Ki quident par tels armes conquerre no païs. / v. 6800 Par Mahomet mon deu par qui jo sui norris, / Mat vinrent en Siurie, se longement sui vis!"

Voir aussi : *Petri Tudebodi Historia de Hierosolymitano itinere*, éd. J.H. HILL et L. HILL (Paris, 1977), p. 91; *Gesta Francorum et aliorum Hierosolymitanorum*, éd. R. HILL (L., 1962), p. 51.

Appendice No. 11

Roberti Monachi Historia ..., p. 811

Haec dixit, notariumque suum accersiri praecepit ... "Sume plures scedulas et atramentum, et scribe religioso pape nostro Caliphae, regique Persarum Soldano super omnes glorioso ... : "Fortuna felix et jocunda bene nobis prosperatur, ... quoniam Francorum exercitum intra muros Antiochiae inclusum teneo ... Faciei vestrae praesentiam non ante videbo quoadusque totam Syriam et Romaniam atque Bulgariam vestrae ditioni subjugabo ...".

Chanson d'Antioche, v. 6804-6840

CCLXXVII Son capelin a fait Corbarans apeler, / Qui li soloit ses cartres et ses briés seeler; / v. 6805 "Frere", – dist Corbarans, "pense del tost haster; / Prent enke et parcemin, si comence a ovrer, / Chaïfas l'apostoile voel par cartre mander, / Ki sire est de no loi, il fait moult a loer, / Et au boin roi Soudan qui nos a a garder. / v. 6810 Salus et amistiés lor voel par brief mander; / Et si met en le cartre çou que te voel rovre : / Qu'en Anthioce sont li caitif d'outre mer, / La les avons enclos. N'en pueent eschaper; / ... v.6832 Se jamais François vienent son resne conquester, / K'il puiscent contre els garandir et tenser. / Jamais, tant com jo vive, ne m'en quit mais raler / v. 6835 Se toute Romenie ne li puis delivrer, / Ulgarie et Surie li vaurai aquiter".

Voir aussi : *Petri Tudebodi Historia de Hierosolymitano itinere*, p. 91-92; *Gesta Francorum et aliorum Hierosolymitanorum*, p. 51-52.

Appendice No. 12

Fulcherii Carnotensis Historia ..., p. 348; *Raimundi d'Aguilers Historia ...*, p. 260

Fulcherius Carnotensis Historia ..., p. 348 :

"Tunc quidam Turcus, nomine Amirdalis, miles probissimus, quum vidisset gentem nostram contra eos signis levatis sic egregientem, miratus est valde ... .In Antiochia enim conversatus fuerat, in qua esse Francorum sic didicerat, qui confestim ab Corbagath properans, quod vicerat intimavit et dicens : "Quid scaccis ludis? En Franci veniunt. "Cui respondit ille : "Veniuntne ad bellum?" Respondit Amirdalis : "Adhuc ignoro, sed parumper expecta". Quumque item propiceret vexilla principum nostrorum altrinsecus ordinare praeferri, et acies divisas decenter subsequi, mox regressus Corbagath dixit : "Ecce Franci". "Quid putas?" respondit. "Bellum reor, inquit; sed adhuc paulisper operire. Signa quae cerno quorum sunt non ignoro" ... Corbagat dixit : "Mittam ad Francos, ut quod hesterna die mihi mandaverunt, hodie concedam". Amirdalis dixit : "Tarde locutus es" Attamen id mandavit, sed quod quaesivit, non impetravit ... ".

Raimundi d'Aguilers Historia, p. 260 :

"Mandavit etiam Corbaras ad principes nostros, paratus erat facere modo quod nuper abnegavit, ut quinque vel decem Turci cum totidem Francis decertarent; et quorum milites vincerentur, pacifice aliis cederent. Responderunt ad haec nostri : "Noluistis, quum haec voluimus, nunc

Chanson d'Antioche, v. 7416, 8400, 8382

v. 7416 "La nuit quant Corbarans fu levés du souper, / Uns rices amirals d'outre la Rouge mer / Et li Rouges Lions qui molt fait a douter / As eskés et as tables commencent a juer, / v. 7420 Por les ciés as barons qu'ils cuident decolper ...".
v.8400 "Grans fu et fors de cors et fier ot le visage. / Quant il ot esgardé de France le barnage, / Amedelis apele, si dist en son langage : / "Va, si di as François, la pute gent salvage, (Mahomés les maldie els et tot lor linage!" / v. 8405 C'or ferai le bataille s'il lor vient en corage, / U a .XX u a.X., ça fors en cest herbage, / U a un cors a cors, qui molt ait vaselage ... / v. 8413 Amedelis respont : "Vos dites grant hontage! : / Quant il le vos manderent par Pieron lor mesaje, / v. 8415 Si respondites vos orguel et grant outrage, / – Vassal, dist Corbarans, n'ai soing de vo folage"
v. 8382 "Le Provencel apele, qui li ot endité / K'il moroient de fain et de caitiveté. / "Fils a putain, dist il,u as tu ço trové? / v. 8385 Tu disoies qu'il ierent laiens si afame / Ke lor cevals mangoeint a duel et a vilté. / Par toi sommes nos tot traï et vergondé, / Tu le comperras cier, ja n'en iert trestorné!"

autem quia properavimus nos ad pugnam, decertent singuli pro suo jure".

Appendice No. 13

Guiberti Novigenti Gesta Dei ..., p. 212-213

"At mater Curbaan ipsius, quae in Aleph civitate manebat, per idem tempus accessit ad ipsum eique mesta suggessit : "Velum-, inquit, – nosse si constent, ut dicitur, quae de te celebravit opinio?" Cui filius "Qua?" Illa : "Bellum, col.365, ait, Francis illaturum te estimant". "Nichil",– inquit, audeam ne eis pugnam interas, ne tuae detrimentum laudis incurras, cum enim usque in ulteriorem superioris Indiae Oceanum armorum tuorum claritudi refulgeat tuisque preconiis respondeat ultima Tule, quare pauperum hominum sanguinibus tuos obducere mucrones affectas, quos tibi cordi est lacessere advenas miseros?"

Chanson d'Antioche, v. 5376-5390

"Corbarans d'Oliferne vait el ceval monter, / Isnelement ala a sa mere parler. / Quant li vielle le vit, sel prist a acoler; / "Bel fils, ço dist la mere, vels tu en l'ost aler? / v. 5380 – Oje, dist Corbarans, jo nel vos de celer, / Car Crestïen nos voelent honir et vergonder; / Outre le brac Saint Jorge se vont ja osteler, / Ja sont a Anthioce por le cité gaster, / / Mais tot sont mort et pris, se jes I puis trover, / v. 5385 Trois et trois les ferai tos vis encaaner, / Nostre terre deserte vaurai d'els restorer. / – Bels fils, ço dist la mere, tu vels le sens derver, / Se men consel vels croire ceste ost ost lairas ester, / Si vien en Oliferne o moi por sejorner, / v. 5390 Car jo sai bien por voir, si le te voel mostrer, / Que de tote cest ost, verras peu retorner, / Tot i seront ocis, n'en poront eschaper".

Appendice No. 14

Roberti Monchi Historia ..., p. 812

"Fili, solatium meae senectutis; et unicum pignus totius meae dilectionis, ad te festina venio, fatigata longinquitate itineris. Ergo eram in Aleph civitate magna, quum de te sermo gravis aures meas perculit, suoque impulsu maximum cordi meo dolorem impulit. Dictum est mihi quoniam tua agmina disponebas, et con-

Chanson d'Antioche, v. 6838-6955

6838-6955 v. 6838 "Bials fiux, ce dist li mere, un petit m'entendés : / Vos estes mes confors, mes cuers et mes pensés, / En vos est tos mes joies et tote m'amistés. / Ja estoie en Halape, c'est ma maistre cites, / Illuec me vint uns més garnis et aprestés / Ki disy que vos barnages ert semons et mandés / Hastive sui

tra Christianos pugnare volebas. Propterea festina veni, a te ipso scire volens utrum si res ita habeat, an non. Ait ad matrem filius :"Mater, nihil unquam verius audisti". Et mater ad filium : "Quis, inquit, inquus, fili, tale consilium tibi dedit? Nondum es expertus virtutem Dei Christianorum, et praecipue gentis Francorum? Si legisses scripta omnium prophetarum antiquiorumque sapientum, profecto non ignorares quia ipse est Omnipotens et Deus Deorum omnium. Si pugnas contra Christianos, pugnabis contra ipsum et ipsius angelos ... Formidolosum est contra hunc conflictum inire, qui gladium suum sic novit acuere, acutum inebriare, inebriato carnes macerare. Fili, Pharaonem, regem Aegypti, quis submersit in mari Rubro, cum omni exercitu suo? ... Stultum est enim, ... contra Omnipotentem sevire, et in gentem suam debacchare ...".

venue savoir s'est verités. / – Dame, dist Corbarans,si est com vos veés, / Ensi le velt Soudans, vostre drois avoués. / v. 6850 – Bels fius, ce dist mere, mes cuers en est irés. / Ki puet ester cil hom ki est desfaés, / Par qui vos fu, bels fius, si fais consaus donés? / Li escris le temoigne et si est verités. / ... v. 6860 Fius, vos ne saves mie quells est sa poestés, / Cil qui velt faire mal ne ouet ester slavés , / Molt feres grant folie se vers lui estrivés. / Pharaon fu par lui honis et vergondés, / Li pules Israel fu par lui delivrés, / v. 6865 Le Rouge Mer passerent, ainc n'i ot pont ne gués, ... v. 6930 –Bels fils, ce dist la vielle, saciés a escient / Notre ancisçor le dissent : des ans a plus de cent / Ke uns pules venroit de devers Occident / Qui conquerrit nos terres par lor fier hardement ... v. 6940 Bien a cent ans passés, dissent notre ancisçor, / Que uns pules venroit devers Terre Major ...".

Voir aussi : *Petri Tudebodi Historia de Hieroslimitano itinere*, p. 93-96; *Gesta Francorum et aliorum Hierosolymitanorum*, p. 55.

La tradition des textes sur Alexandre le Grand dans un proverbier glosé judéo-espagnol contemporain

MARIE-CHRISTINE VAROL

Introduction

Entre l'écrit savant et l'oral populaire, les proverbes glosés, les *coplas* et les exempla occupent en Espagne au Moyen Âge (du moins pour les communautés juives où tous les hommes sont, par principe, des lecteurs-scripteurs) une place intermédiaire mi-religieuse, mi-séculière. Ce genre moral destiné à la prédication se transmet à la fois par l'oral et par l'écrit. Les grandes crises historiques que sont pour les Juifs d'Espagne l'expulsion de 1492, la crise religieuse de la fin du XVIIe siècle, et la shoah au XXe siècle ont à chaque fois entraîné des changements dans les modes de transmission de cette littérature tantôt écrite, tantôt orale. L'apparition de proverbiers glosés au XXe siècle et la nature des matériaux qu'ils contiennent comme leur agencement (les liens que ces proverbes entretiennent entre eux et avec des exempla) attestent de l'absence de solution de continuité dans la transmission d'un patrimoine parémiologique ancien. Dans cette perspective il nous a semblé intéressant d'étudier des éléments qui, selon toute vraisemblance, ont été acquis de manière ancienne et que l'on retrouve dans les traditions voisines (les textes juifs, arabes et chrétiens) de l'Espagne médiévale. Par souci de limiter le corpus nous avons choisi des énoncés proverbiaux figurant dans les textes relatifs à Alexandre ou rattachés à l'histoire d'Alexandre, au Moyen Âge en Espagne, et de regarder ce qu'il en restait dans un proverbier glosé judéo-espagnol contemporain. Pour ce faire nous avons d'une part parcouru une grande quantité de textes médiévaux sur Alexandre qui circulaient en Espagne et au-delà, relevé ce qui dans les textes en judéo-espagnol (après l'expulsion des Juifs d'Espagne en 1492), était disponible ou accessible en matière de textes sur Alexandre. Enfin, nous avons repéré dans le proverbier les unités concernées. A partir du corpus de référence, nous avons soigneusement relevé les liens (ou l'absence de liens) entre ces énoncés que l'auteur établissait dans ses gloses, ainsi que les liens qu'elle faisait avec d'autres énoncés proverbiaux ou exemplaires. Enfin, nous avons considéré la nature des liens établis et des réseaux qu'ils constituaient. Retournant alors aux textes de départ, nous avons vu apparaître dans le proverbier des réseaux de sens sous-jacents, organisant entre eux les proverbes et leurs gloses selon une logique reposant sur des textes écrits fondamentaux ou principaux, en éliminant d'autres. Nous analyserons ici en détail comment ces textes de référence organisent le discours au delà de la conscience qu'en ont leurs propres utilisateurs, pour montrer que l'étude de 'l'oral' est indissociable de l'étude de 'l'écrit' (et vice versa) du moins dans la société judéo-espagnole.

1. La 'Clergie rabbinique' des Juifs d'Espagne

1.1 Les proverbiers glosés et les exempla dans la 'clergie rabbinique' médiévale d'Espagne

Entre l'écrit des textes sacrés et de leurs commentaires, les Juifs de l'Espagne au Moyen Âge[1] ont développé une littérature morale en langue vulgaire qui présente des corpus de proverbes, sentences, maximes liés à des exempla, des fables, des contes et une poésie admonitive rimée dont les *coplas* qui forment un ensemble que Paloma Diaz Mas a dénommé la "clergie rabbinique".[2] Les ouvrages parémiologiques médiévaux qui contiennent les passages sur Aristote et Alexandre contiennent également de nombreux proverbes qui sont passés dans le proverbier judéo-espagnol et se sont transmis jusqu'à au-

[1] Les Juifs présents depuis l'époque romaine dans la Péninsule ibérique ont développé en Espagne arabo-andalouse une culture brillante souvent désignée comme 'âge d'or des lettres hébraïques'. Au fur et à mesure de la reconquête chrétienne, ils ont formé des communautés de lecteurs – scripteurs et de lettrés dans les grandes villes de la Péninsule (en effet s'ils ne sont pas tous lettrés, tous les hommes juifs doivent au moins, par obligation religieuse, savoir lire et écrire). Ils ont été expulsés d'Espagne en 1492 et ont reconstitué des communautés dans les grandes villes du pourtour de la Méditerranée, principalement dans l'ex-Empire ottoman.

[2] P. DIAZ-MAS, "Un Género casi perdido de la poesía castellana medieval : La clerecía rabínica", *Separata del Boletín de la Real Academia Española* 73 (1993).

jourd'hui. Enfin les Juifs d'Espagne connaissent aussi les ouvrages de proverbes glosés où les textes sentencieux sont mis en rapport avec des exempla. Ajoutons que cette tradition juive du *musar* (littérature morale ou admonitive) rejoint la littérature d'*adâb* arabo-andalouse (d'où l'on tirait des normes morales et sociales de conduite). Dans le même souci d'instruire, elle mêle également les matériaux les plus 'savants' aux matériaux les plus 'populaires'.

Moshe Gaster a montré dans ses travaux[3] que cette activité de compilation d'exempla prend son essor à partir du VIIIe siècle et se développe au XIe siècle (avec principalement l'Espagne arabo-andalouse pour centre) pour se poursuivre, après l'expulsion des Juifs d'Espagne, dans la diaspora séfarade où nombre de compilations sont imprimées. S'appuyant sur son incomparable ouvrage *The Exempla of the Rabbis*, A. Navarro et A. Alba, ont montré l'influence dans la littérature médiévale espagnole des recueils d'exempla rabbiniques constitués entre le VIIIe et le XIe siècle comme le *Midrash des dix Commandements*, le *Livre précieux de la Salvation* (*Ḫibbur Yafeh me Ha-Yeshu'a* ou *Sefer ha ma'asiyot*)[4] et les *Alphabets de Ben Sira*,[5] ou au XIVe siècle, comme le *Livre des exemples des rabbins* (également *Sefer ha ma'asiyot*), compilation faite en Espagne, qui compte trois-cents contes avec des ajouts et des emprunts de contes occidentaux.[6]

1.2 Le sort de la 'Clergie rabbinique' dans la diaspora

Après l'Expulsion d'Espagne en 1492 les Juifs qui amènent l'imprimerie dans l'empire ottoman auront surtout à cœur d'imprimer en hébreu ou en langue-calque (*ladino*) les écrits sacrés, des codes de loi rabbiniques et quelques ouvrages de morale comme les *Pirqe Avot* ou *Maximes des Pères*, traité de la *mishna* réunissant aphorismes, commentaires et exempla. D'autres textes du même type feront l'objet de rééditions constantes : le texte tardif des *Alphabets* et de la *Sagesse de Ben sira*, recueils également d'aphorismes et exempla. Pa-

[3] M. GASTER, *Judith Montefiore College Ramsgate : Report for the Year 1894-1895 and Report for the Year 1895-1896 Together with The Ancient Collections of Agadoth The Sefer ha-Maasiyoth and Two Facsimiles* (Ramsgate, 1896); ID., *The Exempla of the Rabbis – Being a Collection of Exempla, Apologues and Tales* (London, 1924).

[4] *Midrás de los Diez Mandamientos y Libro precioso de la Salvación*, éd. A. ÁLBA CECILIA (Valence, 1990 : *Biblioteca Midrásica* 7).

[5] E. ROMERO, *Andanzas y prodigios de Ben-Sirá* (Madrid, 2001).

[6] Voir à ce sujet A. ALBA et A. NAVARRO, "Del cuento rabínico al cuento medieval hispano", in : *Miscelánea des Estudios Arabes y Hebreos* (section hébraïque), 53 (2004), p. 17-34.

raissent aussi des compilations de contes talmudiques comme *Ein Ya'aqov* en hébreu et araméen.

Mais toute une partie de la tradition rabbinique semble interrompue avec l'expulsion d'Espagne. Les *coplas* paraliturgiques et admonitives disparaissent de l'écrit. Il en va de même des proverbes glosés et des exempla non talmudiques. Le courant de la 'clergie rabbinique' semble tari et perdu.

Pourtant, après une grande crise religieuse survenue à la fin du XVIIe siècle,[7] on voit brusquement réapparaître à l'écrit, en judéo-espagnol, des œuvres morales importantes : des *coplas* rabbiniques, qui seront imprimées pendant tout le XVIIIe siècle.[8] ainsi que des commentaires rabbiniques de la Bible puisant abondamment dans les citations, les proverbes bibliques, et les exempla, talmudiques ou non. Les *coplas* qui sont des œuvres écrites et signées, sont imprimées mais se diffusent aussi oralement et nombre d'entre elles sont encore chantées de nos jours, du moins en partie. Le *Me'am Lo'ez*, commentaire rabbinique du Pentateuque que commence en 1732[9] le rabbin Ya'aqov H̲uli, compte citations bibliques, proverbes, sentences, contes et exempla, dont quelques textes sur Alexandre.

En dehors de cette transmission écrite, le proverbier, le contier et un énorme corpus de ballades bibliques, historiques ou lyriques chantées (les *romances*) font l'objet, pour leur part d'une transmission essentiellement orale, jusqu'à ce qu'une nouvelle rupture de la transmission, celle de la shoah au milieu du XXe siècle, produise de façon observable le passage à l'écrit d'une importante part de ce qui était transmis jusque-là oralement.

7 La proclamation de Sabetay Sevi comme messie (en 1666) qui aboutit à la conversion à l'islam des disciples de Sabetay sous la pression du Sultan et à l'émergence de la secte des *Dönme*.

8 Pour l'étude de ce genre en judéo-espagnol, on se reportera principalement à E. ROMERO, *Bibliografía analítica de ediciones de coplas sefardíes* (Madrid, 1992); *La creación literaria en lengua sefardí* (Madrid, 1992) (Chapitre IV); *Seis coplas sefardíes de* castiguerio *de Hayim Yom-Tob Magula* (Madrid, 2003); E. ROMERO et L. CARRACEDO, "Poesía judeoespañola admonitiva", *Sefarad* 37 (1977), p. 429-451; et P. DIAZ-MAS, *Temas y tópicos en la poesía luctuosa sefardí* (Madrid, 1982) (Thèse présentée à l'Université Complutense).

9 Date de la parution en 1730 à Constantinople du premier tome (commentaire de *Genèse*); d'autres auteurs poursuivirent la tâche et commentèrent d'autres livres jusqu'à la fin du XIXe siècle (voir à ce sujet E. ROMERO, *La creación literaria*, p. 81-103). Seuls quatre ouvrages de cet ensemble ont fait l'objet d'une édition critique : P. PASCUAL RECUERO et D. GONZALO MAESO, *Me'am Lo'ez – El gran comentario bíblico sefardí*, 4 vols. (Madrid, 1964-1974); R. ASENJO, *El Meam loez de Cantar de los Cantares (Šir haširim) de Hayim Y. Šakí (Constantinopla, 1899)* (Barcelone, 2003); A. GARCIA MORENO, *Relatos del pueblo ladinán (Me'am Lo'eź de Éxodo)* (Madrid, 2004).

On peut néanmoins observer encore en synchronie (dans la deuxième moitié du XXe siècle) des pratiques de transmission orale, en situation, de corpus extrêmement codifiés tels que le proverbier glosé et les exempla. En Turquie, par exemple, où la communauté n'a pas été directement affectée par la coupure de la shoah, n'importe quelle situation de la vie quotidienne si elle est jugée porteuse de leçon et digne d'être transmise, peut appeler un proverbe déjà existant (et son commentaire ou / et un exemplum). Elle peut aussi être mise en forme rigoureusement, selon un moule textuel qui diffère nettement de la conversation ordinaire, pour produire un exemplum dont la morale ou la leçon peut être un proverbe.[10] Ou bien encore, à partir d'une situation nouvelle, un bon locuteur ou une bonne locutrice peut créer un 'proverbe' (ou plutôt une formulation proverbiale[11]) sur des moules existant. Ce genre qui se situe entre l'écrit et l'oral (il s'agit en effet d'un oral très formalisé) sert à tenir des propos personnels médiatisés, dans des situations où l'on ne peut directement exprimer son avis. Elle sert aussi à transmettre aux plus jeunes la sagesse du groupe, augmentée de celle des parents, ou bien encore à mettre sous une forme transmissible des savoirs nouveaux jugés utiles au groupe.

Dans les communautés affectées par la shoah et par les grands mouvements de population du XXe siècle, la certitude de la fin d'un monde et d'une culture s'est imposée, si bien que l'on voit surgir à l'écrit des compilations de proverbes, glosés ou non, traduits ou non, faits par les Judéo-Espagnols et publiés.[12] Parmi ceux-là, des proverbiers glosés mettant des proverbes en rapport avec des commentaires personnels, d'autres proverbes et des exempla, bien que partiels et très rares, sont apparus.[13] Ils sont destinés d'abord aux héritiers de ce judaïsme judéo-espagnol si spécifique et aujourd'hui en voie de disparition, puis aux Juifs en général et aux Autres enfin, pour communiquer une sagesse.

[10] *Cf.* M.-C. VAROL, "Les Judéo-Espagnols de Turquie et le discours indirect", in : *Hommage à Marthe Westphal*, éd. R. CAPLAN *et al.* (Nancy, 2001), p. 151-179.

[11] Pour des raisons que j'ai expliquées ailleurs (M.-C. VAROL, "Raíces medievales de los proverbios judeo-españoles", in : *Actes des Journées judéo-espagnoles de Londres*, éd. A. BENAÏM (London, 1999), p. 203-218), il n'est pas utile de distinguer pour le proverbier judéo-espagnol du Moyen Âge (ni d'ailleurs contemporain) entre dit, dicton, sentence, proverbe, maxime, etc. ... J'emploie ici le terme 'proverbe' dans un sens très large.

[12] Voir, par exemple, D. KOLONOMOS, *Poslovice, Izreke i Priče sefardskih jevreja makedonije – Proverbs, Sayings and Tales of the Sephardi Jews of Macedonia* (Belgrade, 1978); I. MOSCONA, *P^enine Sefarad* (Tel Aviv, 1981) (Bulgarie). K. PERAHYA *et al.*, *Erensya Sefaradi* (Istanbul, 1994). E. SAPORTA Y BEJA, *Refranes de los judíos sefardíes* (Barcelona, 1978).

[13] *Cf.* en dehors du proverbier manuscrit de Mme Flore (qui doit faire l'objet d'une publication prochaine), un petit livre du même ordre a paru récemment en Argentine : L. LEON, *Refranes y expresiones sefaradíes de la tradición judeo-española de Esmirna* (Buenos Aires, 2001).

Mais ils ont aussi et surtout vocation de témoigner contre l'oubli et l'extinction d'une culture.

Le premier point qui nous intéresse ici, c'est donc le passage à l'écrit d'une forme transmise oralement. La première observation étonnante est que la forme renoue, presque sans solution de continuité malgré le temps écoulé, avec une forme d'écrit médiéval.

1.3 De l'oral à l'écrit : Le proverbier glosé de Mme Flore Gueron Yeschua[14]

Mme Flore Gueron Yeschua est une dame cultivée de la bourgeoisie judéo-espagnole d'une petite ville bulgare (Tatar Pazardjik près de Plovdiv) qui est née en 1899. Elle a fait des études à l'école primaire juive puis au collège et au lycée bulgares et a voyagé en Europe où elle a fait quelques études à Rome, Vienne, Berlin et Genève. Elle n'a pas fait d'études religieuses. Elle a dû quitter la Bulgarie en 1943 avec son mari et ses fils pour se réfugier en Palestine. Elle a écrit ce proverbier dans les années 80, à la mort de son mari et à la demande de son fils aîné Silvio. Il contient environ 800 proverbes (et expressions) commentés, qu'elle utilisait elle-même ou avait entendu utiliser et chacun est suivi d'une moyenne de six à sept lignes de commentaires en judéo-espagnol.

Le proverbier glosé de Mme Flore constitue donc un exemple rare en ce qu'il est une mise en écrit d'une tradition transmise oralement (en famille et en société), en contexte judéo-espagnol, dans la diaspora séfarade de l'ex-Empire ottoman, et que nous disposons des précieuses gloses de l'auteur. En effet, par l'explicitation personnelle qu'elle fait du sens des proverbes et expressions qu'elle relève, par les renvois qu'elle fait d'un proverbe à l'autre, par les reprises de formulation à l'identique dans certains commentaires, par les liens qu'elle établit avec des exempla ou des anecdotes personnelles, Mme Flore nous permet d'accéder à l'architecture du proverbier comme corpus sapientiel partagé. Elle nous permet d'appréhender l'organisation sous-jacente à ces énoncés et les relations discrètes qu'ils entretiennent entre eux, pour l'une de leurs utilisatrices. Dans le cadre du projet *Homo Legens* qui étudie les rapports entre écriture et oralité, j'ai recherché les traces d'Alexandre le Grand dans le proverbier de Mme Flore et décidé de rendre compte des liens éventuels, ou de l'absence de liens, faits par l'auteur entre ces énoncés et, le cas échéant, d'étudier

[14] Le manuscrit a fait l'objet d'une édition critique : M. C. BORNES-VAROL, *Le proverbier glosé de Mme Flore Gueron Yeshua (judéo-espagnol – Bulgarie)*, présentée dans le cadre de l'HDR (Paris IV- Sorbonne), qui doit être publiée prochainement aux éditions Geuthner (Paris).

la nature de ces liens. Le choix s'est porté sur Alexandre en raison de l'abondance des travaux critiques qui ont été consacrés aux chroniques, récits, romans, chansons et légendes sur ce héros et à leur circulation au Moyen Âge.

2. La tradition espagnole d'Alexandre

2.1 Tradition hébraïque d'Alexandre en Espagne médiévale et dans la diaspora judéo-espagnole

Ma recherche portant sur la postérité d'Alexandre dans le contexte judéo-espagnol, je me suis contentée d'un nombre raisonnable de textes pour mon corpus de référence.

En ce qui concerne l'héritage judéo-espagnol, j'ai considéré :

- les textes traditionnels anciens sur Alexandre contenus dans le Talmud et les *midrashim*;
- les textes ayant circulé dans l'Espagne arabo-andalouse et médiévale jusqu'à l'expulsion d'Espagne en 1492, en mettant l'accent sur ceux qui ont été traduits en hébreu au Moyen Âge;
- les passages sur Alexandre dans le *Me'am Lo'ez* de *Genèse*;[15]
- un opuscule publié en judéo-espagnol à Vienne à la fin du XIXe, *Historia de Alexandros el Mogdon rey de Makedonia* qui reprend des morceaux des textes précédents.[16]
- les passages consacrés à Alexandre dans le *Sefer Yossippon*;[17] *Les Exempla des Rabbins*.[18]

Les textes que je présente sont ceux qui ont un rapport direct ou indirect avec le proverbier judéo-espagnol contemporain. Les deux épisodes talmudiques qui se trouvent en jeu dans le proverbier de Mme Flore sont "Alexandre et les sages du sud" et "Alexandre à la porte du jardin d'Eden". Ils sont repris dans le *Me'am Lo'ez* de 1730, figurent dans l'opuscule de Vienne et dans un conte ayant Alexandre pour héros, recueilli par la folkloriste Matilda Koen

[15] RECUERO et MAESO, *Me'am Lo'ez* (*Genèse* I), 2, p. 53-57.

[16] *Historia de Alexandros el Grande rey de Makedonia – Lectura muy interessante y provechosa* (Vienne, 1890) (en caractères *rashi*).

[17] L'édition en judéo-espagnol de Salonique (1863) et une édition critique moderne de M. LAZAR, *Sefer Ben Gurion [Yossippon] – First Ladino Translation by Abraham Asa [1753]* (Lancaster, Cal., 2000).

[18] M. GASTER, *The Exempla of the Rabbis*.

Sarano. Enfin on trouve le passage concernant le banquet qu'Alexandre commande à Olympias pour la consoler de sa mort prochaine, utilisé comme exemplum dans le texte judéo-espagnol du traité de morale *Pele Yo'ets*, de Eliezer Papo, à la fin du XIXe siècle.[19]

2.2 Les textes partagés en Espagne médiévale

J'ai examiné principalement les textes du *Pseudo-Callisthène* qui est au Moyen Âge un ouvrage très diffusé.

- Le premier groupe de textes examinés sont des traductions du *Pseudo-Callisthène* et du texte latin *De Proeliis*.[20]

- La version occidentale en arabe qui serait issue d'une version syriaque du Pseudo-Callisthène[21] éditée et traduite de l'arabe en espagnol par E. Garcia Gomez et un texte *aljamiado morisco* de la légende d'Alexandre qui se sont révélés, comme on le verra, particulièrement intéressants.[22]

- Les traductions de *De Proeliis* en hébreu :

- celle qui est attribuée à Ibn Tibbon (1150 – 1230) est peut-être issue d'une version antérieure; elle offre des ressemblances avec certaines parties insérées dans le *sefer Yossippon*, daté de la fin du Xe siècle;

- le texte d'une autre version hébraïque plus fantaisiste selon I. Lévi, plus proche des sources orales et des légendes populaires sur Alexandre d'après M. Gaster;[23]

[19] E. PAPO, *Pele Yo'ets*, 2 vols. (Vienne, 1870-1872) (en caractères *rashi*).

[20] Pseudo-Callisthène, *Le roman d'Alexandre – La vie et les Hauts faits d'Alexandre de Macédoine*, trad. et comm. par G. BOUNOURE et B. SERRET (Paris, 1992); *Le roman d'Alexandre*, trad. A. TALLET BONVALET (Paris, 1994). Pour l'histoire des textes voir aussi G. CARY, *The Medieval Alexander* (Cambridge, 1956); *Alexandre le Grand dans les littératures occidentales et proche-orientales – Actes du colloque de Paris 27-29 novembre 1997*, éd. L. HARF-LANCNER *et al.* (Paris, 1999); C. JOUANNO, *Naissances et métamorphoses du Roman d'Alexandre (Domaine grec)* (Paris, 2002).

[21] F.C.W. DOUFICAR-AERTS, "Les derniers jours d'Alexandre dans un roman populaire arabe : Un miroir du roman syriaque du Pseudo-Callisthène", in : *Alexandre le Grand dans les littérature occidentales*, p. 61-75.

[22] G. ROBLES, *Leyendas de José Hijo de Jacob y de Alejandro magno sacada de dos manuscritos Moriscos de la biblioteca nacional de Madrid* (Zaragoza, 1888); E. GARCIA GOMEZ, *Un texto arabe occidental de la leyenda de Alejandro* (Madrid, 1929).

[23] Ce texte qui se trouve dans trois manuscrits (Modène, Bodleian et Damas) a été édité et traduit par M. GASTER, "An old Hebrew romance of Alexander", *Journal of the Royal Asiatic Society* 57 (1897), p. 495-532 et reproduit dans : ID., *Studies and Texts in Folklore, Magic, Medieval Romance, Hebrew Apocrypha and Samaritan Archeology*, 3 vols. (London, 1925-1928),

- Le *Sefer Tol^edot Alexandros ha-Makdoni*, traduction de Immanuel Bonfilio de Tarascon au milieu du XIVe siècle,[24] qui ajoute à *De Proeliis* des passages issus du *Musrei ha-Filosofim* et de *Sod ha-sodot* (cf. *infra*).

L'épisode des Gymnosophistes ou des dix questions aux sages de l'Inde qui circulait indépendamment au Moyen Âge,[25] et qui est présent dans les textes judéo-espagnols, a été ensuite confronté dans un nombre plus large de versions orientales et occidentales du *Pseudo-Callisthène*, et rapproché de celle de Plutarque.[26]

Un second groupe de textes examiné est directement issu de la tradition arabe sur Alexandre :

- Le Pseudo-Aristote, *Sir al-Asrar* en arabe et la traduction espagnole de sa version occidentale *Poridat de las poridades*.[27] Une traduction hébraïque *Sod ha-sodot*, attribuée à al-H̱arizi (XIIIe s.). Le thème en est un traité de gouvernement de l'Inde, rédigé par Aristote à la demande d'Alexandre.

- Le *Kitâb adâb al-falâsifa*,[28] traduction et compilation de sentences, maximes et exempla du grec par le traducteur syriaque Hunayn Ibn Ishaq (IXe s.) qui a donné deux autres œuvres postérieures en arabe qui circulaient en Espagne. Le livre éponyme de Muhammad al-Ansari (XIe s.) et *Muhtâr al-H̱ikâm wa Maẖâsim al-Kalim* (achevé en 1053) de Mubashshir ibn Fatik.[29] Le premier,

2, p. 814-907).

[24] *The Book of the Gest of Alexander of Macedon – Sefer Toledot Alexandros ha Makdoni : A Medieval Hebrew Version of the Alexander Romance by Immanuel Ben Jacob Bonfils*, éd. I.J. KAZIS (Cambridge, Mass., 1962). Pour la comparaison des textes juifs sur Alexandre on se reportera aux articles suivants de Israël Levi, parus dans la *Revue des Études Juives* : "La légende d'Alexandre dans le Talmud", 2 (1881), p. 293-300; "Les traductions hébraïques de l'histoire légendaire d'Alexandre", 3 (1881), p. 238-265; "La Légende d'Alexandre dans le Talmud et le Midrasch", 7 (1883), p. 78-93.

[25] Cf. C. JOUANNO, *Naissances et métamorphoses*, p. 25-26.

[26] Plutarque, *Vie d'Alexandre*, in : *id.*, *Vies Parallèles*, éd. J. SIRINELLI (Paris, 1995), 1, p. 34-119.

[27] Pseudo Aristote, *Poridat de las poridades*, éd. L. KASTEN (Madrid, 1957); Pseudo-Aristotle, *The Secret of Secrets*, éd. C.B. SCHMITT, *Pseudo-Aristotle, The Secret of Secrets : Sources and Influences* (London, 1982 : *Warburg Institute Surveys* 9).

[28] Pour l'étude critique de ce texte et sa circulation on se reportera principalement à D. GUTAS, *Greek Wisdom Literature in Arabic Translation : A Study of the Graeco-Arabic Gnomologia* (New Haven, 1975 : *American Oriental Series* 60). Voir également : M. ALONSO ALONSO, "H̱unayn traducido al latín por Ibn Dawud y Domingo Gundisalvo", *Al-Andalus* 16 (1951), p. 37-48; J.K. WALSH, "Versiones peninsulares del *Kitâb adâb al-Falâsifa* de H̱unayn ibn Is̱haq – Hacia una reconstrucción del *Libro de los buenos proverbios*", *Al-Andalus* 41 (1976), p. 355-384.

[29] Sur le texte arabe, sa circulation et ses liens avec le *Kitab adab al-Falasifa*, voir F. ROSENTHAL, "Al-Mubashshir ibn Fâtik, Prolegomena to an abortive edition", *Oriens* 13-14

traduit en espagnol sous le nom de *Libro de los Buenos Proverbios* a eu une diffusion limitée à l'Espagne dans les langues de la Péninsule mais a connu une diffusion plus large dans le monde juif grâce à sa traduction en Hébreu sous le nom de *Musrei ha-Filosofim* par Yehudah al-Ḫarizi.[30] Le second n'a pas été traduit en hébreu, mais sa traduction en espagnol sous le nom de *Bocados de oro* a donné lieu à une traduction latine *Bonium* qui s'est considérablement diffusée en Europe. Une partie du matériel est commune à *Bocados de oro* et à *Buenos Proverbios*.[31] On retrouve un fragment commun dans la *Disciplina Clericalis* de Pedro Alfonso de Huesca (début du XIIe s.) : celui des sentences des sages groupés autour du tombeau d'or d'Alexandre.[32] Les énoncés tirés de ces sommes se retrouvent aussi dans des textes comme *llibr de dits e proverbis de savis e filosofs* de Yehudah Bonsenyor (*circa* 1260),[33] ainsi que dans le livre d'aphorismes et exempla attribué à Ibn Gabirol, d'abord paru en arabe, dont on n'a conservé que la version hébraïque traduite *Mivḫar ha-Peninim*.[34]

Comme on l'a dit, les textes de ces différents ouvrages se confondent ou se recoupent souvent,[35] particulièrement les passages portant sur les derniers jours et la mort d'Alexandre.[36]

(1960-1961), p. 132-158.

30 Le texte de *De Proeliis* traduit par Emmanuel Bonfilio contient des fragments du *Musrei ha-filosofim* et de *Sod ha-sodot* (Cf. *The Book of the Gest of Alexander of Macedon*).

31 Les versions espagnoles des deux textes ont été éditées et comparées par H. KNUST, "Libro de los buenos proverbios que dixieron los phi(losophos)", in : *Mittheilungen aus dem Eskurial* (Tübingen, 1879: *Bibliothek des litterarischen Vereins* 141). Pour le texte de *Libro de los Buenos Proverbios* nous nous sommes appuyée sur l'édition de H. STURM, *The "Libro de los buenos proverbios" – A Critical Edition* (Lexington, 1971). Pour le texte de *Bocados de Oro*, sur l'édition de M. CROMBACH, *Bocados de Oro (*Bonn, 1971).

32 *Disciplina Clericalis : Edición y traducción del texto latino*, éd. A.G. PALENCIA (Madrid, 1948).

33 Yehudah Bonsenyor, *Libro de palabras y dichos de sabios y filósofos*, trad. de J.R. MAGDALENA NOM DE DEU (Barcelona, 1990).

34 Shelomó ibn Gabirol, *Selección de perlas – Mibḫar ha-peninim*, traduction de D. GONZALO MAESO (Barcelona, 1977). Sur l'attribution à Ibn Gabirol voir Y. RATZHABI, "Les sources arabes du *Mivḫar ha-peninim*", *Sinaï* 102 (1988), p. 97-160 (en hébreu).

35 Voir à ce sujet notamment CARY, *The Medieval Alexander*.

36 *Alexander the Great in the Middle Ages : Ten Studies on the Last Day of Alexander*, éd. W.J. AERTS *et al.* (Nimègue, 1978); DOUFICAR-AERTS, "Les derniers jours d'Alexandre", note 21.

3 Les proverbes d'Alexandre dans le proverbier glosé

3.1 Le corpus étudié

Que reste-t-il d'Alexandre dans le proverbier judéo-espagnol glosé de Mme Flore? Il n'apparaît pas directement. On ne cite pas le nom d'Alexandre (en général il ne figure pas dans le proverbier judéo-espagnol) ni dans les gloses de Mme Flore. Il pourrait apparaître comme "le roi", "un roi" ... mais on ne trouve rien de probant dans ce sens. Par contre, deux épisodes contenus dans les gloses et plusieurs énoncés proverbiaux sont identiques à ceux figurant dans les textes médiévaux ou les récits légendaires sur Alexandre, dans un nombre important de corpus, dont les corpus proprement juifs (*Talmud* et commentaires rabbiniques).

J'ai relevé les cinq unités suivantes,[37] et un sixième proverbe qui offre une formulation proche et qui dérive des mêmes corpus sans coïncider à la lettre. Ils ne constituent pas les seuls énoncés en rapport avec Alexandre : une autre unité, par exemple, "*Dinguno no fuye de su destino*" ("Nul n'échappe à son destin"), si elle figure dans un corpus sur Alexandre (l'épisode de la mort de Nectanebo), est trop largement diffusée au Moyen Âge pour être considérée comme propre aux corpus sur Alexandre. Le proverbier judéo-espagnol compte d'autres unités figurant souvent dans les corpus sur Alexandre tels que "*El enemigo, faztelo amigo*" ("ton ennemi, fais-t-en un ami") (corpus du Pseudo –Aristote), mais, comme ils ne figurent pas dans le proverbier de Mme Flore, ils ont été écartés de cette étude.

1- "*Si no vyene la ora del Dyo una oja no kaye del arvolé*" (S45)
"Si l'heure de Dieu ne vient pas, une feuille ne tombe pas de l'arbre"

2- "*Kén es el riko? El ke se kontenta kon su parte*" (K52)
"Qui est le riche? Celui qui se contente de sa part"

3- "*El ojo del bivo se arta solo kon tyera*" (E47)
"L'œil de ⌊celui qui est⌋ vivant ne se rassasie qu'avec de la terre"

4- "*Se arastó lo seko kon lo vedre*" (S29)
"Le sec a été arraché avec le vert"

[37] Les lettres et les chiffres entre parenthèses, (E47), renvoient à la numération du proverbier de Mme Flore. Les chiffres en gras, **6**, ont été attribués pour cette étude aux proverbes principaux figurant dans les tableaux.

5- "*Las dadas son tomadas*" (L50)
"les [choses] données sont prises"

et

6- "*Dinguno no muere si el Dyo no lo kere*" (D15)
"Personne ne meurt si Dieu ne le veut"

3.2 Les relations entre les unités : méthode et résultats

3.2.1 Présentation des tableaux 1 et 2

Les énoncés sélectionnés ont été rapportés dans le tableau 1, écrits en gras, encadrés par des rectangles grisés et numérotés en gras.

Chacun de ces énoncés proverbiaux est directement relié par Mme Flore à des proverbes ou des expressions figurant par ailleurs comme entrées dans son proverbier, écrits en noir et également encadrés par des rectangles.

J'ai ensuite établi les réseaux complexes de relations que ces unités entretenaient avec d'autres, à partir

1) des citations et des renvois de proverbe à proverbes, établis explicitement par Mme Flore, qui sont signalés par des traits droits reliés à des pastilles rondes;

2) des commentaires partagés par différents proverbes, figurant dans leurs gloses. Ces énoncés sont inscrits en clair dans des bulles ovales reliées entre elles par des traits courbes ou sinueux.

Ces informations ont été portées sur le tableau 2.

En examinant les tableaux 1 et 2 on voit que les recoupements opérés par Mme Flore regroupent les 'énoncés d'Alexandre' en trois parties ou trois groupes de deux : les proverbes **3** et **2** à droite du tableau; les proverbes **1** et **6** en haut à gauche du tableau; les proverbes **4** et **5** en bas à gauche du tableau. Alors que les énoncés **1**, **2**, **3**, **6** entretiennent un grand nombre de liens, **4** et **5** apparaissent sans liens entre eux ni avec le reste des énoncés.

3.2.2 Une métaphore centrale : L'oeil insatiable de l'homme

Les deux premières unités, en haut à droite, **3-** "*El ojo del bivo ...*" (E47) et **2-** "*Ken es el riko? ...*" (K52) dessinent un réseau serré d'énoncés sentencieux ou proverbes nombreux, reliés entre eux essentiellement par leurs commentaires situés dans les ellipses.

Ils tournent d'abord autour du thème du désir et de l'insatisfaction humaine, représentés par un œil vide qui ne se satisfait que de la terre du tombeau (qui n'est rassasié que par la mort). La métaphore centrale est illustrée par un exemplum raconté in extenso dans la glose du proverbe E47 par Mme Flore.[38] Ensuite, ils évoquent la nécessité pour l'homme de se contenter de son sort sans chercher à obtenir davantage : (K52) "*Kén es el riko* ..." ("Qui est le riche? Celui qui se contente de sa part / de ce qu'il a").

On remarquera que, dans les commentaires, on désapprouve ceux qui se lancent dans des aventures et ceux qui veulent obtenir le monde entier et ses richesses, traits qui se rapportent ordinairement à Alexandre, qui se voit souvent reprocher la vanité de son ambition (par différents messagers des peuples qu'il soumet, par les Gymnosophistes, par les philosophes réunis autour de son tombeau ...). De façon logique, par les gloses, un enseignement sur l'envie qui cause l'usure et la mort : (E67) "*el selo i el dezeo kitan a la persona del mundo*" ("la jalousie et le désir ôtent la personne du monde") se trouve lié à cet ensemble.

Apparaît également, ouvert par la métaphore de l'œil béant, un lien entre le regard et le désir : (V3) "*Ver i dezear*" ("Voir et désirer"). Ce dernier a le sens exact de "Voir [c'est] désirer", puisqu'il est relié au proverbe (K32) "*Ken mira la djente no bive kontente*" ("Qui regarde [ce qu'ont] les gens, n'est jamais content"), par l'énoncé commun à leurs deux gloses : "*en mirando los byenes d'enfrente no ay repozo para dinguno*" (littéralement "quand on regarde les biens d'en face, il n'y a de repos pour personne").

Mme Flore lie par ses enseignements trois autres proverbes à cet ensemble, alors qu'ils présentent pourtant des idées différentes. On les trouvera sur le bord droit du tableau.

[38] Le récit, traduit du judéo-espagnol est le suivant : "On raconte une petite histoire où il est question d'un ouvrier qui trouva dans un trou un petit os. Il le lava, le nettoya et voulut savoir combien il pesait. Il le mit sur la balance et commença à poser les poids sur l'autre plateau. Il en mit tant et plus et rien ne suffit pour estimer son poids. Vint alors une voisine âgée qui vit les soucis du jeune homme. Dès qu'elle vit le petit os, elle poussa un cri et lui dit 'Enlève tous ces poids et remplace-les par un peu de terre'. A peine l'eut-il fait que la balance pencha de ce côté. 'Ce petit os – dit la femme – provient du côté d'un oeil humain, tu ne peux le rassasier qu'avec de la terre' ".

D15 Dinguno no muere si el Dyo no lo kere 6

K12 Ken byen esta i mijor eskoje kuando le vyene el mal ke no se anoje

T31 Todo vyene de la tyera i se va a la tyera

S45 Si no vyene la ora del Dyo una oja no katye del arvolé 1

K27 Ken mas tyene mas kere

(D15) Orozos son los kreyentes (prov. bulgare)

E67 El Dyo ke no dé !

K40 Ken kere lo muntcho pyedre i lo poko

K43 Ken tyene el ojo vaziyo no tyene nunka el papo intchido

B3 Binditcho el ke le place

P24 Por lo k'estamos, bindigamos

E47 El ojo del bivo se arta solo kon tyera 3

E22 El Dyo ke no mos apreve !

N17 No dezees lo ke alkansar no puedes

E22 A los buenos apreva el Dyo

B9 Binditcho El Binditcho Su Nombre

P11 Para etchas / maraviyas del Dyo, no ay kavo

K52 Kén es el riko ? El ke se kontenta kon su parte 2

E76 El selo i el dezeo kitan a la persona del mundo

K51 Ké dan de los syelos i no resive la tyera ?

V4 Ver i dezear

K32 Ken mira a la djente no bive kontente

S29 Se arasto lo seko kon lo verde 4

A8 Al riko i el gayo le mete guevo al prove, ni la gayna

(E25) El bueno tyene lo negro i el negro tyene lo bueno (prov. Hébreu)

E25 E1 Dyo da barvas al ke no tyene kechadas

L50 Las dadas son tomadas 5

[Pagan djustos por pekadores]

Tableau 1

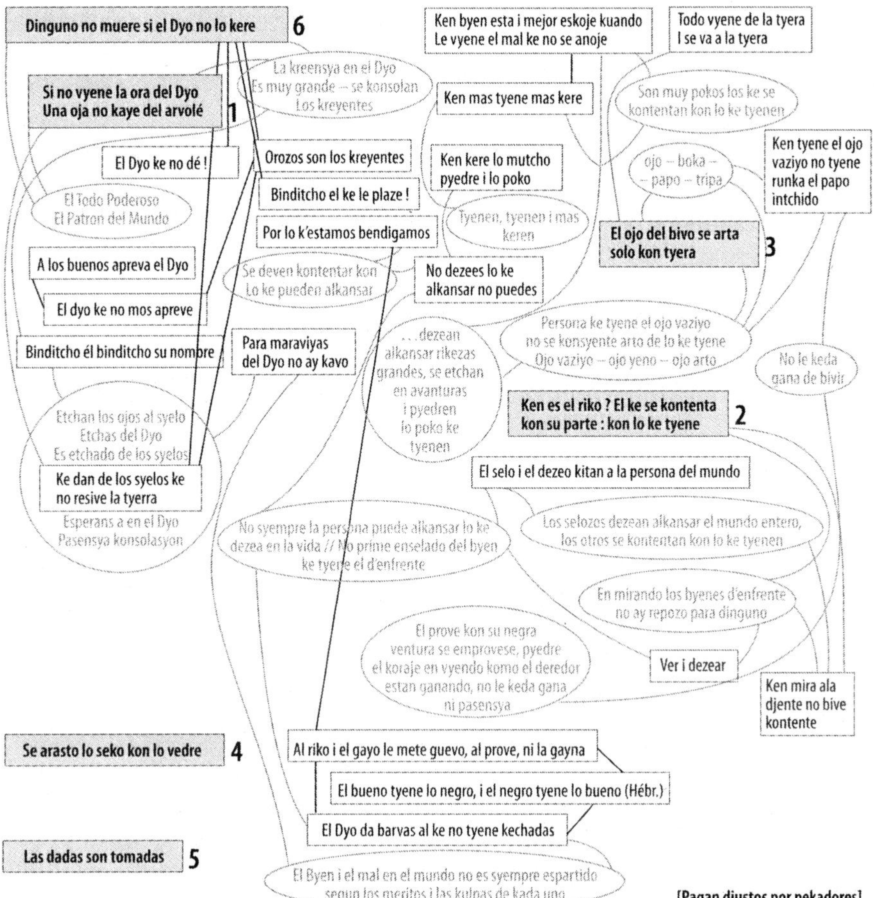
Dinguno no muere si el Dyo no lo kere 6
Si no vyene la ora del Dyo
Una oja no kaye del arvolé 1
La kreensya en el Dyo
Es muy grande – se konsolan
Los kreyentes
El Dyo ke no dé !
El Todo Poderoso
El Patron del Mundo
Orozos son los kreyentes
Binditcho el ke le plaze !
Por lo k'estamos bendigamos
A los buenos apreva el Dyo
El dyo ke no mos apreve
Se deven kontentar kon
Lo ke pueden alkansar
Binditcho él binditcho su nombre
Para maraviyas
del Dyo no ay kavo
Etchan los ojos al syelo
Etchas del Dyo
Es etchado de los syelos
Ke dan de los syelos ke
no resive la tyerra
Esperans a en el Dyo
Pasensya konsolasyon
Ken byen esta i mejor eskoje kuando
Le vyene el mal ke no se anoje
Todo vyene de la tyera
I se va a la tyera
Ken mas tyene mas kere
Son muy pokos los ke se
kontentan kon lo ke tyenen
Ken kere lo mutcho
pyedre i lo poko
ojo – boka –
– papo – tripa
Ken tyene el ojo
vaziyo no tyene
runka el papo
intchido
Tyenen, tyenen i mas
keren
El ojo del bivo se arta
solo kon tyera 3
No dezees lo ke
alkansar no puedes
...dezean
alkansar rikezas
grandes, se etchan
en avanturas
i pyedren
lo poko ke
tyenen
Persona ke tyene el ojo vaziyo
no se konsyente arto de lo ke tyene
Ojo vaziyo – ojo yeno – ojo arto
No le keda
gana de bivir
Ken es el riko ? El ke se kontenta
kon su parte : kon lo ke tyene 2
El selo i el dezeo kitan a la persona del mundo
No syempre la persona puede alkansar lo ke
dezea en la vida // No prime enselado del byen
ke tyene el d'enfrente
Los selozos dezean alkansar el mundo entero,
los otros se kontentan kon lo ke tyenen
En mirando los byenes d'enfrente
no ay repozo para dinguno
El prove kon su negra
ventura se emprovese, pyedre
el koraje en vyendo komo el deredor
estan ganando, no le keda gana
ni pasensya
Ver i dezear
Ken mira ala
djente no bive
kontente
Se arasto lo seko kon lo vedre 4
Al riko i el gayo le mete guevo, al prove, ni la gayna
El bueno tyene lo negro, i el negro tyene lo bueno (Hébr.)
El Dyo da barvas al ke no tyene kechadas
Las dadas son tomadas 5
El Byen i el mal en el mundo no es syempre espartido
segun los meritos i las kulpas de kada uno
[Pagan djustos por pekadores]

Tableau 2

Il s'agit d'abord, tout en haut à droite, de (T31) "*Todo vyene de la tyera i se va a la tyera*" ("Tout vient de la terre et retourne à la terre" ou "Tu es poussière et tu redeviendras poussière"). Le commentaire lie l'insatisfaction ("*son muy pokos los ke se kontentan kon lo ke tyenen*" – "ils sont rares ceux qui se contentent de ce qu'ils ont") à la vanité du monde qui n'aboutit qu'à la mort (la terre du tombeau).

Le second proverbe relié à cet ensemble, sur le bord droit du tableau un peu plus bas, présente un passage de l'abstrait au concret, de l'œil vide au gosier vide : (K43) "*Ken tyene el ojo vaziyo no tyene nunka el papo entchido*" ("Qui a l'œil vide n'a jamais le gosier rempli"). Le troisième se trouve en bas à droite: (K32) "*Ken mira la djente no bive kontente*" ("Qui se soucie des gens (ou regarde les gens) ne vit jamais content"). Sa leçon, liée à l'exemplum "Le meunier, son fils et l'âne", est ordinairement "bien faire et laisser dire".[39] En raison du vocabulaire utilisé (regarder et se contenter), il se voit adjoindre ici une nouvelle leçon très différente, celle de ne pas convoiter ce que les autres ont : "*En mirando los byenes d'enfrente no ay repozo para dinguno*" ("si chacun regarde les biens d'autrui, il n'y a de repos pour personne").

Les autres sentences qui sont liées par les commentaires aux deux autres ont, elles, un lien thématique proche et logique avec les deux énoncés centraux. (K1) "*Ken byen está i mejor eskoje, kuando le vyene el mal ke no se anoje*" ("Qui se trouve bien et choisit mieux, qu'il ne s'en prenne à personne s'il lui advient du mal"), situé tout en haut du tableau vers le milieu, est directement relié au proverbe (juste en dessous) (K27) "*Ken mas tyene mas kere*" ("qui a plus veut plus"). Ce dernier est repris sous une autre forme dans la glose "*tyenen i tyenen i mas keren*" ("plus ils en ont, plus ils en veulent"). Il est indirectement lié à (N17) "*No dezees lo ke alkansar no puedes*" ("ne désire pas ce que tu ne peux atteindre") par le commentaire déjà cité "rares sont ceux qui se contentent de ce qu'ils ont" et à (K40) "*Ken kere lo mutcho pyedre i lo poko*" ("qui veut beaucoup (ou trop) perd le peu qu'il a"), par le commentaire commun sur les aventuriers qui "en quête de grandes richesses se lancent dans les

[39] Voir R. HABOUCHA, *Types and Motifs of the Judeo-Spanish Folktales* (New York, 1992), p. 525 (A. AARNE et S. THOMPSON, *The Types of the Folktale : A Classification and Bibliography*, deuxième éd. (Helsinki, 1961: *FF Communications* 184), N° 1215, "The Miller, his son and the ass : Trying to please everyone"; *Ysopete* J1041.1); F.C. TUBACH, *Index Exemplorum : A Handbook of Medieval Religious Tales* (Helsinki, 1969: *FF Communications* 204), n° 382, et p. 527 pour les sources médiévales arabes et espagnoles. M.K. SARANO, *Kuentos del folklore de la famiya djudeo-espanyola* (Jérusalem, 1986), p. 93, l'exemplum a le proverbe *Ken mira la djente no bive kontente*, pour titre. Sur la circulation médiévale de cet exemplum dans les textes espagnols, voir D. DEVOTO, *Introducción al estudio de Don Juan Manuel, y en particular de* El Conde Lucanor – *Una bibliografía* (Paris, 1972), p. 364.

aventures et perdent le peu qu'ils avaient" ("***dezean alkansar** rikezas grandes, se etchan en avanturas i pyedren lo poko ke tyenen*"). (N17) "*No dezees ...*" est lui-même lié à un commentaire qui le reformule "*Se deven kontentar kon lo ke pueden alkansar*" ("Les hommes doivent se contenter de ce qu'ils peuvent obtenir").

Le commentaire sur les aventuriers est relié logiquement au commentaire sur le désir insatiable de "la personne dont l'œil vide ne se rassasie pas de ce qu'il a" ("*Persona ke tyene el ojo vaziyo no se konsyente arto de lo ke tyene*"). Il est également relié à deux autres commentaires qui contiennent aussi la référence au désir d'obtenir davantage (*dezean alkansar*) : "*Los selozos dezean alkansar el mundo entero, los otros se kontentan kon lo ke tyenen*" ("les envieux désirent obtenir le monde tout entier – rappelons que l'exemple d'Alexandre est à ce sujet prototypique –, les autres se contentent de ce qu'ils ont") et "*No syempre la persona puede alkansar lo ke dezea en la vida // No prime enselado del byen ke tyene el d'enfrente*" ("L'homme ne peut pas toujours obtenir ce qu'il désire dans la vie // Il ne convient pas d'être jaloux du bien de son prochain". Ce dernier commentaire est lié avec (K52) "*Ken es el riko? ...*" ("Qui est le riche? ..."), (E76) "*El selo i el dezeo ...*" ("la jalousie et le désir ou la convoitise ..."), et (V4) "*Ver i dezear*" ("voir et désirer").

On a donc un réseau étroit de commentaires moraux de type eux-mêmes sentencieux qui forment la leçon des proverbes sur le désir insatiable des hommes, qui les porte à ne pas se contenter de ce qu'ils ont, à jalouser le bien de leur prochain, à perdre le repos et à périr, rongés par l'envie; à chercher à obtenir plus qu'ils ne peuvent atteindre en se lançant pour cela dans des aventures et, en définitive, à finir par tout perdre.

Trois énoncés thématiquement plus éloignés se trouvent rattachés à cet ensemble cohérent, l'un sur la mort inéluctable symbolisée par la terre du tombeau (T31), l'autre sur une variante plus concrète qui lie l'envie (insatisfaite) à la faim (insatisfaite) et au gosier vide (K43), et, enfin, un proverbe qui a d'ordinaire une autre leçon, qui semble glisser ici de "suivre l'opinion des gens" à "convoiter le bien des gens" (K32), ce qu'il va falloir expliquer.

3.2.3 La célébration de la toute-puissance divine

Un deuxième groupe de sentences d'Alexandre, qui contiennent le terme Dieu ou la mention de l'une de ses désignations, est formé par Mme Flore, principalement par le biais de renvois de proverbe à proverbe. Il s'agit en l'occurrence de nombreuses bénédictions ou formules religieuses, qui portent sur la toute-puissance de Dieu et la nécessité de lui rendre grâce quel que soit le sort qui nous est réservé. Ils sont situés en haut et à gauche des tableaux 1 et 3. Le proverbe **1** d'Alexandre (S45) "*Si no vyene la ora del Dyo* ..." et sa leçon formulée dans le proverbe **6** dont la formulation est proche (D15) "*Dinguno no muere si el Dyo no lo kere*" ("Personne ne meurt si le Dieu ne le veut"), renvoient aux proverbes (D15) "*Orozos son los kreyentes*" ("Heureux sont les croyants") (proverbe bulgare), à la formule de bénédiction (B 3) "*Benditcho el ke le plaze*" ("Béni soit ce qui Lui plaît") ; au souhait (E67) "*El Dyo ke no dé*" ("Que Dieu ne nous donne pas (sous-entendu cette épreuve)" ou "Puisse Dieu nous en préserver"), courant lorsqu'il est question de la mort. Le même énoncé (D15) "*Dinguno no muere* ..." est également directement lié au proverbe qui compare la nécessité de se résigner à la volonté divine à l'exemple de la docilité de la terre qui reçoit les intempéries du ciel (K51) "*Ké dan de los syelos ke no resive la tyera ?*" ("Qu'est-ce que le ciel envoie que refuse la terre ?"). Le proverbe (D15) "*Orozos son los kreyentes*" (qui vient du bulgare) est pour sa part directement lié (toujours par les renvois et citations explicites de proverbe à proverbe faits par Mme Flore) à (K51) "*Ké dan de los syelos* ..." et à (E22) "*El Dyo ke no mos apreve*" ("Que Dieu ne nous mette pas à l'épreuve") qui est cité par Mme Flore sous le même numéro que (E22) "*A los buenos apreva el Dyo*" ("Les gens de bien, Dieu les met à l'épreuve"). Comme nous le verrons *infra*, Mme Flore cite entre parenthèses dans son commentaire la référence à Job.

Les proverbes qui ne sont pas reliés à d'autres, sont liés par des commentaires dans lesquels figurent les multiples noms donnés à Dieu, qui témoignent de sa toute puissance contre laquelle il est vain de s'élever : (E67) "*El Todo Poderoso*" ("le Tout Puissant"), "*El Patrón del mundo*" ("le Maître du monde").[40]

Ils sont également liés par des commentaires sur la consolation, l'espérance et la patience qu'offre la foi : "*La kreensa en el Dyo es muy grande, se konsolan los kreyentes*" ("La croyance en Dieu est grande, les croyants sont consolés"); "*Esperansa en el Dyo*" ("l'espérance (est) en Dieu"); "*(los kreyentes) echan los ojos al syelo*" ("(les croyants) lèvent leurs yeux vers le ciel"); "*pasensya i konsolasyón*" ("patience et consolation"), expression qui sert à consoler les gens affligés.

[40] De façon assez significatives ces dénominations, comme les bénédictions et souhaits qui figurent dans ce tableau constituent des entrées du proverbier glosé de Mme Flore. Je les inclus, comme elle le fait elle-même, sous le titre générique de 'proverbes' (voir *supra* note 11).

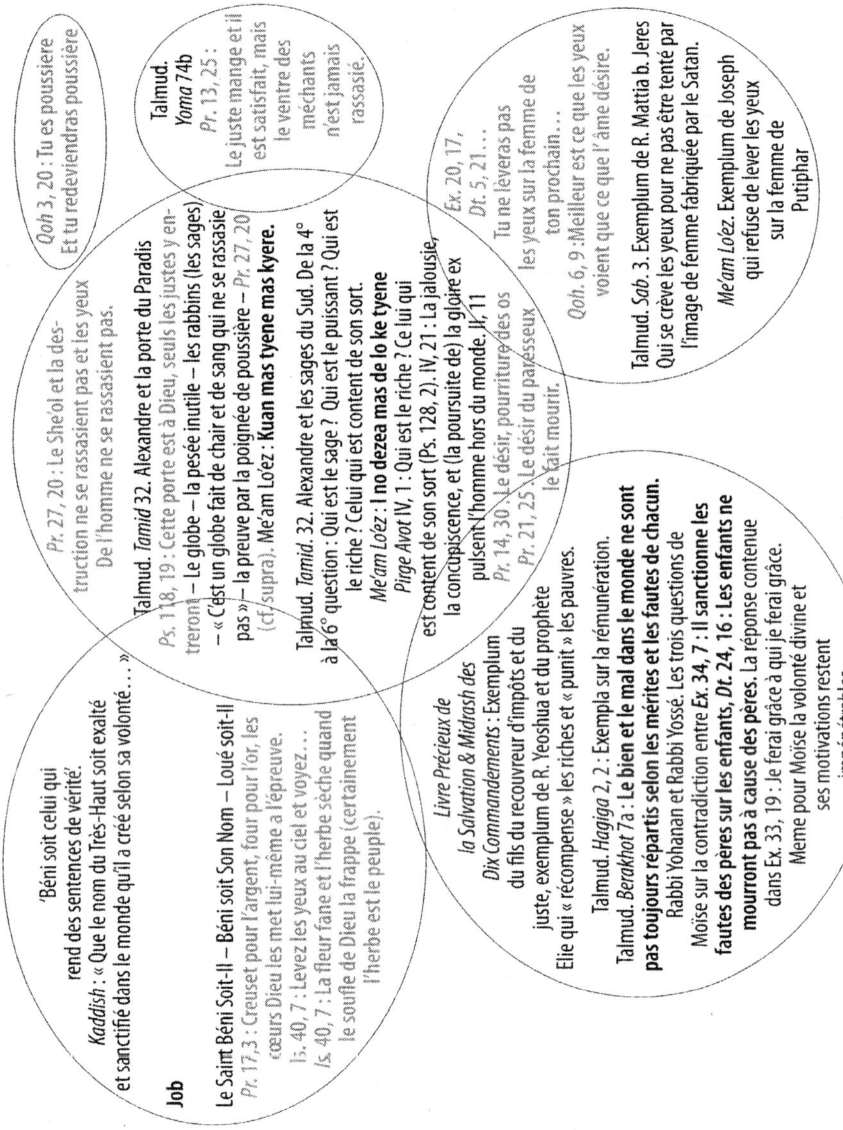
'Béni soit celui qui
rend des sentences de vérité'.
Kaddish : « Que le nom du Très-Haut soit exalté
et sanctifié dans le monde qu'il a créé selon sa volonté... »
Job
Le Saint Béni Soit-Il – Béni soit Son Nom – Loué soit-Il
Pr. 17,3 : Creuset pour l'argent, four pour l'or, les cœurs Dieu les met lui-même a l'épreuve.
Is. 40, 7 : Levez les yeux au ciel et voyez...
Is. 40, 7 : La fleur fane et l'herbe sèche quand le soufle de Dieu la frappe (certainement l'herbe est le peuple).
Pr. 27, 20 : Le She'ol et la destruction ne se rassasient pas et les yeux De l'homme ne se rassasient pas.
Talmud. Tamid 32. Alexandre et la porte du Paradis
Ps. 118, 19 : Cette porte est à Dieu, seuls les justes y entreront – Le globe – la pesée inutile – les rabbins (les sages) – « C'est un globe fait de chair et de sang qui ne se rassasie pas » – la preuve par la poignée de poussière – Pr. 27, 20 (cf. supra). Me'am Lo'ez : Kuan mas tyene mas kyere.
Talmud. Tamid. 32. Alexandre et les sages du Sud. De la 4° à la 6° question : Qui est le sage ? Qui est le puissant ? Qui est le riche ? Celui qui est content de son sort.
Me'am Lo'ez : I no dezea mas de lo ke tyene
Pirge Avot IV, 1 : Qui est le riche ? Ce lui qui est content de son sort (Ps. 128, 2). IV, 21 : La jalousie, la concupiscence, et (la poursuite de) la gloire ex pulsent l'homme hors du monde. II, 11
Pr. 14, 30 : Le désir, pourriture des os
Pr. 21, 25 : Le désir du paresseux le fait mourir.
Qoh 3, 20 : Tu es poussiere
Et tu redeviendras poussière
Talmud. Yoma 74b
Pr. 13, 25 : Le juste mange et il est satisfait, mais le ventre des méchants n'est jamais rassasié.
Livre Précieux de la Salvation & Midrash des Dix Commandements : Exemplum du fils du recouvreur d'impôts et du juste, exemplum de R. Yeoshua et du prophète Elie qui « récompense » les riches et « punit » les pauvres.
Talmud. Hagiga 2, 2 : Exempla sur la rémunération.
Talmud. Berakhot 7a : Le bien et le mal dans le monde ne sont pas toujours répartis selon les mérites et les fautes de chacun. Rabbi Yohanan et Rabbi Yossé. Les trois questions de Moïse sur la contradiction entre Ex. 34, 7 : Il sanctionne les fautes des pères sur les enfants, Dt. 24, 16 : Les enfants ne mourront pas à cause des pères. La réponse contenue dans Ex. 33, 19 : Je ferai grâce à qui je ferai grâce. Meme pour Moïse la volonté divine et ses motivations restent impénétrables
Ex. 20, 17, Dt. 5, 21... Tu ne lèveras pas les yeux sur la femme de ton prochain...
Qoh. 6, 9 : Meilleur est ce que les yeux voient que ce que l'âme désire.
Talmud. Sab. 3. Exemplum de R. Mattia b. Jeres Qui se crève les yeux pour ne pas être tenté par l'image de femme fabriquée par le Satan.
Me'am Lo'ez. Exemplum de Joseph qui refuse de lever les yeux sur la femme de Putiphar

Tableau 3

Ils sont liés, enfin, par des commentaires portant sur l'impénétrabilité et l'implacabilité des lois du destin : "*Etchas del Dyo*" ("faits (décidés) par Dieu"); "*es etchado de los syelos*" ("c'est décidé (jeté) par les Cieux"). L'exemple auquel ces énoncés se trouvent rapportés explicitement est celui de Job et ils sont également liés, par les gloses, au texte de la prière pour les morts ou *kaddish* dont la première phrase est citée en hébreu.

Le dernier groupe de commentaires (situé dans la bulle la plus à gauche et en bas du tableau 1) est relié directement à un autre proverbe (P11) "*Para maraviyas del Dyo no ay kavo*" ("il n'y a pas de limite aux merveilles de Dieu"), qui tranche par son optimisme avec la thématique dominante de cette partie, à savoir la résignation nécessaire à la volonté divine dans ce qu'elle a de plus rigoureux et la crainte des épreuves et de la mort. Il est la seule sentence de cet ensemble à fonder l'espérance envers et contre tout. Il exprime la confiance en un Dieu bienveillant et prodigue et semble isolé dans cet ensemble pessimiste auquel ne le rattache que la proclamation de la toute-puissance divine, miraculeuse et infinie.

3.2.4 Entre le désir vain et la toute-puissance divine : le problème de la rétribution

Entre le groupe des énoncés qui est à droite (et qui porte sur le désir insatiable et vain qui épuise l'homme jusqu'à sa mort) et celui de gauche (sur la nécessité de se soumettre à la volonté d'un Dieu rigoureux), il n'y a qu'un seul lien direct, ténu, formé par la glose "*se deven kontentar kon lo ke pueden alkansar*" ("ils doivent se contenter de ce qu'ils peuvent obtenir"), commune entre (P24) "*Por lo k'estamos, bindigamos!*" ("Rendons grâces à Dieu pour notre état") et (N17) "*No dezees lo ke alkansar no puedes*" ("Ne désire pas ce que tu ne peux atteindre").

Par contre on constate que tant l'ensemble de droite que celui de gauche sont étroitement liés par les commentaires et les renvois à un ensemble serré de proverbes qui sont par leur forme et leur sens assez éloignés des deux autres groupes, mais qui portent tous sur les voies impénétrables de la Providence et la question de la rétribution, en ce monde, des justes et des méchants :

- Le proverbe (A8) "*Al riko i el gayo le mete guevo, al prove, ni la gayna*" ("Le riche même son coq lui pond un oeuf, le pauvre, pas même sa poule") porte sur l'injustice du sort qui s'acharne sur les plus pauvres et favorise toujours les mêmes.

- La sentence en hébreu, suivie de sa traduction en judéo-espagnol : "*El bueno tyene lo negro i el negro tyene lo bueno*" ("Le bon a la mauvaise part et le méchant a la bonne part"), figure sous le proverbe (E25) (cf. *infra*) comme ayant le même sens que lui.
- Le proverbe (E25) "*El dyo da barvas al ke no tyene kechadas*" ("Dieu donne de la barbe à qui n'a pas de mâchoires"), que l'on connaît aussi sous la forme "Dieu donne du pain à celui qui n'a pas de dents", déplore le manque de discernement du sort, ou son ironie malveillante.

Il faudra expliquer ce lien qui n'apparaît pas comme immédiatement logique, et dont la cohérence ne repose pas sur l'histoire d'Alexandre.

*3.2.5 Deux sentences à part (**4** et **5**) sur les aléas de la Providence*

Un troisième groupe de sentences, **4**, (S29) "*Se arasto lo seko kon lo vedre*" ("le vert a été arraché avec le sec"), et **5**, (L50) "*Las dadas son tomadas*" ("Les choses données sont reprises /ou rendues", réunit les proverbes d'Alexandre qui ne sont pas reliés aux autres. Ceci présente une énigme, car dans les corpus de proverbes espagnols médiévaux (S29) "Le sec a été arraché avec le vert" est relié à (P2) "*Pagan djustos por pecadores*" ("Les justes payent pour les pécheurs") qui porte aussi sur la question de la rétribution.[41] Mais ces énoncés (S29) et (L50), font partie chez Mme Flore de tout autres domaines d'explicitation et réseaux de proverbes. Le proverbe (P2) qui figure dans son proverbier n'est pour sa part relié, ni par renvoi direct ou citation, ni par le biais des commentaires, aux autres proverbes figurant sur les tableaux 1 et 3. Le commentaire de Mme Flore à (P2) donne des exemples concrets, tirés d'épisodes de la vie courante, sans aucune référence aux voies de la Providence ou à la justice divine.

(L50) "*Las dadas son tomadas*", reçoit une explication particulière qui lui donne un sens différent de sa traduction / interprétation dans les corpus d'Alexandre, à savoir "on reçoit ce que l'on a donné", que Mme Flore met

[41] Voir E. O'KANE, *Refranes y frases proverbiales españolas de la Edad Media* (Madrid, 1959 : *Anejos del Boletín de la Real Academia Española* 2) (229 et 211); I. Lopez de Mendoza (Marqués de Santillana), *Refranes que dizen las viejas tras el fuego*, éd. H. BIZARRI (Kassel, 1995) (58); G. Correas, *Vocabulario de refranes y frases proverbiales (1627)*, éd. de L. COMBET, révisée par R. JAMMES et M. MIR-ANDREU (Madrid, 2000) (A 2173). A. DANON, "Proverbes judéo-espagnols de Turquie", *Zeitschrift für Romanische Philologie* 27 (1903), p. 72-96, fait pour sa part le lien entre ce proverbe et Talmud *BQ* 92a "Le chou est arraché (frappé) avec les ronces" commenté par "les bons paient avec les méchants".

d'ailleurs en rapport avec une autre formulation proverbiale : "*Lo ke azes, akeyo aresives*" ("on agit avec toi comme tu agis toi-même") qui signifie que l'on récolte ce que l'on sème.

(S29) reçoit une explication portant sur le sens propre qui en fait une simple expression signifiant que tous les recours, ou toutes les provisions ont été épuisés ou bien que tout ce qui était à dire a été dit.

4. La confrontation du proverbier avec les textes médiévaux sur Alexandre

4.1 La confrontation croisée des textes sur Alexandre et des corpus proverbiaux

Qu'est-ce qui fait que certains énoncés sont liés, et de cette façon, tandis que d'autres sont écartés? Pourquoi les deux ensembles reliés, le sont par l'intermédiaire d'un troisième, a priori très différent? Ce sont les textes écrits dans lesquels ces énoncés figurent qui vont nous permettre de le comprendre.

Lors de l'édition critique du proverbier de Mme Flore, j'ai recherché chacune des unités qu'elle avait réunies, tout d'abord dans les listes judéo-espagnoles préexistantes, puis dans certains proverbiers contemporains en turc et en bulgare; puis dans les grands proverbiers espagnols contemporains; dans les proverbiers espagnols et catalans du Moyen Âge, du XVIe et du XVIIe siècles; enfin dans les proverbiers arabo-andalous du Moyen Âge, généreusement édités dans la deuxième moitié du XXe siècle par la critique arabisante en Espagne et plus largement dans les livres de proverbes, maximes et sentences compilés par les auteurs classiques arabes accessibles en traduction.

Dans le domaine du judaïsme, j'ai examiné les parties les plus directement sentencieuses de la Bible (*Proverbes*, *Ecclésiaste* et *Siracide*) et quelques traités du Talmud, lorsque Mme Flore ou la critique s'y rapportaient, les *Pirqe Avot* et les alphabets de Ben Sira (dont j'ai parlé ci-dessus) et quelques traités d'exégèse rabbinique. J'ai également consulté les recueils de sentence comme le *Miv ẖar ha-P^e^ninim* attribué à Ibn Gabirol.

S'agissant d'Alexandre j'ai consulté à nouveau les textes présentés plus haut. Ce sont ces résultats que j'ai formalisés sur les tableaux 3 et 4.

4.2 Les textes juifs

*4.2.1 Les sentences centrales **2** et **3** et les proverbes cités dans leurs gloses*

En regardant le tableau 3, tout d'abord on percevra du premier coup d'œil la ressemblance entre les réseaux de liens que Mme Flore établit entre ses proverbes et ceux que les textes religieux juifs, Bible et exégèse rabbinique (Talmud et traités de la *Mishna*, puis les commentaires rabbiniques judéo-espagnols) établissent entre les mêmes unités.

Comme chez Mme Flore, dans les textes juifs, les sentences **2** et **3** sont réunies et sont liées aux mêmes exempla.

L'exemplum cité par Mme Flore en commentaire à (E47), fait partie de la légende d'Alexandre telle qu'elle figure dans le Talmud (traité *Tamid* 32) : Alexandre et la porte du Paradis, épisode qui renvoie explicitement à *Pr.* 27, 20 "Le sheol et le lieu de destruction ne se rassasient pas et les yeux de l'homme ne se rassasient pas".

La sentence (K52) "Qui est le riche? Celui qui se contente de sa part", fait aussi partie de la légende d'Alexandre, insérée dans le même traité talmudique, et portant sur la visite d'Alexandre aux sages du Sud. Israel Levi,[42] qui a comparé les différents textes sur Alexandre, a fait remarquer que, dans cet épisode, les questions posées aux Brahmanes ou aux Gymnosophistes (les sages du Sud dans le Talmud) étaient en partie différentes de celles figurant dans Plutarque et le Pseudo-Callisthène. Trois questions (Qui est le sage?, Qui est le puissant?, Qui est le riche?) sont prises au traité sapientiel *Pirqe Avot* (IV, 1). Ces proverbes sont souvent mis en rapport, dans les commentaires qui les accompagnent, avec d'autres passages des *Pirqe Avot* (IV, 21 et II, 11) sur la jalousie et la concupiscence qui détruisent l'homme. Ils s'appuient sur *Pr.* 14, 30 "Le désir pourriture des os".

Le *Me'am Lo'ez* (*Gn.* 1,1 – 6, 8) reprend ces deux passages à la suite[43] et ajoute aux sentences **2** et **3,** dans ses commentaires, "*kuanti mas tyene mas kere*" ("plus il a plus il désire") (cf. Flore K27), "*i el selo lo kita al ombre del mundo*" (cf. Flore E76), "*I lo mezmo kada uno buchka dos tantos mas de lo ke tyene i no lo alkansa*" ("et de la même façon chacun cherche [à obtenir] le double de ce

[42] *Cf.* articles cités *supra*, note 24.

[43] Voir MAESO et RECUERO, *Me'am Lo'ez.*, I, 1e partie; dans le chapitre 1, qui commente le premier verset de la *Genèse*, l'histoire d'Alexandre et ses commentaires occupent les pages 53-59.

qu'il a et ne peut l'atteindre") (cf. Flore N17), "*i no dezea mas de lo ke tyene*" ("et qui ne désire pas plus que ce qu'il a").

Le lien entre l'oeil de l'homme, la vaine cupidité et la mort se retrouvent également dans *Qo* 5, 9 "qui aime l'argent ne se rassasie pas d'argent" et *Si* 14, 9 "L'oeil du cupide n'est pas satisfait de sa part, une avidité mauvaise dessèche son âme".

On notera que le chapitre X du *Miv har ha-P^{e}ninim*,[44] lie des énoncés sur l'homme le plus riche qui se satisfait de son sort (sentences 157, 158) et les injonctions à mépriser les biens de ce monde, à ne pas convoiter ce que l'on n'a pas obtenu (sentence 160, 165), à ne pas regarder ce qu'ont les autres (sentence 159), à se contenter de l'essentiel (161, 171) et de ce que le Créateur concède (159, 162).

*4.2.2 Les sentences **2** et **3** et les trois proverbes périphériques*

L'exemplum sur la vanité du désir humain qui ne prend fin qu'avec la mort, représentée métaphoriquement par la terre, appelle de façon presque inévitable les versets de *Gn* 3, 19 et *Qo* 3, 20 "Tu es poussière et tu redeviendras poussière", la Bible fondant la métaphore, dont le proverbe (T31) est une expression judéo-espagnole "*todo vyene de la tyera i se va a la tyera*" ("tout vient de la terre et retourne à la terre").

Le passage de la métaphore de 'l'œil vide' au 'gosier vide' peut se justifier par la ressemblance du proverbe (K43) "qui a l'oeil vide n'a jamais le gosier rempli" avec *Pr.* 13, 25, "Le juste mange et il est satisfait, mais le ventre des méchants n'est jamais rassasié", et le Talmud *Yoma* 74b. Cependant nous verrons *infra* que d'autres textes ont pu influencer ce changement de métaphore.

Quant à l'extension de ce corpus vers "voir et désirer" (V4), il trouve son fondement dans le texte biblique même où "tu ne lèveras pas les yeux sur la femme de ton voisin ..." se traduit par "tu ne convoiteras pas ..." (*Ex.* 20, 17 et *Lv.* 5, 21). Dans le *Midrash des X commandements* et le *Livre Précieux de la Salvation*,[45] comme dans le *Me'am Lo'ez*, les exempla sur l'homme tenté par

[44] Voir l'édition de GONZALO MAESO, p. 66-67, sentences 155-172.

[45] Voir *Midrás de los Diez Mandamientos*, éd. ALBA CECILIA. Le commentaire au septième commandement "Tu ne commettras pas l'adultère" (*Ex*, 20, 14) cite l'exemple de R. Mattia b. Jeres (Exemplum n° 136 tiré du Talmud de Jérusalem, *Sab* 3) qui "*nunca en su vida había levantado los ojos hacia la mujer de su prójimo*" ("n'avait jamais de sa vie levé les yeux sur la femme de son prochain"). Tenté par le diable, il se crève les yeux, et lorsque l'archange Raphaël vient le soigner, il refuse de recouvrer la vue afin de ne plus pouvoir être tenté.

une femme interdite qui détourne le regard, ferme les yeux (ou même se les crève) sont légion. L'exemple par excellence est Joseph devant la femme de Putiphar. Le lien direct entre la vue et le désir est également inscrit dans *Qo* 6, 9 : "Meilleur est ce que les yeux voient que ce que l'âme désire". La prégnance de ces textes et la force de la métaphore, expliquent sans doute l'attraction subie par le proverbe (K32) "Qui regarde les gens ne vit jamais content", qui de "bien faire et laisser dire", leçon que lui donne aussi Mme Flore ("il ne faut pas se soucier de l'opinion des gens") a acquis le sens de "il ne faut pas convoiter le bien d'autrui sous peine de causer son propre malheur", sens qu'il n'a pas acquis en Espagne, par exemple.

*4.2.3 Les sentences **1** et **6** et les proverbes et bénédictions qui leur sont liées*

Les textes bibliques et religieux en hébreu en rapport avec les énoncés de la partie de gauche étaient, je l'ai dit, directement évoqués par Mme Flore : les désignations de Dieu, les bénédictions qui lui sont adressées, la première phrase du *Kaddish* (citée en hébreu), la bénédiction redoutable qui accueille l'annonce d'un décès "*barukh dayyan ha-emeṯ*" ("béni soit celui qui rend des sentences de vérité"),[46] l'exemple de Job, enfin, qui introduit l'idée de l'apparente injustice de la rétribution. Dans le monde judéo-espagnol, la mort et la malchance sont interprétées comme une punition des péchés. Le lien est fait par Mme Flore puisqu'elle cite, comme ayant un rapport direct, un proverbe hébreu sur l'injustice en ce monde (commentaire à E25) "*El bueno tyene lo negro i el negro tyene lo bueno*"[47] ("le bon obtient ce qui est mauvais et le mauvais ce qui est bon"). Elle y ajoute une glose explicite qui a valeur de sentence : "*El byen i el mal en el mundo no es syempre espartido sigun los meritos i las kulpas de kada uno*" ("Le bien et le mal dans ce monde ne sont pas toujours répartis selon les mérites et les fautes de chacun"). Or ce dernier énoncé figure tel quel dans un commentaire du Talmud (*B^{e}rakhot* 7a) à propos des trois questions de Moïse sur la rétribution, qui, s'appuyant sur différents passages bibliques (*Ex.* 34, 7; *Dt.* 24, 16; *Ex.* 33, 19) concluent à l'impossibilité, même pour Moïse, de comprendre les motivations divines.

[46] Cette bénédiction en hébreu est intégrée au judéo-espagnol et très utilisée, *cf.* à ce sujet D.M. BUNIS, *A Lexicon of the Hebrew and Aramaic Elements in Modern Judezmo* (Jérusalem, 1993), n° 699.

[47] Traduction qu'elle donne elle-même à la formulation hébraïque qu'elle cite également ("*ha-ṯov we-ra' lo, ha-ra' we-ṯov lo*").

De nombreux exempla des traités rabbiniques et du Talmud sont consacrés à ce chapitre. Amparo Alba et Angeles Navarro[48] rapportent l'exemplum de l'homme pieux, enterré humblement, tandis que la foule se presse à l'enterrement du fils du collecteur d'impôts, qui figure dans les recueils cités plus haut et dans le Talmud (*Ḫagiga* 2, 2). Elles y ajoutent l'exemplum du saint paralytique qui avait reçu le don de pouvoir se lever lorsqu'on enterrait un juste. Cet exemplum, qui porte aussi sur l'apparente injustice de la rétribution, figure dans le *Sefer Sha'ashu'im* (*Livre des divertissements*) de Joseph ben Meir Ibn Zabarra (auteur juif d'Espagne, au XIIIe s).

4.3 Les textes anciens

Si nous regardons ce que les textes anciens non-juifs circulant à l'époque médiévale nous apprennent, nous trouvons la présence de l'épisode d'Alexandre et la porte du Paradis seulement dans les recensions *g* et *e* du Pseudo-Callisthène. Elles proviennent, d'après la critique,[49] de la version syriaque, pour laquelle Israel Levi suppose une version araméenne antérieure. Cette recension donne naissance à la plupart des versions arabes du Pseudo-Callisthène. L'opuscule latin *Alexandri magni iter ad Paradisum* qui contient l'exemplum de l'oeil, est considéré comme d'origine juive.[50] Quant à la visite chez les Brahmanes (ou Gymnosophistes ou Sages du sud) elle ne comporte pas, dans le Pseudo-Callisthène, ni dans *De Proeliis*, ni dans les *Res Gestae* de Julius Valère, ni chez Plutarque,[51] la question "Qui est le riche?" (K52), tirée des *Pirqe Avot*. Cependant on trouve cette dernière comme sentence indépendante chez Publilius Syrus.[52] On trouve aussi, chez Diogène Laërce (VI – Antisthènes 5), la métaphore du fer usé par la rouille comme l'homme par l'envie (*cf. Pr.* 14, 30 : le désir, pourriture

[48] Voir leur article cité plus haut (note 6), "Del cuento rabínico ...". Elles renvoient pour les exempla cités aux chapitre IX du *Midrash des Dix Commandements* (p. 95-96) et I, 14 du *Livre Précieux de la Salvation* (p. 119-121).

[49] Voir notamment CARY, *The Medieval Alexander*; *The Book of the Gest of Alexander of Macedon*; GASTER, *Studies and Texts*, 2, p. 814; et les articles d'Israël Levi, cités *supra*, note 24.

[50] LEVI, "La légende d'Alexandre dans le Talmud".

[51] I. LEVI et J.-P. CALLU, "Alexandre dans la littérature latine de l'Antiquité tardive", in : *Alexandre le Grand dans les littératures*, p. 33-50; L. HARF LANCNER, "Alexandre et l'Occident Médiéval", in : *Alexandre le Grand dans les littératures*, p. 15-19. Plutarque, *Vie d'Alexandre;* Pseudo-Callisthène, *Le roman d'Alexandre.*

[52] Voir Publilius Syrus, *Sentencias*, éd. V.J.H. LLORENTE (Madrid, 1963 : *Suplementos de Estudios Clásicos* 7), p. 296, n° 626 : "*Quis plurinum habet? Is qui omnium minimum cupit*". Elle n'est pas reliée à Alexandre.

– ou carie- des os). Il s'agit là d'énoncés isolés, sans rapport direct avec Alexandre.

Le texte du Pseudo-Callisthène[53] donne un énoncé complet de la réponse d'Alexandre à Dandamis (Livre III, 13), proche des sentences **1** et **6** de Mme Flore : "Pas de vagues sur la mer si le vent n'a pas soufflé, pas d'agitation dans les arbres si l'air ne les a pas secoués, pas d'activité chez les hommes sinon sous l'effet de la Providence céleste".[54] A la cupidité insatiable d'Alexandre, que lui reprochent les sages et à l'inéluctabilité de la mort qui en montre la vanité, Alexandre oppose la volonté divine à laquelle il obéit. Cette distribution recoupe en partie celle de Mme Flore, mais ici le lien est direct.

Dans les corpus arabes anciens deux *hadith* du Prophète se rapportent respectivement à l'énoncé **3** (E47) et à (V4) "Voir et désirer".

Fernando de la Granja[55] a montré dans une étude sur l'origine arabe de l'expression *llenar el ojo* ('remplir l'œil'), que le proverbe utilisé par al-Maydani "Peut-être trouves-tu licite de te remplir l'oeil de ce qui appartient à un autre" est lié à un *hadith*. Reposant sur un énoncé en rapport avec une anecdote de la vie du Prophète : "Dieu n'a pas créé un seul de ces hommes qu'il n'ait rempli leurs deux yeux de la poussière de cette poignée de terre" qui évoque les impies, ce *hadith* s'est transmis sous différentes formes : "Seule la poussière est capable de remplir (fermer) le ventre (l'oeil, la bouche) de l'être humain". Fernando de la Granja rapproche opportunément ce texte au français "avoir les yeux plus gros que le ventre" et à l'espagnol "*Se te ha llenado el papo antes que el ojo*" ("ton gosier s'est rempli avant ton oeil").[56] On y voit le passage de l'œil qui ne se remplit pas au ventre qui ne se remplit pas et on retrouve "le gosier" du proverbe judéo-espagnol (K43) relié à "l'oeil vide" de (E47). Le fait qu'en espagnol moderne et en français, les seules formes liées à cet énoncé qui se soient maintenues ne fassent aucune allusion à la terre du tombeau qui seule remplit l'oeil avide, a sans doute à voir à la fois avec le texte arabe passé en espagnol et avec *Pr.* 13, 25 (*cf. supra*) sur lequel peut se fonder sa leçon (en l'absence de l'exemplum d'Alexandre). Le proverbe figure au VIIe siècle avant E.C. dans la

[53] Voir la *recensio vetusta* traduite par A. TALLET BONVALOT ("Le roman d'Alexandre", p. 126), et la traduction de la version grecque proto-byzantine de G. BOUNOURE et B. SERRET (Pseudo-Callisthène, *Le roman d'Alexandre*) Livre III, 13, dont le texte est repris ici.

[54] Le *Sefer ben Gurion*, qui reprend des passages du Pseudo-Callisthène, le formule ainsi : "*Y la mar y los arvoles no se menean sin viento, y ansi el ombre no se aqueda y non repoza sin licencia de el Alto*" ("et la mer et les arbres ne bougent pas sans vent et l'homme ne reste pas immobile et ne se repose pas sans la permission du Très-Haut") (voir LAZAR, *Sefer ben Gurion*, p. 104); voir également *infra*, le texte *aljamiado-morisco*.

[55] F. DE LA GRANJA, "Llenar el ojo", *Al-Andalus* 41 (1976), p. 445-459.

[56] Cf. MAESO, *Me'am Lo'ez* (note 44).

Sagesse d'Ahi-Kar l'Assyrien, sous la forme "Mon fils, l'œil de l'homme est comme une fontaine : il ne se rassasie pas avant d'être rempli de poussière".[57]

Contrairement aux textes juifs, les textes anciens n'expliquent pas les relations inter-textuelles bâties par les renvois de proverbe à proverbe et les gloses de Mme Flore. Ils expliquent par contre la présence de ces énoncés dans le proverbier espagnol, l'ancienneté de certaines unités figurant dans les textes juifs, et l'évolution en Espagne et en France de la métaphore de "l'oeil ouvert" au "gosier" ou au "ventre ouvert".

4.4 Les traditions arabes sur Alexandre

4.4.1 La version aljamiado-morisca *du Pseudo-Callisthène*

En dehors du lien fait par les écrits religieux juifs, et celui, partiel, que crée la visite aux sages de l'Inde et à leur chef Dindimus dans le Pseudo-Callisthène, un lien subsiste-t-il qui unit d'autres énoncés d'Alexandre et lequel? Les renseignements trouvés ont été synthétisés dans le tableau 4.

Les légendes *aljamiado-moriscas* et les versions arabes du Pseudo-Callisthène sont plus complètes et plus proches du réseau de liens tissé par Mme Flore en ce qu'ils reprennent non seulement l'épisode des sages, mais aussi l'épisode de la source du Paradis et l'exemplum de l'objet qui n'a pour contrepoids que la terre du tombeau.

Un texte d'une légende *aljamiado-morisca* sur Alexandre (en fait une version du Pseudo-Callisthène) éditée par Guillén Robles à partir d'un manuscrit du XIVe siècle conservé à Madrid *Leyenda aljamiado morisca sobre Alejandro el grande*, présente à ce sujet un grand intérêt.

Le texte contient l'épisode d'Alexandre (Dulkarnain) et de la pierre, métaphore de l'ambition, qui lui est remise près de la fontaine d'éternité et dont l'énigme est élucidée par Al-Khadir, compagnon d'Alexandre (comme dans la plupart des versions arabes) : après avoir rappelé la quête toujours insatisfaisante de nouveaux territoires "*Y no te fartarias de nada*" ("Tu ne te rassasierais de rien"), il fait le lien avec la pierre "*Asi como no se farta aquesta piedra ... asi nunca te fartarás i no se fartará tu ojo de ninguna cosa*" ("De la même façon que cette pierre ne se rassasie pas ... tu ne te rassasieras jamais et ton oeil ne se rassasiera de rien"). Ici le lien est fait entre l'objet donné et l'oeil qui ne se rassasie pas. Cet énoncé est immédiatement précédé de l'avertissement "*Y todo lo*

[57] F. NAU, *Histoire et sagesse d'Ahi-kar l'Asssyrien* (Pris, 1986), p. 29, N° 84.

que has ganado y has enseñoriado ... y has allegado lo dexarás" ("Et tout ce que tu as gagné, dominé ..., obtenu, tu le laisseras"). Et il est immédiatement suivi de l'annonce de la mort :

> *Y tu tornamiento será a aquesta tierra ... y no será tu parte del mundo (después de muerto) mas de aqueste palmo de tierra aquel sobre que duermes en el dia de hoy y no podrás por menos de tornar a él y dormir de debaxo del.*
>
> Et tu retourneras à cette terre; et ta part du monde (après ta mort) ne sera plus que cet empan de terre sur lequel tu dors aujourd'hui et tu ne pourras éviter de retourner à lui et de dormir dessous.[58]

Comme dans le proverbier de Mme Flore, l'exemplum de la version arabe du Pseudo-Callisthène enchaîne les sentences sur le retour à la terre du tombeau, l'envie insatiable, la vanité de ces conquêtes et du désir de possession qui échoue devant la mort, et utilise la métaphore de l'oeil qui ne se rassasie pas.

Mais ce qui est le plus remarquable, c'est que dans ce passage, avant d'élucider la métaphore de la pierre et de l'oeil, Al-Khadir loue longuement la toute puissance divine et ses merveilles employant une formulation très proche de (P11) (*cf. supra* : "*Para maraviyas del Dyo no ay kavo*", "pour les merveilles de Dieu il n'y a pas de fin") qui semblait incongru dans le contexte judéo-espagnol. La formulation du texte *aljamiado morisco* est en effet : "*Allah da maravillas a sus criaturas y sus cosas formadas son todas maravillas*" ("Allah donne des merveilles à ses créatures et les choses qu'Il a formées sont toutes des merveilles").

On trouve également dans ce texte *aljamiado-morisco* les questions aux Gymnosophistes (ou Brahmanes) d'Alexandre, mais la question "Qui est le riche?" n'y figure pas. Un deuxième ensemble est formé, dans ce texte de source arabe, par le récit de la visite aux Sages et à Dandamis / Dindimus, relatée par Alexandre dans sa lettre à Aristote sur les merveilles de l'Inde, qui correspond au chapitre III du Pseudo-Callisthène. On y retrouve la condamnation par les sages de la poursuite incessante des biens de ce monde et de la recherche du pouvoir. Les conseils sont proches dans leurs formulations des énoncés de Mme Flore :

> *bástete con lo que vives día empués día; y te hartará lo poco, si te conformas con ello; y no desee tu presona allegar fortuna*

[58] Robles, *Leyendas de José Hijo de Jacob*, p. 175, 177 et 178-179.

contente-toi de ce qui te permet de vivre jour après jour; tu te rassasieras de peu si tu acceptes de t'en contenter; et que ta personne ne cherche pas à obtenir la fortune.

Ils conseillent de renoncer au monde et à ses richesses, de se contenter de ce qui est donné par Dieu et de l'en remercier :

hemos aborrecido el mundo y su cobdiçia

nous avons renoncé au monde et à sa cupidité;

agradece a Allah lo que te da

rends grâces à Dieu pour ce qu'il te donne;

nos contentamos con lo que tenemos de esto

nous nous contentons de la part que nous avons de cela;

nuestros padres agradecian lo que les era dado

nos pères étaient reconnaissants pour ce qui leur était donné.

L'apologie de l'action humaine que fait Alexandre en réponse, est ici entièrement régie par la toute puissance divine. Alexandre obéit à Dieu et sa justification repose exactement sur la même formulation et les mêmes exemples que dans les textes grecs.[59]

Les sages utilisent également dans les conseils qu'ils donnent à Alexandre l'expression métaphorique *Llena tu ojo*, 'remplis ton oeil'.

Le texte reproduit dans le tableau 4 montre comment sont reliés les énoncés de la partie droite et ceux de la partie gauche supérieures, tous appuyés sur un petit nombre d'épisodes très concentrés.[60] La légende de source arabe ajoute aux liens faits par le Pseudo-Callisthène grec la métaphore de l'oeil qui ne se ras-

[59] ROBLES, *Leyendas de José Hijo de Jacob*, p. 233.

[60] Les énoncés comme on l'a vu dans les notes précédentes se concentrent autour de la source du Paradis (pages 177 à 179) et de la visite aux Sages (pages 221 à 226). Trois références sont excentrées "remplis ton oeil" et "rends grâce à Allah de ce qu'il te donne" (p. 233) et "Nos pères rendaient grâce pour ce qui leur était donné" qui fait partie d'une première visite d'Alexandre aux Sages (p. 157). "et ton oeil ne sera rassasié par rien" qui fait partie de l'épisode de la pierre donnée à la source du Paradis est répété dans l'épisode des Sages (p. 227). Pour rendre les résultats plus clairs les énoncés du tableau 4 ont été distribués en suivant la répartition des énoncés chez Mme Flore (voir Tableau 1).

sasie pas, le retour de l'homme à la terre du tombeau, et surtout la célébration enthousiaste d'une toute-puissance divine qui comble les hommes de ses merveilles, de sa justice et de sa bienveillance. L'idée de la rémunération des justes et des méchants en est absente, ainsi que l'impénétrabilité de la volonté divine et la crainte que sa toute-puissance engendre.

4.4.2 Les autres textes médiévaux de source arabe sur Alexandre

Tout ce qui précède ne nous dit pas pourquoi, dans le proverbier de Mme Flore, les deux énoncés de gauche (**1** et **6**) et les deux de droite (**3** et **2**) se trouvent fortement reliés, alors que les deux derniers proverbes d'Alexandre (**4** et **5**) ne sont pas liés entre eux ni aux autres.

On voit également sur le tableau 4 (partie inférieure) que les deux proverbes écartés se trouvent liés, quant à eux, dans et par un autre corpus sur Alexandre.- Celui qui figure dans *Libro de los buenos proverbios* issu, comme nous l'avons dit *supra* du livre arabe des dits et enseignements des philosophes (*Kitâb adaâ al-falâsifa*), traduit en hébreu à la fin du XIIe siècle ou au début du XIIIe par al-Harizi sous le nom de *Musrei ha-Filosofim*. Ces éléments se retrouvent en partie, rappelons-le, dans d'autres textes médiévaux comme *Bocados de Oro* et la *Disciplina Clericalis*. Les deux énoncés, **4** (S29)

> *se arastó lo seko kon lo vedre*
>
> le vert a été arraché avec le sec

et **5** (L50)

> *Las dadas son tomadas*
>
> les [choses] données sont [re]prises,

figurent dans la lettre qu'Alexandre écrit à Olympias pour la consoler de sa mort prochaine et dans la réponse de celle-ci. La formulation est répétée à peu près à l'identique à deux reprises et lie à chaque fois les deux énoncés dans le texte médiéval :

> *Non vedes que los árboles verdes y fermosos que fazen muchas fojas i espessas i yevan mucho fruyto y a poco de tiempo quebrántansse sus ramas y*

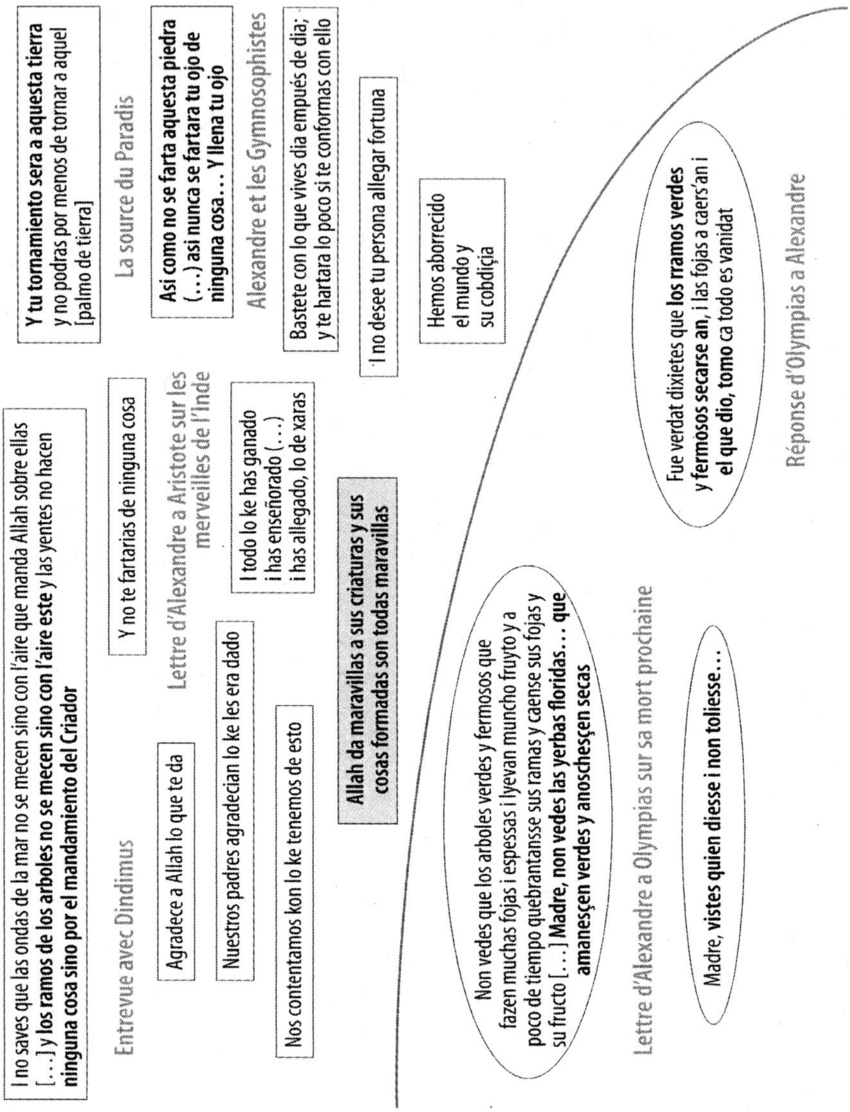
Entrevue avec Dindimus
I no saves que las ondas de la mar no se mecen sino con l'aire que manda Allah sobre ellas [...] y los ramos de los arboles no se mecen sino con l'aire este y las yentes no hacen ninguna cosa sino por el mandamiento del Criador
Agradece a Allah lo que te da
Nuestros padres agradecian lo ke les era dado
Nos contentamos kon lo ke tenemos de esto
Y no te fartarias de ninguna cosa
Lettre d'Alexandre a Aristote sur les merveilles de l'Inde
I todo lo ke has ganado i has enseñorado (...) i has allegado, lo de xaras
Allah da maravillas a sus criaturas y sus cosas formadas son todas maravillas
Y tu tornamiento sera a aquesta tierra y no podras por menos de tornar a aquel [palmo de tierra]
La source du Paradis
Asi como no se farta aquesta piedra (...) asi nunca se fartara tu ojo de ninguna cosa... Y llena tu ojo
Alexandre et les Gymnosophistes
Bastete con lo que vives dia empués de dia; y te hartara lo poco si te conformas con ello
I no desee tu persona allegar fortuna
Hemos aborrecido el mundo y su cobdiçia
Non vedes que los arboles verdes y fermosos que fazen muchas fojas i espessas i lyevan muncho fruyto y a poco de tiempo quebrantansse sus ramas y caense sus fojas y su fructo [...] Madre, non vedes las yerbas floridas... que amaneççen verdes y anoschesçen secas
Lettre d'Alexandre a Olympias sur sa mort prochaine
Madre, vistes quien diesse i non toliesse...
Fue verdat dixietes que los rramos verdes y fermosos secarse an, i las fojas a caers'an i el que dio, tomo ca todo es vanidat
Réponse d'Olympias a Alexandre

Tableau 4

> *cáense sus fojas y su fructo ... . Madre, non vedes las yerbas floridas que amanesçen verdes y anochesçen secas ... Madre, vistes quien diesse i non toliesse ...*
>
> Ne vois-tu pas que les arbres verts et beaux qui forment beaucoup de feuilles et épaisses et portent beaucoup de fruit et [dont] en peu de temps se cassent les branches et tombent les feuilles et le fruit ... . Mère, ne vois-tu pas les herbes fleuries qui se lèvent vertes le matin et se couchent sèches le soir ... . Mère, as-tu déjà vu que l'on donnât sans reprendre ...

et

> *Fue verdat dixietes que los rramos verdes y fermosos a secarse an, i las fojas a cers'an i el que dió, tomó, ca todo es vanidat*
>
> Tu as dit vrai, que les branches vertes et belles doivent sécher et que les feuilles doivent tomber et que celui qui a donné, a repris, car tout est vanité.

La métaphore du vert et du sec illustre ici la réversibilité du destin, menant toutes choses implacablement à la mort, quelle qu'en soit la beauté, la jeunesse ou la puissance. Alexandre mourant avant le temps illustre la vanité de ce monde. Chez Mme Flore (**4**) la métaphore signifie également la destruction absolue et inéluctable, peut-être en relation avec *Is* 40, 7 "La fleur fane et l'herbe sèche quand le souffle de Dieu la frappe (certainement, l'herbe est le peuple)". Cependant, elle ne lui permet pas de relier cet énoncé à la toute puissance divine (**6** et **1**), ni aux énoncés sur la rétribution apparemment injuste.[61]

"Ce qui est donné et repris", représente dans *Libro de los buenos proverbios*, la toute-puissance du créateur qui donne la vie et qui la reprend, comme dans *Jb* 1, 21 "Le Seigneur a donné, le Seigneur a repris". Malgré la proximité du texte biblique, l'énoncé **5** n'a pas de rapport avec l'énoncé **4**, pour Mme Flore, ni avec les autres énoncés proverbiaux sur Alexandre et ceux qui leur sont liés. L'énoncé reçoit une leçon tout à fait différente, "On récolte ce que l'on a semé". L'opposition entre *dar* ('donner') / *tomar* ('recevoir', 'prendre', 'reprendre') amène ici une modification du sens "ce qui est donné est rendu", "on est payé de sa pièce", "on reçoit en retour le bien ou le mal que l'on a fait". Le sens figuré et la leçon du proverbe se sont considérablement modifiés.

Visiblement le texte de *buenos proverbios* n'a pas joué le même rôle que la version arabe du Pseudo-Callisthène, ni surtout que l'exégèse talmudique. Il n'a pas eu la même postérité dans la structuration de l'expérience sapientielle judéo-

[61] Comme c'est notamment le cas en espagnol (*cf. supra* § 3. 4 et note 41).

espagnole. Peut-être parce que la diffusion du texte s'est trouvée interrompue dans la diaspora : le texte hébreu de al-Harizi ne semble pas, en effet, avoir fait l'objet d'éditions dans l'ex-Empire ottoman. Peut-être aussi parce que, contrairement aux autres textes sur Alexandre, *buenos proverbios* ne s'appuie pas sur les textes talmudiques, n'a pas bénéficié de commentaires rabbiniques postérieurs, ni de l'existence d'exempla intermédiaires, qui, en assurant son articulation à l'appareil sapientiel juif, aient pu maintenir les liens des énoncés entre eux. Les énoncés du *Libro de los buenos proverbios* ont survécu dans le proverbier judéo-espagnol mais, privés de l'appui textuel qui organisait leur réseau signifiant, ils ont perdu les liens qui les unissaient au Moyen Âge. Ils ont rejoint d'autres réseaux interprétatifs et (du moins dans le cas de **6**) ont tout à fait changé de sens.

5. Conclusion

Ainsi le proverbier glosé de Mme Flore, qui apparaît a priori comme une suite aléatoire d'énoncés, est en réalité articulé et fortement structuré, de manière sous-jacente, sans que la locutrice n'en ait elle-même conscience, par des ensembles textuels anciens. Par le jeu des correspondances entre les énoncés, leur sens propre et leur sens figuré, leurs contextes d'emplois, les leçons qu'ils contiennent et les rapports qu'ils entretiennent avec les corpus d'exempla, ces textes sous-jacents organisent l'ensemble transmis. Dans le cas d'Alexandre, la structuration principale des énoncés repose sur la Bible, le Talmud et l'exégèse rabbinique, en un réseau serré de correspondances et de renvois qui font de cet ensemble d'énoncés un tout cohérent en accord avec les fondements même du judaïsme. Ils s'appuient sur un écrit dont les différents strates assurent la stabilité, du plus fixe et ancien, le texte biblique, au plus instable et récent, le proverbier. L'exégèse talmudique, les recueils d'exempla rabbiniques, les commentaires rabbiniques judéo-espagnols, en sont des strates intermédiaires. Le proverbier et le contier, comme la faculté de créer proverbes et exempla, sont la face orale de ces textes. Mme Flore n'a pas de formation religieuse autre que superficielle, elle n'a eu d'accès direct ni au Talmud, ni au *Me'am Lo'ez*, ni aux *Pirqe Avot*, ni aux recueils d'exempla rabbiniques, pas plus qu'elle n'a lu le Pseudo-Callisthène ou la *Leyenda aljamiado morisca*, le *Libro de los buenos proverbios*, *Bocados de oro* ou encore *Musrei ha-Filosofim*. Ces derniers en effet n'étaient pas à la mode et ne faisaient plus partie des textes édités accessibles, et, par conséquent, des lectures de la bourgeoisie judéo-espagnole.

Ce qui demeure chez Mme Flore est ce qui a été transmis par la tradition orale de ces corpus.

Pourtant, son commentaire des proverbes suit parfaitement la logique des commentateurs rabbiniques et parvient à une exégèse complexe s'appuyant implicitement sur le Talmud.

Il apparaît, d'autre part, que les versions juives et arabes du Pseudo-Callisthène et les textes arabes sur Alexandre qui circulaient en Espagne au Moyen Âge ont contribué également à la structuration de cet ensemble. Ils expliquent l'inclusion ou l'exclusion de certains énoncés dans les réseaux interprétatifs de Mme Flore.

Le proverbier de Mme Flore garde donc des traces, implicites, des relectures croisées des textes du Moyen Âge. C'est probablement la variation des commentaires musulmans qui explique le passage de "l'œil" à la "bouche" et au "ventre" ou au "gosier" dans la métaphore sur l'insatiable désir de l'homme, mais cette leçon est aussi soutenue par le texte de *Pr* 13, 25. On notera l'importance des métaphores dans le maintien du sens et dans le maintien de la mémoire en réseaux d'énoncés.

Il n'y a pas ici de coupure entre l'oral et l'écrit, la parole et le texte, les savoirs populaires et les savoirs savants, le profane et le clerc. Le proverbe et l'exemplum appartiennent certes à l'oral le plus formel et le plus proche de l'écrit, mais leur usage relève du quotidien et du domaine de la parole. Le discours proverbial loin de se constituer dans un domaine indépendant de l'écrit, repose sur lui. Inversement, l'oral actualise l'écrit et l'acquisition des proverbes et des exempla en rapport avec les situations quotidiennes permet aux profanes d'accéder aux savoirs savants qui structurent profondément l'identité du groupe et, indirectement, donnent une nouvelle pertinence aux textes sous-jacents. Au-delà du commentaire des situations quotidiennes, c'est l'organisation textuelle et interprétative qui structure la mémoire du groupe et qui fournit une grille de lecture du monde, qui est transmise avec le proverbier. L'oral et l'écrit apparaissent ici indissociablement liés.

Orality in Chronicles: Texts and Historical Contexts[1]

SOPHIA MENACHE

Since its beginnings in Chicago at the end of the 1920s, both as a branch of empirical sociology and as a legitimate field of history, oral history has raised many methodological challenges that have yet to find satisfactory answers.[2] The relationship between oral and written testimonies, between individual and collective memory, and between the popular and intellectual cultures, to mention just the most prominent issues, still offers an arena for significant discussion and prolific research.[3] To provide just one example: under the entry 'orality', the *International Medieval Bibliography* website lists 354 publications in the past ten years. Only a small number, however, are related to medieval chronicles as a source of orality, and just a few actually focus on the Central and the Late Middle Ages.

The discrepancy between the considerable interest in medieval orality, on the one hand, and the lack of publications on narrative sources as a basis of orality, on the other, may appear surprising at a first glance. After all, chronicles represent one of the most important sources of medieval history, covering all its different and various facets. The paucity of research on chronicles and

[1] An abridged version of this article appears in *Chronica* VI (forthcoming).

[2] J. GOY, "Histoire orale", in: *La nouvelle histoire*, ed. J. LE GOFF, R. CHARTIER and J. REVEL (Paris, 1978), p. 446-448.

[3] The question whether Albert B. LORD's monograph, *The Singer of Tales* (Harvard, 1960) did indeed provide a main incentive to this development is still open to further examination; see: M. RICHTER, "A paradigm of oral culture", in: *Langages et peuples d'Europe: Cristallisation des identités romanes et germaniques (VIe-XIe siècle)*, ed. M. BANNIARD (Toulouse, 2002), p. 179-186, at p. 179.

orality, however, becomes more understandable, one may even say even justified, in light of the many problems that face medievalists in the fields of orality in general and of chronicles as a source of orality in particular. To mention just a few: Oral history arose and developed in the twentieth century, while written documentation of all kinds embodies the bulk of historical sources. The goals and methods of oral history, furthermore, were dictated by the cultural framework, while historians were well aware of the risks of oral testimonies. Conversely, orality was at the centre of the socio-cultural life in the Middle Ages,[4] when the written word was often displaced to the margins of society, becoming the monopoly of narrow elites.[5]

These differences represent but a small fraction of the whole spectrum. Medieval communication was more direct and less media-minded than modern communication, characterized as it is by the predominance of electronic media in a largely alienated society. Conversely, oral delivery was the prevailing method of receiving and disseminating information of all kinds in medieval society, and it characterized the chroniclers' milieu, as well as that of their contemporaries. The ubiquity of orality in medieval society can be detected in almost every aspect of daily life: Oaths and contracts of all kinds, both on the personal and on the public levels, as well as disputes and many instances of feudal insubordination developed and were eventually resolved by oral means. One may further claim that only in exceptional cases was there recurrence to the written word. Oral culture consequently functioned on a very high linguistic level so that usually there was no need for writing channels, though the technical preconditions were well established.[6] Hence, the oral essence of the

[4] S. MENACHE, *The Vox Dei: Communication in the Middle Ages* (New York, 1990), p. 18-19.

[5] The differences of approach between Michael Richter and Rosamund McKitterick in this regard, should be taken into account. Focusing on the early Middle Ages, Richter stresses the predominance of orality and its weight on the inner cohesion and stability of society, while McKitterick lays emphasis on widespread literacy, especially from the Carolingian period onwards. See: M. RICHTER, *The Oral Tradition in the Early Medieval West* (Turnhout, 1994: *Typologie des sources du Moyen Âge occidental* 71); ID., "A paradigm of oral culture", p. 186. R. MCKITTERICK, *The Carolingians and the Written Word* (Cambridge, 1989). On the growth of literacy between the eleventh and the thirteenth century, see: M. CLANCHY, *From Memory to Written Record: England 1066-1307*, 2nd edn. (Oxford, 1993) and B. STOCK, *The Implications of Literacy: Written Language and Models of Interpretation in the Eleventh and Twelfth Centuries* (Princeton, 1983).

[6] M. RICHTER, "Beyond Goody and Grundmann", in: *Oral History of the Middle Ages: The Spoken Word in Context*, ed. M. RICHTER and G. JARITZ (Krems and Budapest, 2001), p. 11-18, at p. 18.

chroniclers' perception;[7] the chronicle may indeed be technically regarded as a written text, but one that did not lose its oral essence. On the other hand, orality and literacy are no longer approached as mutually exclusive – "speaking and writing are not antonyms" – or as belonging to different social strata.[8] Patrick J. Geary noted a few years ago the close and complex relationship between orality and literacy, since medieval people easily shifted between the two worlds and both oral and written traditions were used to validate or to interpret each other.[9] Furthermore, the very fact that medieval culture combined largely Germanic oral traditions with Christian-classical literacy,[10] made it very difficult if not impossible to articulate a clear distinction between them. Richard of Fournival recognized this ambivalence in his *Bestiaire d'amour.* While opting for a metaphorical language, he established the divine source of human perception and ways of thinking:

> And because God so loves the human person that he wants to provide him with all that he needs, he gave him a manner of strength of soul known as memory. This memory has two gates, namely seeing and hearing. And each of these gates has a road that one can travel to memory. They are image and word. Image serves the eyes. And the word the ears ... . For this reason memory has to entrust its treasure, which is gained by virtue of training, to the guardianship of the senses. And this makes past things seem directly in our presence. And this comes about through image and word. For if one sees a portrayal of the history of Troy, or something similar, one sees the deeds of good people from the past just as if they were present. And the same happens with words. For if one hears a book read in French or German, one understands the adventure of the good people who lived in the past as if they were present.[11]

[7] According to Jan Vansina, "oral culture may be defined as the passing on of significant oral messages based themselves on oral messages". See: J. VANSINA, *Oral Tradition as History* (London, 1985), p. 3, 29.

[8] M. RICHTER and G. JARITZ, "Preface", in: *Oral History of the Middle Ages*, p. 7-10, at p. 7.

[9] P.J. GEARY, "Oblivion between orality and textuality in the tenth century", in: *Medieval Concepts of the Past: Ritual, Memory, Historiography*, ed. G. ALTHOFF, J. FRIED and P.J. GEARY (Cambridge, 2000), p. 111-122, at p. 111.

[10] H. VOLLRATH, "Das Mittelalter in der Typik oraler Gesellschaften", *Historische Zeitschrift*, 233 (1981), p. 571-594, at p. 587.

[11] Translated from a Middle Dutch version by Anneke B. MULDER-BAKKER. See her "Introduction", in: *Seeing and Knowing: Women and Learning in Medieval Europe 1200-1550,* in: *Medieval Women: Texts and Contexts*, ed. A.B. MULDER-BAKKER (Turnhout, 2004), p. 1-19, at p. 12-13.

The close and complex relationship between the "two gates" (i.e., orality and literacy) further justifies a contextualization of the cultural world of chroniclers as an initial stage in understanding their recurrence to oral delivery in specific cases. Was it indeed a first stage toward *Verschriftlichung*; namely, the conceptual transformation of the oral record?[12] By their very purpose – the report of past events in chronological order – chronicles do not usually convey dialogues or oral expressions. Moreover, chroniclers did not always differentiate between oral traditions and what they considered an authentic historical event. The interface between orality and textuality further raises methodological problems that demand attention. An orally transmitted story loses the formal structure of orality in the process of recording and changes its context and social value.[13] Besides, the translation from the vernacular, in which the dialogue seemingly took place, into Latin – as in the case of Matthew Paris – or from Latin into the vernacular – Italian, in the case of Giovanni Villani – raises linguistic challenges, with which the historian has to deal while searching for the most suitable methodological tools. One should further note the different and perhaps also opposite approach to Latin vis-à-vis the vernacular that characterized medieval intellectual elites. John of Salisbury, for instance, claimed that "persons who have not learned the Latin quotations properly are unlettered (*illiterate*) even though they have been initiated into the world of letters".[14]

In the general framework of methodological challenges and tentative solutions, this paper deals with specific instances in which chroniclers quoted dialogues or referred to oral delivery. From a technical point of view, medieval chroniclers did not obviously enjoy the services of tape-recorders of any kind, a fact that may raise doubts about the authenticity of their report. But the chroniclers' deficiency was not only of a technical nature but also, and perhaps basically, of approach. Galbert of Bruges (twelfth century) provides a pertinent example in this regard. In his capacity as public notary, he was able to record on wax tablets key points and phrases spoken at public events; but though Galbert was more aware than most of his contemporaries of the importance of

[12] U. SCHAEFER, *Vokälitat: Altenglische Dichtungen zwischen Mündlichkeit und Schriftlichkeit* (Tübingen, 1992), p. 14 ff.

[13] GEARY, "Oblivion between orality and textuality", p. 115.

[14] John of Salisbury, *Policraticus*, VII. 9, ed. as *Joannis Saresberiensis Episcopi Carnotensis Policratici sive De Nugis Curialium et Vestigiis Philosophorum Libri VIII*, ed. C.C.J. WEBB, 2 vols. (Oxford, 1909), 2, p. 126.

accuracy, he still attempted to report the general sense of a conversation or dialogue rather than reproducing it verbatim.[15]

The technical limitations of medieval chroniclers were therefore complemented by a different perception of history and its methodology, as well. True, Isidore of Seville, as early as in the sixth century, approached history as the story of true events ("*nam historiae sunt res verae quae factae sunt*"), the truth of which could only be reported by eyewitnesses.[16] Still, medieval chroniclers often lacked a basic awareness of the importance of accuracy. They refer instead to rumours, stories, and just gossip, as all these came to their knowledge, whether by written or oral means. Elisabeth van Houts distinguishes seven categories of oral delivery, some of which have special Latin reference terms with which chroniclers introduced oral sources:

1. The chronicler witnesses the developments he reports; such cases were preceded by terms as *videre*, *colloqui*, *proprio visu*, and *accipere auribus*.
2. Direct report from an eyewitness; special reference was then made with such terms as a *viris fide dignis*, *relator fidelis*, or *verax homo*.
3. Information received by an intermediary.
4. Reference to rumours and gossip, which the chronicler introduces by expressions such as *fertur*, *referentur*, *narratur*, *creditur*, *vulgabatur*, *fama refert*.
5. References to hearsay through the use of similar terminology as above, while the chronicler expresses doubts about their reliability.
6. Stories about old ballads, songs and jongleurs.
7. Stories, generally incomplete, about people remote from the chronicler in time and place.[17]

Van Houts further claims that

> medieval historians observed genre-determined rules when making use of oral information [and] they were aware of these rules, some of which had become expli-

[15] A.V. MURRAY, "Voices of Flanders: Orality and constructed orality in the Chronicle of Galbert of Bruges", *Handelingen der Maatschappij voor Geschiedenis en Oudheidkunde te Gent,* n.s. 48 (1994), p. 103-119, at p. 106-107.

[16] *Isidori Hispalensis Episcopi Etymologiae*, I, 41, 44, ed. W.M. LINDSAY, 2 vols. (Oxford, 1911), 1 [without pagination].

[17] E.M.C. VAN HOUTS, "Genre aspects of the use of oral information in medieval historiography", in: *Gattungen mittelalterlicher Schriftlichkeit,* ed. B. FRANK, T. HAYE and D. TOPHINKE (Tübingen, 1998), p. 297-311, at p. 297-303.

> cit by the twelfth century. ... As society became more literate, historians paid more attention to oral evidence rather than less.[18]

This paper reconsiders the accuracy of such claims with regard to thirteenth- and fourteenth-century narrative sources. It is possible, indeed, to find clearly defined categories of the kind that Van Houts detects? Moreover, when chroniclers refer to oral situations, such as a dialogue between two or more people, to what degree did they themselves witness the situation that they describe, or did they enjoy the services of a first-hand source?[19] A reconsideration of these questions may advance our understanding of the challenges inherent in late-medieval chronicles as a source of orality and perhaps also clarify some methodological issues.

The source material for this research is provided by the *Chronica Majora* of Matthew Paris and the *Cronica* or *History of Florence* of Giovanni Villani. Both chroniclers were very well known, and both enjoyed great popularity in their own time; further, they each served as a source of inspiration, and more often than not also of imitation, to later authors.[20] Their chronicles are essentially of a universal scope and cover a very wide chronological range; the *Chronica Majora* starting with Genesis and the *History of Florence* with the Tower of Babel. The historical value of both sources grows as they approach the authors' respective generations; the years 1236 and 1300 provide, therefore, the starting points for research into the *Chronica Majora* and the *History of Florence,* respectively, both dates being largely justified by their authors' biography as described below (see 2 a. and 2 b.) This paper discusses in some detail the oral testimonies quoted in the framework of specific episodes; namely,

- The Jewish-Mongol Plot;
- Mahomet and Moslem Practices and Beliefs;
- The Election of Pope Clement V;
- The Anagni affair.

[18] Van Houts, "Genre aspects of the use of oral information", p. 308.

[19] See appendix 3, especially the instances in which Matthew Paris witnesses to his being present at the developments he reports.

[20] As to the cardinal importance of imitation in medieval life, see: A.C. Barlett, *Male Authors, Female Readers: Representation and Subjectivity in Middle English Devotional Literature* (Ithaca, 1995), p. 32.

Matthew Paris' *Chronica Majora* provides the source material for the two first episodes, and Giovanni Villani's *History of Florence* for the last two. Some reports are completely without a historical basis, at least with regard to the main event they seemingly describe. Nevertheless, it is one of the premises of this study that they still serve as a historical source, if not because of the information they seemingly provide – more accurately, it is usually misinformation – but because they reflect common moods, fears, stereotypes, and emotions that prevailed among their contemporaries or, at least, among those who reported its history, be they monks, like Matthew Paris, or members of the merchant class, like Giovanni Villani. In some tortuous way, they may even be said to serve as an important source of orality – although their reports cannot be evaluated as oral testimonies – because of the dialogues, idioms and proverbs that these narrations encapsulate. Reference to prosopographical data, to the extent that it is available, is of paramount importance in understanding the chroniclers' background and their perception of historical developments or, more concisely, the particular way they chose to convey the stories or testimonies they describe.[21]

1. Chronicles and History

Until the transition period of the thirteenth and the fourteenth centuries, the chronicle was, in the words of Bernard Guenée, the "poor relative" of history. By the fourteenth century, however, the chronicle had become its rich and only heir. The main ambition of medieval historians, according to Guenée, was to write a chronicle in such a way as to present a serious compilation of events in chronological order, with accurate dates, and in a good linguistic style. "The chronicle", Guenée concludes, "became the masterpiece of medieval historians, by which they could demonstrate their erudition without exhausting their readers".[22]

The assumptions advanced by Guenée more specifically, the identification of fourteenth-century chronicles with history – raises serious methodologi-

[21] A.P. BAGLIANI, "Pour une approche prosopographique de la cour pontificale du XIIIe siècle: Problèmes de méthode", in: *Medieval Lives and the Historian: Studies in Medieval Prosopography,* ed. N. BULST and J.-Ph. GENET (Kalamazoo, 1986), p. 113-121.

[22] B. GUENÉE, "Histoire et chronique: Nouvelles réflexions sur les genres historiques au moyen âge", in: *La chronique et l'histoire au moyen-âge,* ed. D. POIRION (Paris, 1984), p. 3-12, at p. 10-11.

cal problems in regard to the definition of history and, accordingly, the suitability of chronicles to such a definition. "*Omnis definitio periculosa est*", the canonists claimed. It is not the purpose of this paper to enter into the problematic definition of history and the different methodological approaches. On the other hand, research into the contribution of narrative sources to orality justifies a short reference to chronicles as a specific historical genre. According to Elisabeth M.C. van Houts, a chronicle is "a historical narrative in chronological order, covering more than one generation".[23] David Dumville noted in this regard that "no chronicle could escape chronology; chronography was of its very essence".[24] Both Van Houts and Dumville thus point to the chronological order as being at the very essence of chronicles. But chronology provides just one aspect of the whole spectrum, which Gabrielle Spiegel complemented with a sociological perspective:

> The advantage of approaching the medieval chronicle in terms of the social logic of the text is that it permits us to examine it with the tools of the social historian, to see it within a local or regional social context of human relations, systems of communication, and networks of power that can account for its particular semantic inflections and thus aid in the recovery of its full meaning as cultural history seeks to understand it .... In that sense, texts both mirror and generate social realities, and are constituted by and constitute the social and discursive formations which they may sustain, resist, contest, or seek to transform, depending on the case at hand.[25]

Spiegel thus looks at the chronicles both as a mirror of historical reality and as a factor that influenced its milieu in a given space and time. Dumville discusses this influence further, emphasizing the close link between the chronicler and his audience or the community to which he belonged; he further points to the propagandistic value of chronicles and the growing awareness by the political elite of this utilitarian feature toward the end of the medieval period.[26] Guenée, on the one hand, and Spiegel and Dumville, on the other, thus present two different and perhaps opposing approaches to chronicles. Whereas Guenée considered late medieval chronicles to be history for all purposes, Spiegel

[23] E.M.C. van Houts, *Local and Regional Chronicles* (Turnhout, 1995: *Typologie des sources du moyen âge occidental* 74), p. 14.

[24] D. Dumville, "What is a chronicle?", in: *The Medieval Chronicle*, 2, ed. E. Kooper (Amsterdam and New-York), 2002, p. 1-27, at p. 4.

[25] G.M. Spiegel, "Theory into practice: Reading medieval chronicles", in: *The Medieval Chronicle* [1], ed. E. Kooper (Amsterdam and New York), 1999, p. 1-12, at p. 7.

[26] Dumville, "What is a chronicle?", p. 22-23.

refrained from such sweeping statements, and rightly so. A scrutiny of late medieval chronicles will easily show that Guenée's generalizations cannot be sustained. Along with historical information, late medieval chronicles are full of all sorts of anecdotes and stories flavoured with various doses of prejudices, fantasies, and stereotypes. This state of affairs poses for medievalists the methodological challenge of extracting historical data from what at first glance contains all the features of a fairy tale.

2. Prosopographical Data

2.1 Matthew Paris

Very little is known of the early years of Matthew Paris. He was probably born in the Kingdom of England around 1200, and he joined the Benedictine monastery of St. Albans in 1217. Besides a few meetings with King Henry III and one journey to Norway, Matthew remained in this religious house for most of his life. His most important work, the *Chronica Majora*, is a continuation of the *Flores historiarum* of Roger of Wendover, whom Matthew assisted at the *scriptorium* until 1234, when he took over.[27] His other works include a history of the monastery, the *Gesta Abbatum*, a biography of its patron, the *Vie de Saint Alban*, and a life of St. Edmund Rich. Matthew also translated a biography of Edward the Confessor from Latin into the vernacular. Matthew was well aware of the value of his work and complained about the fate of historians: "For, if they speak the truth, they provoke man, and if they record falsehoods, they offend God".[28] His historiographical consciousness encouraged Matthew to exploit St. Albans' central position and to look for any testimony he could record from the most important men of his age. In addition to English personages, overseas travellers occasionally turned up at the abbey and enriched Matthew's narrative with first-hand information. All of them fed Matthew's unlimited curiosity and allowed him to write the most comprehensive history of his time. Still, Matthew was not always able to guarantee chronological accuracy, and his conceptualization of the historical process failed to gain in sophistica-

[27] V.H. GALBRAITH, "Roger Wendover and Matthew Paris", in: ID., *Kings and Chroniclers* (London, 1982), p. 5-48 (given originally as a lecture in Glasgow in 1944), at p. 38-39.

[28] Matthew Paris, *Chronica Majora*, ed. H. LUARD, 7 vols. (London, 1872-1883: *Rolls Series* 57), 1, p. 469-470.

tion. Prior to 1236, Matthew abridged or partly copied from other monastic annals and chronicles, thus posing for modern historians both conceptual and methodological problems. Still, in its coverage of the period from 1236 until 1259, the *Chronica Majora* is independent of all known literary authorities.[29]

Though the historiographical importance of Matthew Paris is widely recognized, there is no consensus in research with regard to his contribution or the accuracy that may be ascribed to his writing. Modern historians have often criticized Matthew's lack of coherence, his malevolence toward King Henry III of England and Pope Innocent IV, and his lack of originality.[30] Although Matthew's close connections with the political and ecclesiastical elite and his access to primary sources of information are well known, there is a broad reluctance among historians to accept Matthew's testimony as reliable.[31] Some scholars have in fact disqualified Matthew as "the yellowest of the yellow journalists".[32] William J. Brandt accuses him of writing without "sequence of action – the fundamental connection between different facts". Brandt further claims that "Matthew's emotions unify his book; his malevolence toward Henry III and Pope Innocent IV provides a central concern to which the chronicle always returns".[33] Critics and supporters, however, though differing in their evaluation of Matthew's work, do agree on his crucial importance in voicing the prevalent ideas of his day. The author of Matthew's most detailed biography, Richard Vaughan, claimed that "as a mirror of his age, he is second to none".[34]

2.2 Giovanni Villani

[29] S. MENACHE, "Rewriting the history of the Templars according to Matthew Paris", in: *Cross Cultural Convergences in the Crusader Period: Essays Presented to Aryeh Grabois,* ed. M. GOODICH *et al.* (New York, 1996), p. 183-213.

[30] A. GRANSDEN, *Historical Writing in England c. 550 to c. 1307* (London, 1974), p. 356-379.

[31] R. VAUGHAN, *Matthew Paris* (Cambridge, 1958), p. 117, 125, 131, 150; see also: J.J. BAGLEY, *Historical Interpretation: Sources of English Medieval History, 1066-1540* (Harmondsworth, 1965), p. 56; B. SMALLEY, *Historians in the Middle Ages* (New York), 1974, p. 161.

[32] R.N. BERARD, "Grapes of the cask: A triptych of mediaeval English monastic historiography", *Studia Monastica* 24 (1982), p. 75-104, at p. 96.

[33] W.J. BRANDT, *The Shape of Medieval History: Studies in Modes of Perception* (New Haven and London, 1968), p. 51, 76.

[34] R. VAUGHAN, *The Illustrated Chronicles of Matthew Paris: Observations of Thirteenth-Century Life* (Cambridge, 1993), p. x.

Giovanni Villani (1276-1348) was the son of a wealthy Florentine family of merchants and international bankers. He devoted his life to commerce and became a member of the important companies of the Peruzzi and Bonaccorsi, successively. He was also active in urban politics and served as *priore* and official of the *zecca* or mint, where he introduced important monetary reforms. But urban politics of the *trecento* was not without risks, and in 1341 Villani was sent to Ferrara as a security-hostage for reimbursing the debts that resulted from the purchase of Lucca. The international financial crisis of 1346 brought about his bankruptcy and eventual imprisonment, and he died of the plague two years later. The chronicle was continued up to the year 1363 by his younger brother, Mateo, and to 1410 by Mateo's son, Filippo.

Both as an international banker and as an active politician, Villani often travelled abroad, and at least three journeys to Flanders are recorded. By 1300, he began to write a universal history in the vernacular, which he divided into twelve books. Up to the mid-eleventh century, his writing is full of legendary and romantic stories that, *inter alia*, connect Florence with Troy, the alma mater of all medieval cities.[35] As Villani approaches his own time, however, his writing improves in both analysis and data – he is, indeed, one of the first medieval chroniclers who accompanied his report with statistical data, making use of his international connections to obtain reliable information. Being a Black-Guelph, he was devoted to the Church, but he did not refrain from criticizing papal policy when and where he thought it justifiable or necessary.

Giovanni Villani exemplifies the historiographical renaissance in late medieval Italy that brought about a proliferation of historical literature, whether of a local or a universal nature. He further represents the new type of chronicler, whose terms of reference were no longer limited to the monastic *scriptorium* but extended to Christendom as a whole. Villani, indeed, had access to the prolific environment of the flourishing city with its entire political and commercial links, and, no less important, its archives. All these factors are reflected in the new historiographical trends, particularly the more secular nature that characterizes the *trecento*.

3. Chronicles as a Source of Orality

[35] F. SALVESTRINI, "Giovanni Villani and the aetiological myth of Tuscan cities", in: *The Medieval Chronicle*, 2, p. 199-211.

3.1 Matthew Paris: The Jewish-Mongol Plot

Under the year 1240, Matthew Paris introduces the following story:

Labentibus autem illorum dierum curriculis, multi Judaeorum de partibus transmarinis, praecipue autem de imperio, credentes quod plebs Tartarorum et Cumanorum essent de genere eorum, quos Dominus in montibus Caspiis precibus magni Alexandri quondam inclusit, convenerunt in loco secretissimo ex communi condicto. Quos, qui sapientissimus eorum et potentissimus videbatur, sic alloquitur, ***dicens,***[36] *"Fratres, qui estis semen Abrahae praeclari, vinea Domini Sabaoth, Deus noster Adonay nos diu sub potestate Christianorum permisit affligi. Sed nunc venit tempus quo liberamur, ut nos vice versa Dei judicio et ipsos opprimamus, ut salvi fiant reliquiae Israel. Exierunt nameque fratres nostri, tribus scilicet Israel, quondam inclusae, ut subdant sibi et nobis mundum universum. Et quanto praecessit durior et diuturnior tribulatio, tanto major nobis gloria subsequetur. Occurramus ergo eis in muneribus pretiosis, ipsos cum summo honore suscripientes. Vino, armis indigent, et frumento". Quod* ***verbum*** *cum omnes gratanter accepissent, ut secretius fraudem suam occultarent, gladios et cultellos atque loricas quascunque poterant venales invenire emerunt, et in doliis ordinate reposuerunt.* ***Dixerunt****que palam principibus Christianis, quorum potestati subjacebant, quod illi quos vulgus Tartaros dicebat, Judaei erant, nec bibebant vinum nisi a Judaeis vindemiatum, "et hoc nobis significaverunt, magna instantia quasi a fratribus suis sibi dari talia vina, a nobis scilicet vindemiata, postulantes. Nos autem ipsos inhumanos et hostes publicos auferre de medio cupientes, et vos Christianos ab imminenti eorum tyrannica depopulatione liberare, paravimus circiter triginta dolia vino letaliter intoxicato referta, ipsis quantocius deferenda". Toleraverunt igitur Christiani, ut ipsi Judaei tale xenium scelerati sceleratis optulissent. Sed cum in remotas partes Alemnniae pervenissent, et cum doliis suis quondam pontem transpire pararentur, dominus pontis, ut moris erat, paagium pro transitu sibi reddi postulavit. Ipsi autem frontose* ***respondentes****, et postulate reddere renuentes,* ***dixerunt****, quod pro utilitate imperii, immo totius Christianitatis, his negotiis sollicitarentur, directi ad Tartaros, ipsos vino suo cautius potionaturi. Custos vero pontis suspectam habens Judaeorum assertionem, unum doliorum terebrando perforavit, nec inde ullus liquor eliquatus distillavit. Inde certior de fraude effectus, circulis ejectis illud dolium confregit, et apparuit armis diversis refertum.* ***Exclamans*** *igitur* ***ait****: "O proditio inaudita! ut quid tales inter nos patimur conversari?"*[37]

[36] In all quotations reproduced hereafter, the use of boldface is mine and conveys oral testimonies that appear in the sources.

[37] Matthew Paris, *Chronica Majora*, 4, p. 131-133. See translation in Appendix 1.

In his rather long report of the Jewish-Mongol plot, Matthew introduces many testimonies that were delivered orally and specifically refers to different oral interactions, namely:

- Among the Jews themselves: After the Jewish leader addressed the secret assembly of Jews, who had secretly gathered to help the Mongols in their merciless attack against Christendom, Matthew asserts, "The whole assembly *heard this speech* with pleasure".
- Between the Jews and their Christian neighbours to gain the latter's approval (They then *openly told the* Christian chiefs);
- Between the Jews and the customs' officer (the Jews, however, *replied* insolently, refusing to satisfy his demands, *saying* ...);
- The imperial customs officer who revealed the Jews' treachery and mourned their very presence in Christendom (*he cried out* ...).

Matthew was not obviously present in either case, and quite undoubtedly, he had not access to first-hand sources, whether Jewish or German. Moreover, he did not mention his source of information in this particular case, though he took care to refer to his sources in many other instances (see Appendix 3). Still, the whole story, imaginary as it is, reflects prevailing expectations among the Jews, who regarded the Mongols as members of the ten lost tribes of Israel and, as such, as instruments of Providence to lead their vengeance against the Gentiles. It further reflects the fears prevailing among thirteenth-century Christians, who had been influenced more and more by hatred of the Jews and who feared their physical proximity.[38] One cannot be completely certain that no thirteenth-century rabbi ever addressed his congregation with the *oratio* that Matthew ascribed to the Jewish leader. The rich use of biblical terminology – with which Matthew was accustomed in the monastic framework – and his surprisingly flattering approach to the Jews through the rabbi's words, further aimed to give more authenticity to his report:

> My brothers, seed of the illustrious Abraham, vineyard of the Lord of Sabaoth, whom our God Adonai has permitted to be so long oppressed under Christian rule,

[38] S. MENACHE, "Tartars, Jews, Saracens and the Jewish-Mongol 'plot' of 1241", *History* 81 (1996), p. 319-342 at p. 334-338; R. CHAZAN, "The deteriorating image of the Jews: Twelfth and thirteenth centuries", in: *Christendom and Its Discontents: Exclusion, Persecution, and Rebellion, 1000-1500*, ed. S.L. WAUGH and P.D. DIEHL (Cambridge, 1996), p. 220-233; ID., *Medieval Stereotypes and Modern Antisemitism* (Berkeley, 1997), p. 41-94.

now the time has arrived for us to liberate ourselves, and by the judgment of God to oppress them in our turn, that the remnant of Israel may be saved).

The monk of St Albans displays in this regard a good knowledge of Jewish customs, such as the Talmudic ban on drinking wine that was made or touched by the gentiles.[39] Notwithstanding the imaginary essence of all dialogues reported by Matthew in the Jewish-Mongol context, they therefore reflect prevailing views in thirteenth-century Christendom with regard to one of the most important issues of the time: minorities; first and foremost toward the Jews, but also toward the Mongols and their imminent invasion. The message was rather clear and it actually dictated the imperative to protect Christian society from the twofold threat.

Matthew's use of oral testimonies in the Mongol context thus reflects the interaction between the chronicler and medieval society, an interaction that was nurtured by the prevailing means of communication of the times: orality. Dialogues, indeed, characterized Matthew's writing and very often appeared in various and different circumstances, whether to illustrate

- the relationship between popes and Christian princes and/or other members of the Church;[40]
- or between Henry III and his subjects, either the revolting barons or the citizens of London;[41]
- or among the members of the Church of England, either among themselves and/or in the framework of their problematic relationship with the king.[42]

In all these cases, however, Matthew's use of oral delivery seems genuine, a possibility that is corroborated by specific reference to his sources of informa-

[39] J. KATZ, *Exclusiveness and Tolerance: Studies in Jewish-Gentile Relations in Medieval and Modern Times* (New York, 1973), p. 27, 34, 38-39, 102-105.

[40] See, for instance, Matthew Paris, *Chronica Majora*, *ad a.* 1235, vol. 3, p. 333; *ad a.* 1236, vol. 3, p. 362; *ad a.* 1239, vol. 3, p. 538; *ad a.* 1239, p. 609; *ad a.* 1240, vol. 4, p. 5; *ad a.* 1254, vol. 5, p. 460; *ad a.* 1258, vol. 5, p. 662.

[41] *Ibid.*, *ad a.* 1237, vol. 3, p. 380-381; *ad a.* 1238, vol. 3, p. 477-478; *ad a.* 1239, vol. 3, p. 523-524; *ad a.* 1239, vol. 3, p. 532; *ad a.* 1239, vol. 3, p. 567; *ad a.* 1239, vol. 3, p. 619; *ad a.* 1255, vol. 5, p. 485; *ad a.* 1255, vol. 5, p. 530; *ad a.* 1258, vol. 5, p. 676-677; *ad a.* 1258, vol. 5, p. 706; *ad a.* 1258, vol. 5, p. 727.

[42] *Ibid.*, *ad a.* 1238, vol. 3, p. 494; *ad a.* 1239, vol. 3, p. 529; *ad a.* 1239, vol. 3, p. 541-542; *ad a.* 1239, vol. 3, p. 567; *ad a.* 1239, vol. 3, p. 616; *ad a.* 1247, vol. 4, p. 643-44; *ad a.* 1248, vol. 5, p. 43-44; *ad. a.* 1250, vol. 5, p. 120; *ad a.* 1253, vol. 5, p. 405-406; *ad a.* 1255, vol. 5, p. 525; *ad a.* 1255, vol. 5, p. 526; *ad a.* 1257, vol. 5, p. 634; *ad a.* 1258, vol. 5, p. 683-687.

tion. Still, Matthew's appeal to dialogues or oral delivery also functioned as a rhetorical tool, the main purpose of which was to enrich the historical narrative and further attract the readers' attention. The question still remains as to the particular context of the 'Jewish-Mongol plot'. Matthew's approach to the Moslems may provide some answers.

3.2 Matthew Paris: Mahomet and Moslem Practices and Beliefs

Following Dominican reports from overseas to Pope Gregory IX, Matthew instructs his readers about Moslem practices and the principles of Islam. While referring to Mahomet as "a poisonous dragon, a beast blooded with the slaughter of many, sucking in a river and not wondering, still having confidence that 'the Jordan will flow into his mouth' ",[43] Matthew used the occasion to depict a most deprecating and manipulative image of the Prophet as one whose endless lust actually dictated his religious commandments:

> *Habebat Mahomet servum nomine Zeid, cujus uxor speciosa erat valde, nomine Zemah, quam ipse Mahomet multum diligebat. Sciens autem hoc servus ejus Zeid, congnoscens domini sui libidinem,* ***dixit*** *uxori suae, "Cave ne te videat dominus meus; si enim te viderit, ego statim repudiabo te". Quadam autem die absente servo, venit Mahomet ad domum ejus,* ***vocans*** *eum, ubi, cum non respondisset, tam diu ad ostium pulsans perseveravit, donec mulier taedio affecta responderet,* ***dicens****, "Non est hic Zeid". Adveniens postea Zeid, vidit uxorem suam cum domino suo* ***loquentem****, unde abcedente domino,* ***ait*** *illi: "Nonne* ***dixi*** *tibi, quia si viderit te dominus meus* ***loquens*** *tocum, repudiabo te?" et statim ejecit eam de domo. Mahomet autem statim assumpsit eam. Timens tamen [ne] de adulterio blasphemaretur, finxit cartam ad eum de caelo venisse, in qua sibi Deus praeciperet, ut hoc pro lege in populo pronunciaretur, scilicet, quicunque uxorem suam repudiaverit, et alius vir sibi eam assumpserit, uxor sit illius, qui eam suscepit. Et hoc usque hodie apud illos pro lege habetur, quae lex inde cepit exordium ... Quidam vir nomine Galy, filius Habytalip, Mahomet de suis adulteriis arguebat, prae eo praecipue quod adulteram prae omnibus habebat carissimam.* ***Dicebat*** *enim, "O Propheta Dei, propter mulierem quam tenes, magnum occurris ab omnibus hominibus opprobrium". Victus tamen libidine illam non dimisit, sed fictis excusationibus adulterium palliavit. Habuit autem Mahomet uxores quindecim ... .*[44]

[43] Matthew Paris, *Chronica Majora*, 3, ad a. 1236, p. 356.

[44] Matthew Paris, *Chronica Majora*, 3, *ad a.* 1235, vol. 3, p. 348-349. See translation in appendix 2.

The use of dialogues in this particular context, either between Zeid and his wife, or between Mahomet, Zemah, and Gary Ibn Abytaliph, respectively, aimed at substantiating the story while bestowing on it all the attributes of an authentic report. On the other hand, it is quite clear that Matthew elaborated his story so that it should suit his purposes while introducing some modifications of his own: Zeid was not Mahomet's servant but his formally adopted son, since all the Prophet's legitimate sons died at a young age and only his daughters remained alive. Because of the Moslem prohibition against a father and son marrying the same woman, Mahomet could not marry Zemah, though Zeid was ready to repudiate the woman whom his father desired. The *Qur'an* presents the Mahomet-Zeid-Zemah triangle as divine justification to forbid the adoption of sons, who should not be allowed to take their adopting parents' name or to inherit them (*Surah* 33: 4-5, 37).[45] As to polygamy and Moslem practices in this regard, the *Qur'an* forbids marrying more than four women [Surah 4: 2-3]. Mahomet himself was at first married to Khadija, a rich merchant about fifteen years his senior, who became his first believer. Only after her death, Mahomet dared to marry other women – their total number estimated about 10 to 13, according to different sources – many of them for political purposes, i.e., following the chains of tribal-family links that facilitated his way to leadership.[46] The conclusion is clear: Though the Dominican reports provided Matthew with first-hand sources and quite reliable information, with the help of dialogues – which aimed to strengthen the credibility of his story – Matthew manipulated the image of Mahomet and, eventually, of his followers after him.

Matthew's approach to Mahomet and Islam thus appears to follow his approach to the 'other'. One last example may illustrate this point: In 1238, Matthew reports the arrival of a Saracen mission to the royal court of England whose main purpose was to encourage a joint campaign against the Mongol threat. Matthew quotes – with unhidden support – the reaction of Peter de Roches, Bishop Winchester, who interrupted their speech and, after making the sign of the cross, replied jocosely:

> Let us leave these dogs to devour one another, that they may all be consumed, and perish; and we, when we proceed against the enemies of Christ who remain, will

[45] For the Qur'anic prohibition of formal adoption, see: A. GILAD, "Children", in: *Encyclopaedia of the Qur'an*, 1- (Leiden, 2001-), 1, p. 301-303.

[46] B.F.R. STOWASSER, *Women in the Qur'an: Traditions and Interpretation* (New York and Oxford, 1994), p. 85-103.

> slay them, and cleanse the face of the earth, so that all the world will be subject to the one Catholic Church, and there will be one shepherd and one fold.[47]

If the words attributed to the prelate are indeed genuine, and perhaps they were, we have here an additional example of the close link between Matthew Paris and thirteenth-century society, the idioms, symbols, and attitudes of which the *Chronica Majora* portrays so well.

3.3 Giovanni Villani: The Election of Pope Clement v

Giovanni Villani provides additional examples of oral testimonies in the vernacular, some of them in line with Matthew's imaginary trends in the Jewish-Mongol context. The election of Bertrand de Got, archbishop of Bordeaux, to the papacy on 5 June 1305, provides a case in point.[48] The election of a non-Italian pope – who for many years postponed travelling to Rome and eventually never entered the city of the apostles – incited extreme fears on the Italian peninsula.[49] The prevailing suspicions were reinforced by the too-recent memory of the Capetian outrage against Pope Boniface at Anagni, for which – barely two years later – the papal and French courts have not yet found a way of compromise.

Bertrand the Got, the third son of Béraud de Got, lord of Villandraut, Grayan, Livran, and Uzeste, and of Ida de Blanquefort, was born in Villandraut (Gironde, Gascony) in the mid-thirteenth century.[50] Of knightly rank, the de Got family was related to the lineages of Mauléon, Fargues, Savignac, and Preyssac,[51] all of whom had strong links with both the ecclesiastical and the

[47] Matthew Paris, *Chronica Majora*, 3, ad a. 1238, p. 489.

[48] On the papal election from a more general historiographical perspective, see: S. Menache, *Clement v* (Cambridge, 1998), p. 6-34.

[49] On the prevailing reactions to former popes from the Kingdom of France, see: S. Menache, "Réflexions sur quelques papes français du bas moyen âge: Un problème d'origine", *Revue d'histoire ecclésiastique* 81 (1986), p. 117-130.

[50] J. Duffour, "Le lieu de naissance de Clément v", *Revue de Gascogne* 5 (1905), p. 360-385, at p. 371.

[51] F. Ehrle, "Der Nachlass Clemens' v. und der in Betreff desselben von Johann xxii. (1318-1321) geführte Prozess", *Archiv für Literatur und Kirchengeschichte* 5 (1889), p. 1-166, at p. 148-149; B. Guillemain, *La cour pontificale d'Avignon (1309-1376), Etude d'une société* (Paris, 1962), chart n. 3.

political establishment in the area.[52] The election of Bertrand de Got to the papacy, therefore, may hardly be regarded as exceptional; both his lineage and his high ecclesiastical rank amply justify his choice to the highest ecclesiastical rank. As archbishop of Bordeaux, furthermore, Bertrand displayed remarkable diplomatic skills while maintaining close relations with both Philip the Fair and Boniface VIII, notwithstanding the harsh struggle between *regnum* and *sacerdotium* at the time.[53] But neither historical facts nor political considerations shaped the image of the new pope in the Italian peninsula, an image that encapsulated prejudices, xenophobia, rumours, and misinformation. Giovanni Villani presents one of the most 'creative' versions when he opted to present Clement's election in the framework of what may be regarded as a 'French royal plot'.[54] His report also presents very interesting dialogues that seemingly took place among the cardinals, as well as between the King of France, Philip the Fair, and his candidate to the papacy, Bertrand de Got, Archbishop of Bordeaux:

> *Ché dopo la morte del detto papa [Benedictus* XI*] nacque scisma, e fue grande discordia infra 'l collegio de' cardinali d'eleggere papa, e per loro sette erano divisi in due parti quasi iguali; dell'una era capo messere Matteo Rosso degli Orsini con messer Francesco Guatani nipote che fu di papa Bonifazio, e dell'altra erano caporali messer Nepoleone degli Orsini dal Monte e 'l cardinale da Prato, per rimettere i loro parenti e amici Colonnesi inn-istato, e erano amici del re di Francia, e pendeano in animo ghibellino. E essendo stati per tempo di più di nove mesi rinchiusi e costretti per gli Perugini perché chiamassono papa, e non poteano avere concordia, a la fine trovandosi il cardinale da Prato con messer Francesco cardinale de' Guatani in segreto luogo,* ***disse****: "Noi facciamo grande male e guastamento della Chiesa a non chiamare papa". E messer Francesco* ***disse****: "E non rimane per me". Quello da Prato* ***rispuose****: "E s'io ci trovassi buono mezzo, saresti contento?"* ***Rispuose*** *di sì; e così ragionando insieme vennero a questa concordia, per industria e sagacità del cardinale da Prato, trattando col detto messer Francesco Guatani in questo modo gli diede il partito che l'uno collegio*

[52] *Rôles gascons*, ed. C. BEMONT (Paris, 1896: *Collection des documents inédits sur l'histoire de France* 2), Nos. 2073, 2082, 2123, 2187, 2193, 3396, 4590, 4594. See also: J.A. KICKLIGHTER, "La carrière de Béraud de Got", *Annales du Midi* 85 (1973), p. 327-334; ID., "An unknown brother of Pope Clement V", *Medieval Studies* 38 (1976), p. 492-495.

[53] MENACHE, *Clement V*, p. 6-13.

[54] For other dialogues of a clear conspiratorial nature quoted in Villani's narrative, see: *Cronaca di Giovanni Villani a miglior lezione ridotta*, ed. F. GHERARDI DRAGOMANNI (Florence, 1845), *ad a.* 1302, l. IX, c. LVI; *ad. a.* 1302, l. IX, c. LXI; *ad a.* 1307, l. IX, c. XCI; *ad a.* 1308, l. IX, c. CI.

per levare ogni sospetto eleggesse tre oltramontani, sofficienti uomini al papato, cui a·lloro piacesse, e l'altro collegio infra XL *dì prendesse l'uno di que' tre, cui a·lloro piacesse, e quegli fosse papa. Per la parte di messer Francesco Guatani fu preso di fare la lezione, credendosi prendere il vantaggio, e elesse tre arcivescovi oltramontani, fatti e criati per papa Bonifazio suo zio, molto suoi amici e confidenti, e nemici del re di Francia loro aversaro, confidandosi, che l'altra parte prendesse, d'avere papa a·lloro senno e loro amico; infra quegli tre fu l'arcivescovo di Bordello il primo più confidente. Il savio e proveduto cardinale da Prato si pensò che meglio si potea fornire il loro intendimento a prendere messer Ramondo del Gotto arcivescovo di Bordello, che nullo degli altri, con tutto che fosse creatura del papa Bonifazio, e non amico del re di Francia, per offese fatte a' suoi nella guerra di Guascogna per messer Carlo di Valos; ma conoscendolo uomo vago d'onore e di signoria, e ch'era Guascone, che naturalmente sono cupidi, che di leggeri si potea pacificare col re di Francia; e così presono il partito segretamente, e per saramento egli e la sua parte del collegio, e ferme dall'uno collegio all'altro le carte e cautele de le dette convenenze e patti, per sue lettere propie e degli altri cardinali di sua parte scrissono al re di Francia, e inchiuse dentro sotto loro suggelli i patti e convenenze e commessione da·lloro a l'altra parte del collegio, e per fidati e buoni corrieri ordinati per gli loro mercatanti (non sentendone nulla l'altra parte) mandarono da Perugia a Parigi in* XI *dì, amonendo e pregando il re di Francia per lo tinore delle loro lettere che s'egli volesse racquistare suo stato in santa Chiesa, e rilevare i suoi amici Colonnesi, che 'l nimico si facesse ad amico, ciò era messer Ramondo del Gotto arcivescovo di Bordello, l'uno de' tre eletti più confidenti dell'altra parte, cercando e trattando co·llui patti larghi per sé e per gli amici suoi, però che in sua mano era rimessa la lezione dell'uno di que' tre cui a·llui piacesse. Lo re di Francia avute le dette lettere e commessioni, fu molto allegro e sollicito a la 'mpresa. In prima mandate lettere amichevoli per messi in Guascogna a messer Ramondo del Gotto arcivescovo di Bordello, che gli si facesse incontro, che gli volea* ***parlare****; e infra i presenti vi dì fu il re personalmente con poca compagnia e segreta conferito col detto arcivescovo di Bordello, in una foresta badia nella contrada di San Giovanni Angiolini; e udita insieme la messa, e giurata in su l'altare credenza, lo re parlamentò co·llui, e con belle parole, di riconciliarlo con messer Carlo, e poi sì gli* ***disse:*** *"Vedi arcivescovo, i' ho in mia mano di poterti fare papa s'io voglio, e però sono venuto a te; e perciò, se tu mi prometterai di farmi sei grazie ch'io ti domanderò, io ti farò questo onore; e acciò che tu sie certo ch'io n'ho il podere", trasse fuori e mostrogli le lettere e le commessioni dell'uno collegio de' cardinali e dell'altro. Il Guascone covidoso della dignità papale, veggendo così di subito come nel re era al tutto di poterlo fare papa, quasi stupefatto de l'alegrezza gli si gittò a' piedi, e* ***disse****: "Signore mio, ora conosco che m'ami più che uomo che sia, e vuomi rendere bene per male: tu hai a comandare e io a ubidire, e sempre sarò così disposto". Lo re il rilevò* *suso, e basciollo in bocca, e poi gli* ***disse****: "Le sei speziali grazie ch'io voglio da te sono queste. La prima, che tu mi riconcilii perfettamente colla Chiesa, e facci perdonare del misfatto ch'io commisi de la presura di papa Bonifazio. Il secondo, di ricomunicare me e' miei seguagi. Il terzo articolo, che mi concedi tutte le decime del reame per* v *anni, aiuto a le mie spese ch'i' ho fatte per la guerra di Fiandra. Il quarto, che tu mi prometti di disfare e anullare la memoria di papa Bonifazio. Il quinto, che tu rendi l'onore del cardinalato a messer Iacopo e a messer Piero de la Colonna, e rimettigli in istato, e fai co·lloro insieme certi miei amici cardinali. La sesta grazia e promessa mi riservo a luogo e a tempo, ch'è segreta e grande". L'arcivescovo* ***promise*** *tutto per saramento in sul Corpus Domini, e oltre a·cciò gli diè per istadichi il fratello e due suoi nipoti; e lo re* ***giurò*** *a·llui e promise di farlo eleggere papa. E ciò fatto, con grande amore e festa si partiro, menandone i detti stadichi sotto coverta d'amore e di riconciliargli con messer Carlo, e tornossi lo re a Parigi; e incontanente riscrisse al cardinale da Prato e agli altri di suo collegio ciò ch'avea fatto, e che sicuramente eleggessono papa messer Ramondo del Gotto arcivescovo di Bordello, siccome confidente e perfetto amico. E come piacque a Dio, la bisogna fue sì sollecita, che in* xxxv *dì fu tornata la risposta del detto mandato a la città di Perugia molto segreta. E avuta il cardinale da Prato la detta risposta, la manifestò al segreto al suo collegio, e richiese cautamente l'altro collegio che quando a·lloro piacesse, si congregassono in uno, ch'eglino voleano oservare i patti, e così fu fatto di presente. E raunati insieme i detti collegi, e come fu bisogno a retificare e confermare l'ordine de' detti patti con vallate carte e saramenti fu fatto solennemente. E ciò fatto, per lo detto cardinale da Prato proposta saviamente una autorità de la santa Scrittura, che a·cciò si confacea, e per l'autorità a·llui commessa per lo modo detto, elesse papa il sopradetto messer Ramondo dal Gotto arcivescovo di Bordello; e quivi con grande allegrezza da ciascuna parte fue accettato e confermato,* ***e cantato con grandi voci*** *Te Deum laudamus etc., non sappiendo la parte di que' di papa Bonifazio lo 'nganno e 'l tranello com'era andato, anzi si credeano avere per papa quello uomo di cui più si confidavano: e gittate fuori le polizze della lezione, gran contasto e zuffe ebbe tra·lle loro famiglie, che ciascuno dicea ch'era amico di sua parte. E ciò fatto, e usciti i cardinali di là ov'erano inchiusi, incontanente ordinaro di mandargli la lezione e decreto oltre i monti là dov'egli era. Questa lezione fu fatta a dì* v *di giugno, gli anni di Cristo* mcccv, *ed era stata vacata la sedia appostolica* x *mesi e* xxviii *dì.*[55]

[55] *Cronaca di Giovanni Villani a miglior lezione ridotta*, 2, l. ix, c. 80, p. 275-277. The same version appears also in the *Cronaca Senese attribuita ad Agnolo di Tura del Grasso detta la Cronaca Maggiore*, ed. in: *Cronache Senesi*, ed. A. Lisini and F. Iacometti (Bologna, 1934), p. 287-288.

According to Villani, the candidacy of the Archbishop of Bordeaux for the papacy had been promoted by Cardinal Niccolò Albertini da Prato, who was well aware of the archbishop's weaknesses as being one prelate "lacking honour and nobility, since he was a Gascon, who are essentially rapacious". Niccolò da Prato eventually encouraged the king of France to reach an early agreement with his candidate; this agreement was supposedly undertaken at a meeting between king and archbishop in St. Jean d'Angély.[56] Bertrand de Got's obsequious attitude – "My lord ... you will command and I will obey, and it will always be settled in this way" – satisfied the king and ensured royal support for his election to the papacy. The factors that supposedly acted in favour of the French royal plot as described by Giovanni Villani, do not however stand up to any serious analysis as the French historian Rabanis demonstrated over one hundred years ago.[57]

Beyond its imaginary essence, Villani's report still deserves full consideration because it reflects prevailing attitudes on the Italian peninsula, some of which were heavily influenced by papal policy during the pontificate of Clement V, especially the close alliance with the King of France and the suppression of the Order of the Temple at his bidding. These trends, which actually reversed Pope Boniface's belligerent policy a few years earlier, may easily have been explained in the framework of the prior alliance based on *do ut des* between a powerful, vindictive king in desperate search of money and an ambitious prelate of his kingdom in a no-less-anxious search for prestige.

In time, Clement's generosity toward his large family reinforced his reputation as a Gascon, with all the negative stereotypes implied in such a portrayal. Sayings such as "a seeker of honour and glory like a Gascon" and "the avarice of the Gascons" became common clichés in contemporary sources.[58] In the

[56] Niccolò da Prato plays a central role in Villani's narrative, which emphasizes the cardinal's influence on Pope Clement V while hinting at the former's wisdom and great knowledge of ecclesiastical and political affairs. See, for instance, *Cronaca di Giovanni Villani a miglior lezione ridotta*, *ad a.* 1307, l. 9, c. XCI; *ad a.* 1308, l. 9, c. CI. See also R. FEI, "Il Cardinale Niccolò da Prato (1250-1321)", *Mémoire dominicaine* 39 (1922), p. 467-483.

[57] J.-F. RABANIS, *Clément V et Philippe le Bel: Lettre à M. Charles Daremberg sur l'entrevue de Philippe le Bel et de Bertrand de Got à Saint Jean d'Angély* (Paris, 1858), p. 18 ff, 152-159; L. ANDRAT, "L'entrevue de Bertrand de Got et de Philippe le Bel", *Bulletin de la société des archives historiques de la Saintonge et de l'Aunis* 5 (1885), p. 230-232; C.J. HEFELE and D.H. LECLERCQ, *Histoire des conciles d'après les documents originaux*, 8 vols. (Paris, 1853), 6.1, p. 487-498.

[58] *La chronique métrique attribuée à Geffroy de Paris*, v. 4444-4448, ed. A. DIVÈRRES (Strasbourg, 1956), p. 175.

framework of his imaginary description of events, Villani further quotes additional proverbs or apothegms that were well known to his contemporaries. "To turn your enemy into your friend" was actually borrowed from the Greek author Diogenes Laertius, whose *Lives and Opinions of the Eminent Philosophers,*[59] in both Latin and vernacular versions enjoyed great popularity in medieval Christendom.[60] As for another adage, "to return good for evil", it was also widespread in Christian morality literature.[61] The Bible condemns many times the opposite possibility, namely of returning evil for grace.[62] The New Testament further emphasized the ideal of kindness without looking for compensation or vengeance in the spirit of Jesus' Sermon on the Mount (*Matt.* 5: 38-39).[63]

The very fact that Villani mentions proverbs or apothegms in the framework of his narrative corroborates the contribution of chronicles to the research of medieval orality. It further reflects the pluralistic nature of medieval orality, which encapsulates different facets of human behaviour and, as such, it accordingly changes its forms of expression.[64] Villani himself uses additional proverbs – such as "*Uomo saggio non dee faglia pe l'altrui faglia*", "*Chi a uno feende molti minaccia*", and "*Firenze non si muove, se tutta non si duole*"[65] – to teach his readers a moral lesson or to emphasize the futility of some defined policy.

The imaginary essence of most oral addresses and dialogues quoted hitherto may raise questions about the contribution of chronicles to historical research in general and to the history of medieval orality in particular. Chroniclers merely created the oral address or dialogues to suit their purpose, and any

[59] Diogenes Laertius, *Vitae Philosophorum*, l. 1, 91, ed. M. MARCOVICH, 3 vols. (Stuttgart, 1999-2002), 1, p. 64-65.

[60] I would like to thank Professor Marie-Christine Varol for bringing these possibilities to my attention.

[61] St. Patrick, the patron saint of Ireland, for example, declared that during his captivity, [the Lord] "kept safe watch over me before ever I knew Him, yes, even before I had wit enough to tell good from evil". See: *The Confession of St. Patrick,* ed. and trans. J. SKINNER (Philadelphia, 1998), p. 27.

[62] *Genesis* 44: 4; 1 *Samuel* 25: 21; *Jeremiah* 18: 20; *Psalms* 35:12, 38: 21, 109: 5; *Proverbs* 18: 13. Still, legendary Jewish sources from the eight century *(Midrash Agada)* that refer to the axiom in the spirit of Villani refer to a vague allusion in *Micah* 7: 3-4.

[63] See also *Luke* 6: 27-38; *Rom.* 12: 16-21; 1 *Pet.* 3: 16-22.

[64] On the chroniclers' representations of oral discourse in different circumstances, see, MURRAY, "Voices of Flanders", p. 103-119, and the appendix at p. 119.

[65] *Cronaca di Giovanni Villani a miglior lezione ridotta*, *ad a.* 1336, l. 12, c. LXI; *ad a.* 1342, l. 13, c. II; *ad a.* 1342-1343, l. 13, c. XVI.

link between the speeches quoted and actual reality is mostly accidental. Both Matthew Paris and Giovanni Villani consciously manipulated the speeches they ascribe to their main 'actors', be they Jews, a customs officer, Mahomet, or the cardinals, the King of France, and/or the highest prelates of the Church. Furthermore, both the Jewish-Mongol plot and the French plot evince a clear conspiratorial, even criminal essence. This was rather clear in the attempt by Jews to support the Mongols, but it was no less ominous in the case of Philip the Fair, since the "Most Christian King" was actually acting against the freedom of papal elections as asserted time and again in Canon Law.[66] The very use of imaginary dialogues by the chroniclers in all these cases may reflect their awareness of the dubious essence of their reports and, consequently, their aspiration to strengthen their credibility by reference to orality.

3.4 Giovanni Villani: The Anagni Affair

But not all oral testimonies quoted in narrative sources are of a manipulative character. One last example may strengthen this point: On 7 September 1303, some 500 armed men under the command of Sciarra de Colonna and Guillaume Nogaret, the main counsellor to the king of France, attacked Pope Boniface VIII at the papal palace in Anagni and tried to bring him by force to Paris in order to stand trial on charges of heresy. The pope, however, was freed from his captivity and died in Rome soon afterward. In referring to the 'Anagni Affair',[67] Villani reproduces an exchange of insults between the populace and the Vicar of God on earth, as well as the heroic testimony of the pope in the face of death:

> *... che essendo papa Bonifazio co' suoi cardinali e con tutta la corte ne la città d'Anagna in Campagna, ond'era nato e in casa sua, non pensando né sentendo questo trattato, né prendendosi guardia, e s'alcuna cosa ne sentì, per suo grande cuore il mise a non calere, o forse, come piacque a Dio, per gli suoi grandi pecca-*

[66] *Corpus Iuris Canonici,* l. 1, tit. VI, "De electione", c. 3, VI, ed. A. FRIEDBERG (Leipzig, 1897); *Documents of the Christian Church,* ed. H.S. BETTENSON (London, 1963), p. 140; C. MIRBT, *Quellen zur Geschichte des Papstums und des römischen Katholizismus* (Tübingen, 1924), p. 171-172. On the high religious status of the king of France, see: J. STRAYER, "France: The Holy Land, the Chosen People, and the Most Christian King", in: ID., *Medieval Statecraft and the Perspectives of History* (Princeton, 1978), p. 300-314 (first published in 1969).

[67] One of the most complete studies in this regard is that of K. ELM, *Das Attentat von Anagni: Der Überfall auf Papst Bonifaz VIII. am 7. September 1303* (Köln, 1996).

ti, del mese di settembre MCCIII, *Sciarra della Colonna con genti a cavallo in numero di* CCC, *e a piè di sua amistà assai, soldata de' danari del re di Francia, colla forza de' signori da Ceccano, e da Supino, e d'altri baroni di Campagna, e de' figliuoli di messer Maffio d'Anagna, e dissesi co l'assento d'alcuno de' cardinali che teneano al trattato, e una mattina per tempo entrò in Anagna colle insegne e bandiere del re di Francia,* ***gridando:*** *"Muoia papa Bonifazio, e viva il re di Francia!"; e corsono la terra sanza contasto niuno, anzi quasi tutto lo 'ngrato popolo d'Anagna seguì le bandiere e la rubellazione; e giunti al palazzo papale, sanza riparo vi saliro e preso lo palazzo, però che 'l presente assalto fu improviso al papa e a' suoi, e non prendeano guardia. Papa Bonifazio sentendo il romore, e veggendosi abandonato da tutti i cardinali, fuggiti e nascosi per paura o chi da mala parte, e quasi da' più de' suoi famigliari, e veggendo che' suoi nimici aveano presa la terra e il palazzo ove egli era, si cusò morto, ma come magnanimo e valente,* ***disse:*** *"Da che per tradimento, come Gesù Cristo, voglio esser preso e mi conviene morire, almeno voglio morire come papa"; e di presente si fece parare dell'amanto di san Piero, e colla corona di Gostantino in capo, e colle chiavi e croce in mano, in su la sedia papale si puose a sedere ... . In questo dolore, vergogna e tormento istette il valente papa Bonifazio preso per gli suoi nimici per* III *dì; ma come Cristo al terzo dì risucitò, così piacque a·llui che papa Bonifazio fosse dilibero, che sanza priego o altro procaccio, se non per opera divina, il popolo d'Anagna raveduti del loro errore, e usciti de la loro cieca ingratitudine, subitamente si levaro a l'arme,* ***gridando:*** *"Viva il papa, e muoiano i traditori!"; e correndo la terra ne cacciarono Sciarra della Colonna e' suoi seguaci, con danno di loro di presi e de' morti, e liberato il papa e sua famiglia ... .*[68]

The proximity of Villani to the Anagni affair, in both time and place, may substantiate the reliability of his report, which receives further corroboration from additional contemporary sources.[69] Still, as Appendix 4 clearly shows, reference to public manifestations was part and parcel of Villani's narrative, a tendency that may raise doubts as to the accuracy of his reports. Moreover, the very fact that Villani did not take trouble to mention his sources, as Matthew Paris consciously did throughout his chronicle, transforms the collective expressions of discontent or support into a literary topos, a rhetoric ornament among others aiming to capture the public's attention. On the other hand, it further corroborates the pluralistic nature of medieval orality and its many forms of expression.

[68] *Cronaca di Giovanni Villani a miglior lezione ridotta*, l. IX, c. 63, p. 261-263.
[69] T.R. Ruiz, "Reaction to Anagni", *The Catholic Historical Review* 65 (1979), p. 385-401.

****

The examples quoted above from late medieval sources do not justify the kind of categorization that Elisabeth van Houts suggested for earlier periods.[70] They do not corroborate any further the distinction between the language of proximity (*Nähesprache*) and remoteness (*Distanzsprache*) advanced by Koch and Oesterreicher and followed by Johannes Müller-Lancé.[71] The oral addresses or dialogues quoted by both Matthew Paris and Giovanni Villani often appear just as a subterfuge, a literary means, among others, to captivate the audiences and impart more authenticity to their reports, which remain, in the main, completely imaginary.

To sum up: Oral addresses mainly served to manipulate existing feelings, whether hatred, fear, latent antagonism, or unlimited support. Indeed, imagination, rhetoric, manipulation, idioms, stereotypes, and the whole spectrum of human emotions were all introduced in the oral reports encapsulated in medieval chronicles. As such, they provide an important link between orality and literacy, one that calls for further investigation. Oral addresses further disclose important facets of medieval society and deserve our full attention because they constitute a genuine source of ascertaining prevailing attitudes, firstly among their authors but among broader elements of medieval society, as well. One must therefore oppose any attempt to 'sterilize' chronicles – that is, to glean only the 'historical facts' they may provide – for then a valuable source of information may be lost.

The examples quoted in this paper provide a vivid example of the meeting point between the oral and written cultures that was at the very core of medieval society. Though at first glance orality and literacy appear to be mutually exclusive, medieval society indeed moved between the reticence at the written word and a growing awareness of its ascendancy. The quotations by Matthew Paris and Giovanni Villani further hint at the importance of research in the framework of the same source – in the present case, the *Chronica Majora* and *The History of Florence,* respectively – since only a study of this kind can provide a more accurate structure for analysis while reflecting the main trends of each author.

[70] See notes 17-18.

[71] I would like to thank Palágyi Tivadar from the University of Budapest for bringing this possibility to my attention.

Appendix 1
The Jewish Mongol Plot

During all this time, numbers of the Jews on the continent, and especially those belonging to the empire, thinking that these Tartars and Cumanians were a portion of their race, whom God had, at the prayers of Alexander the Great, shut up in the Caspian mountains, assembled on a general summons in a secret place, where one of their number, who seemed to be the wisest and most influential amongst them, thus addressed them: "My brothers, seed of the illustrious Abraham, vineyard of the Lord of Sabaoth, whom our God Adonai has permitted to be so long oppressed under Christian rule, now the time has arrived for us to liberate ourselves, and by the judgment of God to oppress them in our turn, that the remnant of Israel may be saved. For our brethren of the tribes of Israel, who were formerly shut up, have gone forth to bring the whole world to subjection to them and to us. And the more severe and more lasting that our former suffering has been, the greater will be the glory that will ensue to us. Let us therefore go to meet them with valuable gifts, and receive them with the highest honour: they are in need of corn, wine and arms". The whole assembly heard this speech with pleasure, and at once bought all the swords, daggers, and armour, they could find for sale anywhere, and, in order to conceal their treachery, securely stowed them away in casks. They then openly told the Christian chiefs, under whose dominion they were, that these people, commonly called Tartars, were Jews, and would not drink wine unless made by Jews, and of this they have informed us, and with great earnestness have begged to be supplied with some wine made by us, their brethren. We, however, desiring to remove from amongst us these our inhuman public enemies, and to release you Christians from their impending tyrannical devastation, have prepared about thirty casks full of deadly intoxicating wine, to be carried to them as soon as possible. The Christians therefore permitted these wicked Jews to make this wicked present to their wicked enemies. When, however, these said Jews had reached a distant part of Germany, and were about to cross a certain bridge with their casks, the master of the bridge, according to custom, demanded payment of the toll for their passage: the Jews, however, replied insolently, refusing to satisfy his demands, saying that they were employed in this business for the advantage of the empire, indeed of all Christendom, having been sent to the Tartars, secretly to poison them with their wine. The keeper of the bridge, however, doubting the assertion of these Jews, bored a hole through one of the casks; but no liquor flowed therefrom; and becoming certain of their treachery, he took off the hoops of the cask, and breaking it open, discovered that it was full of arms. At this sight he cried out, "Oh, unheard of treachery, why do we allow such people to live amongst us".[72]

[72] Matthew Paris, *Chronica Majora*, trans. J.A. GILES, *Matthew Paris's English History*, 3 vols. (London, 1852), 1, p. 357-358.

Appendix 2: Mahomet and Moslem Practices and Beliefs

Mahomet had a servant named Zeid, whose wife, Zemah, was a very beautiful woman, and for whom Mahomet had conceived an affection; the servant Zeid, however, discovering this, and being aware of his master's sensuality, said to his wife, " Take care that my master does not see you, for if he does, I will at once repudiate you". One day, however, during the servant's absence, Mahomet went to his house, and called him, and as he did not answer, Mahomet continued knocking at the door so long that the woman, becoming annoyed, replied, "Zeid is not here". On arriving some time afterwards, Zeid found his wife talking with his master, and on the departure of the latter he said to her, "Did I not tell you that if my master should see you and converse with you, I would repudiate you", and he at once turned her out of his house. Mahomet then took her to himself, but, fearing lest he should be accused of adultery, he pretended that a letter had come to him from heaven, in which God ordered him to pronounce it as a law amongst the people, that, whenever any man should repudiate his wife, and another man should take her to himself, she should be the wife of the man who took her. And to this day this is a law amongst them, and originated from the aforesaid cause. ... A certain man named Gary, the son of Abytaliph, reproved Mahomet for his adulteries, particularly because he loved this adulteress most of all his wives: "Oh prophet of God", said he, "on account of that woman whom you are keeping, you incur great scandal from every one;" he, however, influenced by his lust, did not send her away, but palliated his adultery by false arguments. This Mahomet had fifteen wives ... .[73]

[73] *Matthew Paris's English History*, 1, p. 17-18.

Appendix 3
Matthew Paris: Specific references to his sources of information

The following table provides the year, the name of the source of information, Matthew's testimony, and bibliographical data. All references refer to the *Rolls Series* edition of the *Chronica Majora*.

- ad a. 1236, Richard de Clare, earl of Gloucester
  Haec ex relatu et verissima assertione comitis Gloverniae post aliquot annos hujus eventus et aliorum multorum testimonio, ad notitiam nostrum pervenerunt.
  C. M., vol. 3, p. 368.

- ad a. 1244, Waleran, Bishop Brie
  ... prout ab ipso venerabili episcopo referente didicimus ...
  C. M., vol. 4, p. 345.

- ad a. 1246, anonymous faithful witness
  Relatum fuit a fide dignis ...
  C. M., vol. 4, p. 586.

- ad a. 1247, Robert Grosseteste, Bishop Lincoln
  Prout hujus paginae [scriptor] audivit, et verbo ad verbum satis dilucide scripsit ...
  C. M., vol. 4, p. 644-645.

- ad a 1247, Matthew Paris himself was present and asked by the king to write an account of the whole affair:
  Supplico igitur et supplicando praecipio, ut te expresse et plenary scribente haec omnia scripto notability indelebiliter libro commendentur, ne horum memoria aliqua vetustate quomodolibet in posterum deleatur.
  C. M., vol. 4, p. 644-645.

- ad a. 1251, messengers of king Ferdinand III
  Ex hujus nuntii relatione accepimus ...
  C. M., vol. 5, p. 232.

- ad a. 1251, an anoymous usurer from Cahors
  Dixeratque unus eorum mihi haec de ipsis scripturo, sub attestatione magni sacramenti ...
  C. M., vol. 5, p. 246.

- ad a. 1251, Matthew Paris himself witnesses the event
  ... ad regem apud Wintonian pervenit, et haec omnia et plura de eorum praestigiis ipsi regi, audiente ipso qui haec scripsit, seriatim enarravit. Scriptor autem ilico ex ore narrantis quae exhauserat, quia fide dignus erat, plenius annotavit.
  C. M., vol. 5, p. 254.

- ad a. 1251, Richard of Cornwall
  Mihi autem Mathaeo Parisiensi super hoc edoceri cupienti, ne falsa huic libro insererem, sub indubitata certitudine comes significavit ... .
  C.M., vol. 5, p. 262.

- ad a. 1252, Roger de Thurkeby
  Dum igitur super hac lugubri materia, cum coepularentur, frater M[athaeus] Parisiensis, hujus scriptor libelli, et dominus Rogerus de Thurkebi, miles et literatus, ad communem parapsidem commensales contrectarent, et frater M[athaeus] oppressions memoratas recitaret, respondit et dixit serio miles memoratus ... .
  C.M., vol. 5, p. 317.

- ad a. 1252, Earl Richard of Cornwall
  Hoc mihi haec scribenti idem comes assertive narravit.
  C.M., vol. 5, p. 347.

- ad a. 1253, John of Lexinton
  ... et prout paginae hujus scriptori certissime protestabatur vir magnae auctoritatis et scientiae, dominus Johannes de Lexintona, miles.
  C.M., vol. 5, p. 384.

- ad a. 1253, John Crachale
  Hujus rei mirabilis, immo miraculi primitive, perhibuit [testimonium] et ei assertive narravit, qui hoc scripsit, dominus Johannes Crachale, episcopi clericus specialis, vir verabilis, et inter omnes episcopales non ultimate auctoritatis.
  C.M., vol. 5, p. 408.

- ad a. 1257, Bishop Richard Bangor
  Et addidit, versa facie ad episcopos, quorum unus Bangorensis Ricardus, qui haec hujus paginae scriptori assertive enarravit, extiterat.
  C.M., vol. 5, p. 602.

- ad a. 1257, Henry III speaks directly to Matthew

Et continuavit [rex] ibidem moram hebdomadalem, et cum esset cum ipso continue in mensa, in palatio, et in thalamo qui haec scripsit, direxit scribentis calamum satis diligenter et amicabiliter.
C.M., vol. 5, p. 617.

- ad a. 1257, Matthew intercedes with the king
  Eodemque die secretius dixit frater qui et haec scripsit domino regi ... .
  C.M., vol. 5, p. 618.

- ad a. 1257, anonymous reliable source
  ... et ut accepimus a peritis et fide dignis ... .
  C.M., vol. 5, p. 661.

Appendix 4
Giovanni Villani: Public Expressions of Support or Discontent

The following table provides Villani's testimony, the year, and bibliographical data. All references refer to the *Cronica di Giovanni Villani a miglior lezione ridotta*.

"*Viva messere Corso e 'l barone!*"
ad a. 1300, l. IX, c. XLIX.

"*Viva la Comune, e a la morte de' Franceschi!*"
ad a. 1302, l. IX, c. LV.

"*Battaglia, battaglia!*"
ad a. 1302, l. IX, c. LVIII.

"*Muoia il tiranno d'Uguiccione*"
ad a. 1316, l. X, c. LXXVIII.

"*Rinfescamento e panatica!*"
ad a. 1320, l. X, c. CXIII.

"*Pace, pace, e viva la Chiesa!*"
ad a. 1322, l. X, c. CLXXXI.

"*Battaglia, battaglia, e muoiano i traditori!*"
ad a. 1323, l. X, c. CCXIV.

"*Viva la rein e il giovane re, e muoiano i dispensieri e i loro seguaci*"
ad a. 1326, l. XI, c. VIII.

"*Muoia il papa e 'l re Ruberto e' Fiorentini, e viva lo 'mperadore!*"
ad a. 1326, l. XI, c. XXV.

"*Viva, viva il nostro signore e re de' Romani!*"
ad a. 1327, l. XI, c. LV.

"*Viva il conte, e muoiano i traditori!*"
ad a. 1328, l. XI, c. LXXXIX.

"*Muoiano, muoiano, e viva la santa Chiesa!*"

ad a. 1328, l. XI, c. XCV.

"*Viva il popolo, e muoia messer Passerino e le sue gabelle!*"
ad a. 1328, l. XI, c. XCVIII.

"*Viva lo 'mperadore!*"
ad a. 1329, l. XI, c. CXV.

"*Muoia il sanatore!*"
ad a. 1329, l. XI, c. CXVIII.

"*Vivano i duchini!*" ... "Viva lo 'mperadore!"
ad a. 1329, l. XI, c. CXXIV.

"*Vivano i duchini!*" ... "Muoiano i traditori e viva messer Gherardino!"
ad a. 1329, l. XI, c. CXLVIII.

"*Vivano i Fiorentini!*"
ad a. [1331], l. XI, c. CLXXXV.

"*Muoiano i Ghibellini e il re Giovanni, e vivano i signori della Scala!*"
ad a. 1332, l. XI, c. CCII.

"*Via Francesco, e muoia il legato, e chi è di Linguadoco!*"
ad a. 1333, l. XI, c. CCXXV.

"*Povolo, povolo, e muoia il legato, e chi è di Linguadoco!*"
ad a. 1333, l. XII, c. VI.

"*Pace, pace, e viva il Comune e popolo di Firenze!*"
ad a. 1336, l. XII, c. LX.

"*Viva il popolo e muoiano i traditori!*"
ad a. 1340, l. XII, c. CXVIII.

"*Viva il signore*" ... "*Sia la signoria del duca a vita a vita, e viva il duca nostro signore!*" ... "*Alle scure!*"
ad a. 1342, l. XIII, c. III.

"*All'arme, all'arme!*" ... "*Muoia il duca e' suoi seguaci, e viva il popolo e 'l Comune di Firenze e libertà!*" ... "*Viva lo signore lo duca!*" ... "*Viva il popolo e Comune in sua libertà, e muoia il duca e' suoi!*"
ad a. 1343, l. XIII, c. XVII.

"*Noi vedremo chi-cci torrà la parte nostra della signoria, e•cci vorrà cacciare di Firenze, che•lla francammo dal duca*" ... "*Viva il popolo, e muoiano i grandi traditori!*" ... "*Gittatene dalle finestre i priori vostri compagni de' grandi, o•nnoi v'arderemo in palagio co•lloro insieme*".
ad a. 1343, l. XIII, c. XIX.

"*Viva il popolo minuto, e muoiano le gabelle e 'l popolo grasso!*"
ad a. 1343, l. XIII, c. XX.

"*Viva la Colonna, e muoia il tribuno e' suoi seguaci!*"
ad a. 1347, l. XIII, c. CV.

"*Viva il popolo e libertà!*"
ad a. 1347, l. XIII, c. CXIX.

Reference to *povolo* and *popolo* may reflect Villani's awareness to the different dialects that flourished in fourteenth-century Italy. The last quotation, "Life to the people and freedom!", moreover, hints at the transformation that broad sectors of society experienced at the time, first and foremost in Florence, but most probably in other areas of the Italian peninsula as well. Former expressions that hinted at the corporative-feudal view – such as life (or death) to the duke, the count, or the commune and, vice versa, to the pope and/or his legates – were gradually replaced by more general concepts and, as such, also more abstract, such as 'people' and 'freedom'. By referring to these exclamations – the historical framework and perhaps also the relevance of which should be further investigated – Villani's *History* offers a unique tool to investigate what the Annales School has so successfully called *histoire des mentalités*. The oral testimonies he provided may indeed be regarded as an important clue to understand the elaborated process from medieval concepts to their modern substitutes.

La *mimesis* de la parole dans *La Celestina*: une approche linguistique de l'oralité[1]

MARTA LÓPEZ IZQUIERDO

Nous étudions dans ce travail les traces linguistiques de l'oralité dans *La Célestine,* œuvre dramatique écrite en castillan entre la fin du XVe siècle et le début du XVIe siècle. Nous analysons trois formes d'oralité : la vocalisation lors de la lecture à haute voix, l'écriture de dialogues de nature tantôt érudite tantôt conversationnelle et, finalement, le choix des registres de langue effectué par les auteurs. Par une association innovatrice de styles et de registres, se servant en même temps de la tradition rhétorique et de leur propre conscience comme locuteurs, les auteurs parviennent à une originale transposition littéraire de la parole, qui navigue entre oralité et écriture.

Introduction

La tragicomédie de Calixte et Mélibée, plus couramment connue sous le titre de *La Célestine*, est un texte dramatique en 21 actes, rédigé en deux phases successives (en 1499 et en 1502), par un auteur inconnu, pour le premier acte, et par Fernando de Rojas, pour la suite.[2] Elle raconte l'histoire du noble castil

[1] Cet article a été réalisé avec l'aide du Ministerio español de Ciencia e Innovación dans le cadre du projet *¿Existe un reajuste sintáctico en español clásico? Funciones sintácticas y cambios morfológicos y sintácticos en el período 1450-1726* (référence HUM2005-08119/FILO).

[2] L'élaboration textuelle de l'oeuvre est complexe et a donné lieu à de nombreuses et diverses hypothèses. Selon l'édition de référence (*La Celestina : Tragicomedia de Calisto et Melibea*, éd. F.J. LOBERA, G. SERES, P. DIAZ-MAS, C. MOTA, Í.R. ARZALLUZ et F. RICO (Barcelona, 1999)), la première rédaction, vers 1500, était divisée en 16 actes et portait le titre

lan Calixte, épris de Mélibée, et comment il parvient à la séduire, avec l'aide de la vieille entremetteuse Célestine. Interviennent également les valets de Calixte, deux prostituées au service de Célestine, un mercenaire, la jeune et noble Mélibée, sa bonne et ses parents. C'est-à-dire, des personnages reflétant des positions sociales contrastées.

Le texte est composé exclusivement de dialogues : il n'y a aucune didascalie, aucune voix narrative à côté des voix des personnages (hormis le résumé initial de l'histoire et les rajouts postérieurs des éditeurs). Précisons néanmoins qu'un para-texte est présent avant et après la tragicomédie proprement dite.[3] Par ailleurs, le texte était probablement destiné à être lu à haute voix par une ou plusieurs personnes devant un public restreint. On pense qu'elle n'a pas été représentée à son époque.

La Célestine est la première comédie humanistique écrite en langue vernaculaire. Cette forme de comédie privilégie un style 'naturel' et un intérêt pour la réalité quotidienne qui annonce les nouveaux intérêts de la Renaissance.[4]

L'oeuvre connut un énorme succès, ce fut un best-seller de son époque, avec 90 éditions connues entre 1500 et 1644, et plusieurs traductions en italien, allemand, français, anglais, néerlandais et même en latin. Elle est à l'origine

de *Comedia de Calisto y Melibea.* Elle est l'oeuvre d'un auteur inconnu pour le premier acte, et de Fernando de Rojas, pour la suite. Dans la deuxième rédaction, après 1502, le texte fut augmenté, il comptait alors 21 actes, et portait un nouveau titre : *Tragicomedia de Calisto y Melibea.* L'auteur de ces modifications fut également Fernando de Rojas.

[3] Avant le texte proprement dit : titre, sous-titres, premier prologue en forme de lettre ("L'auteur à un sien ami"), onze strophes en acrostiche qui révèlent le nom du deuxième auteur, Fernando de Rojas, deuxième prologue, argument. À la fin du texte : trois strophes de l'auteur au lecteur, en guise de conclusion, sept strophes du correcteur (Alonso de Proaza) au lecteur.

[4] *Philologia* constitue sans doute la première comédie humanistique. Non conservée, on sait seulement qu'elle fut écrite en latin par Pétrarque avant 1330 et qu'elle servira d'inspiration pour une série de pièces dramatiques en latin, en particulier pendant la première moitié du XVe siècle : *Paulus* de Pedro Pablo Vergerio, *Poliscena* (attribué à Leonardo Bruni), *Philogenia* d'Ugolino Pisan, *Dolos* d'auteur inconnu, *Poliodorus* de Giovanni di Vallatta ... Ces comédies se caractérisent par une grande liberté vis-à-vis des modèles classiques, au moins jusqu'à la moitié du XVe siècle. Pour un état de la question à propos de ce genre, voir : A. STÄUBLE, "La commedia umanistica : Situazione della ricerca e aggiornamento bibliografico", in : *Parlar per lettere : Il pedante nella commedia del Cinquecento e altri saggi sul teatro rinascimentale* (Rome, 1991), p. 145-157.

d'un nouveau genre qu'on a nommé 'la Célestinesque',[5] qui se développa entre 1513 et le XVIIe siècle.

La présence de l'oralité dans *La Célestine* peut s'étudier à plusieurs niveaux linguistiques, selon qu'on prend en compte sa vocation de texte pour être lu à haute voix, sa nature dramatique et dialoguée, ou ses innovations dans l'utilisation de différents registres de langue. Cela suppose que nous nous arrêtions tout d'abord sur ce que le mot 'oralité' désigne d'un point de vue linguistique.

Oralité et linguistique

Le terme *oralité* renvoie en linguistique à des propriétés du message appartenant à plusieurs niveaux de la langue :[6]

1. Selon le moyen de transmission :

Le terme oralité est compris d'une façon restreinte pour désigner le canal ou le moyen de transmission. De manière générale, un message peut être transmis par un canal phonique ou graphique, c'est-à-dire, il peut être soit oral soit écrit. Ces deux moyens s'excluent mutuellement, mais il existe entre eux une relation de réversibilité : un message oral peut être reproduit à l'écrit et inversement.[7]

2. Selon le mode de discours :

[5] Voici les principaux continuateurs de *La Célestine* : F. de Silva, *Segunda Celestina* (1534); G.G. de Toledo, *Tercera parte de la tragicomedia de Celestina* (1536); S. de Muñon, *Tragicomedia de Lisandro y Roselia o Cuarta obra y tercera Celestina* (1542); S. Fernandez, *Tragedia Policiana*, 1547; J.R. Florian, *Comedia Florinea* (1554); Alonso Villegas Selvago, *Comedia Selvagia* (1554).

[6] Pour cette typologie, nous suivons fondamentalement Wulf OESTERREICHER, "Lo hablado en lo escrito : Reflexiones metodológicas y aproximación a una tipología", in : *El español hablado y la cultura oral en España e Hispanoamérica,* éd. T. KOTSCHI, W. OESTERREICHER et K. ZIMMERMANN (Francfort et Madrid, 1996), p. 317-340.

[7] John LYONS parle à ce propos de "*medium transferability*", qu'il décrit ainsi : "*it is possible to read aloud what is written and, conversely, to write down what is spoken ... In so far as language is independent, in this sense, of the medium in which language-signals are realized, we will say that language has the property of medium-transferability. This is a most important property – one to which far too little attention has been paid in general discussions of the nature of language*" (*Language, Meaning and Context* (London, 1981), p. 12).

L'oralité peut désigner la manière dont un locuteur conçoit son message, organise l'information. Elle se caractérise alors par des traits scalaires, l'immédiateté *versus* la distance, la spontanéité *versus* la planification, qui les différencient de l'écrit. En fonction de ces deux types de paramètres, il est possible d'établir un *continuum* de types de discours, allant du plus immédiat et spontané (typique de l'oral) au plus distant et planifié (typique de l'écrit) :

conversation familière, spontanée

↘

conversation téléphonique – lettre privée – consultation médicale – table ronde – présentation personnelle – interview à un politicien – interview publié – prêche – conférence universitaire – article de journal – manuscrit d'une conférence – publication scientifique –

↘

... code juridique

Il est à remarquer la présence de modes discursifs intermédiaires : l'écrit peu planifié (lettres privées), l'oral peu spontané (conférence universitaire). Dans les mots de Nencioni,[8] le *scritto parlato* et le *parlato scritto.*

Lire ou écouter La Célestine

En tant que pièce écrite pour être lue à haute voix, c'est-à-dire, à être vocalisée, *La Célestine* participe pleinement de la réversibilité de moyen dont nous venons de parler. Des composantes para-verbales et non verbales, ou kinésiques,[9] comme l'intonation, la gestuelle, la mimique, venaient s'ajouter sans doute dans la version 'vocalisée' du texte. Ainsi le laissent penser certaines des strophes ajoutées par Alonso de Proaza, éditeur de l'œuvre :

[8] G. NENCIONI, "Parlato-parlato, parlato-scritto, parlato-recitato", in : ID., *Di scritto e di parlato : Discorsi linguistici* (Bologna, 1983), p. 126-179.

[9] F. POYATOS, "The morphological and functional approach to kinesics in the context of interaction and culture", *Semiotica* 20 (1977), 3/4, pp. 197-228.

> ...
> *Pues mucho más puede tu lengua hazer,*
> *lector, con la obra que aquí te refiero;*
> *que a un coraçón más duro que azero*
> *bien la leyendo, harás liquescer.*
> *Harás al que ama amar no querer,*
> *harás no ser triste al triste penado,*
> *al que es sin aviso harás avisado;*
> *así que no es tanto las piedras mover.*
> ...
> *Si amas y quieres a mucha atención*
> *leyendo a Calisto mover los oyentes,*
> *cumple que sepas hablar entre dientes,*
> *a vezes con gozo, esperança y passion.*
> *A vezes ayrado, con gran turbación.*
> *Finge, leyendo, mill artes y modos,*
> *pregunta y responde por boca de todos,*
> *llorando y riendo en tiempo y sazón.*[10]

(*Cél*[11], Strophes d'Alonso de Proaza, v. 9-16, 25-32, p. 612-614).

D'après ces vers, le lecteur qui saura bien lire pourra émouvoir les cœurs les plus endurcis des auditeurs ("*lector, ... / a un corazón más duro que acero / bien la leyendo harás licuecer*"). Proaza va jusqu'à décrire les techniques pour une lecture réussie : parler entre les dents ("*hablar entre dientes*"), adopter l'intonation, la gestuelle adéquates à l'état d'âme du personnage ("*con gozo, esperanza y pasión; a veces airado, con gran turbación; llorando y riyendo en tiempo y sazón*").

[10] La traduction des passages cités de *La Célestine* dans notre travail est de Pierre HEUGAS, *La Célestine ou Tragi-comédie de Calixte et Mélibée* (Paris, 1963). ("Mais ta langue peut encore bien plus, / Lecteur, avec le livre que je te présente ici. / Si tu lis bien, tu sauras amollir / Un coeur plus dur que l'acier. / Tu feras renoncer à l'amour celui que l'amour tourmente. /Tu rendras la gaité au malheureux en peine, / Et le malavisé tu le rendras avisé. /Tu le vois, c'est bien plus que de mouvoir les pierres. ... Si tu aimes, si tu veux, en lisant l'histoire de Calixte / Amener tes auditeurs à beaucoup d'attention / il faut que tu saches parler entre les dents, / Tantôt avec gaieté, espérance et passion, / Tantôt avec colère et grand désespoir. / Prends en lisant mille façons et manières. / Questionne et réponds par la bouche de tous, / Pleure et ris au bon moment" (p. 521, 523).)

[11] Nous citons le texte en espagnol de *La Célestine* suivant l'édition : *Comedia o Tragicomedia de Calisto y Melibea,* éd. P.E. RUSSELL (Madrid, 1991) (*Cél.* dans notre article).

Selon Peter E. Russell,[12] la lecture se faisait devant un auditoire restreint et par un seul orateur, le *recitator*, qui imitait les voix des différents personnages et employait l'intonation, les gestes et les mimiques appropriés dans chaque situation. Un bref passage du prologue de l'auteur, Fernando de Rojas, semble évoquer ces séances de lecture :

> *Assí que, quando diez personas se juntaren a oyr esta comedia, en quien quepa esta diferencia de condiciones, como suele acaecer ...*
>
> Aussi, que dix personnes viennent à se réunir pour entendre cette comédie, en lesquelles il y a tant d'humeurs différentes comme il arrive toujours
>
> (*Cél*, p. 201).

Cependant, *La Célestine* ne constitue pas en cela un cas exceptionnel à son époque. Frenk Margit souligne la très importante diffusion orale de la littérature en Espagne du Moyen Âge jusqu'au XVIIe siècle, et même au-delà, pour tout genre littéraire :[13]

> Avant le XVe siècle, les textes étaient lus à haute voix, récités après mémorisation, psalmodiés ou chantés; leur public était un public d'auditeurs, un 'auditoire'. Les manuscrits servaient à fixer les textes et à soutenir la lecture à haute voix, la mémorisation, le chant. ... Le XVe siècle voit s'inaugurer le passage de la lecture orale-auditive à la lecture visuelle, telle que nous la connaissons aujourd'hui. Tout semble indiquer que ce changement s'est produit de manière très graduelle. Pendant plusieurs siècles, la lecture silencieuse coexistait avec l'ancien mode de réception, et il y a, encore aujourd'hui, en Espagne et en Amérique Latine, des endroits où l'on lit à haute voix dans les places, dans les réunions de famille, dans les usines de tabac, etc.[14]

[12] *Comedia o Tragicomedia*, p. 613, n. 2.

[13] F. Margit recueille quelques passages du XVIe siècle où il est fait allusion à la diffusion orale de *La Célestine* : "*El [consejo] que mi tía Celestina... daba a Pármeno nunca a mí se me olvidó desde la primera vez que le* ***oí***..." ("Le conseil que ma tante Célestine... donnait à Pármeno, je ne l'ai jamais oublié dès que je l'ai entendu pour la première fois"), dans *Viaje de Turquía*; "*ésta dicen ser la casa de nuestra madre Celestina, tan* ***escuchada*** *de los doctos*", ("celle-ci, dit-on, est la maison de notre mère Célestine, si écoutée par les savants") de Bartolomé de Villalba, 1577; "*... dando gusto al apetito* ***auditivo***" ("en faisant plaisir à l'appétit auditif"), de Villegas Selvago à propos de *La Célestine*. Voir : F. MARGIT, " 'Lectores y oidores' : La difusión oral de la literatura en el Siglo de Oro", in : *Actas del Séptimo congreso de la Asociación Internacional de Hispanistas* (Rome, 1982), p. 101-123, à la page 108.

[14] MARGIT, "Lectores y oidores", p. 103, 105, notre traduction.

Une question fondamentale surgit alors : quelle différence existait-il entre les textes écrits pour être lus en silence et ceux écrits pour être lus à haute voix? Y avait-il une modalité de langue particulière à ceux derniers? F. Margit pense que cette oralité se manifeste peut-être à travers certaines modalités de style et de structure, dont la présence et la nature peuvent varier d'un texte à un autre.

L'écriture de l'oralité présenterait ainsi une double dimension, associée au double processus linguistique de production et de réception de la parole (écrire la parole entendue, entendre la parole écrite).[15] Dans les deux cas, l'écrivain fait appel à ses compétences linguistiques en tant que locuteur et allocutaire de la langue. Elle correspond au concept d''oralité seconde', suivant Paul Zumthor.[16]

Dans le texte de *La Célestine,* certains éléments présentent la trace de cette vocation à l'oralité. Au moyen d'allusions, les personnages informent le futur *recitator* sur les gestes, l'intonation, les expressions dont il devra accompagner sa lecture. Ces allusions remplissent d'une certaine manière la fonction des didascalies, absentes en tant que telles de *La Célestine*,[17] mais dont elles se distinguent parce qu'elles sont véhiculées par les voix mêmes des personnages.

Apparaissent ainsi décrits les gestes que font les personnages dans leurs dialogues, quand ils parlent ou quand ils écoutent, ou bien lorsqu'ils ne parviennent pas à s'exprimer à cause d'une forte émotion. La description de ces gestes contribue à la projection orale des dialogues et constitue un élément fondamental dans la construction du sens. Elle nous renseigne, en même temps, sur les codes para-verbaux utilisés à l'époque de *La Célestine,* comme les gestes traditionnels de deuil (s'arracher les cheveux, se griffer le visage , exemples 1 et 2, *infra*), sur les expressions informelles pour les désigner (*lobicos* 'gestes de colère', littéralement 'petits loups') et parfois aussi sur leur double interprétation possible. C'est le cas du verbe *santiguarse* ('se signer'), qui pouvait

[15] Nous pouvons trouver un fonctionnement semblable dans d'autres genres et à une époque plus ancienne. À propos de la littérature exemplaire, Fernando Gómez Redondo écrit : "Cette poétique de la récitation insiste sur deux aspects liés à l'oralité propre de la lecture publique. D'un côté, les textes incluent des expressions qui montrent comment la littérature 's'entend', de l'autre, des expressions qui montrent comment le narrateur 'dit' l'écrit" (notre traduction). Voir : F.G. REDONDO, "Narradores y oyentes en la literatura ejemplar", in : *Tipología de las formas narrativas breves románicas medievales*, éd. J. PAREDES et P. GRACIA (Granada, 1998), p. 253-310.

[16] L'oralité seconde "se recompose à partir de l'écriture au sein d'un milieu où celle-ci tend à exténuer les valeurs de la voix dans l'usage et dans l'imaginaire. ... [elle procède] d'une culture 'lettrée' où toute expression est marquée plus ou moins par la présence de l'écrit" (P. ZUMTHOR, *La poésie et la voix dans la civilisation médiévale* (Paris, 1984), p. 49).

[17] Sur les passages de *La Célestine* ayant une fonction de didascalie, voir : L. DE MALKIEL, *La originalidad artística de La Celestina* (Buenos Aires, 1962), p. 81-107.

exprimer la surprise extrême, comme dans l'exemple 3 ci-dessous,[18] mais était aussi un geste de renforcement d'actes directifs d'engagement (serments, promesses, menaces).[19] L'exemple 4 montre comment Pármeno utilise ce signe en même temps qu'il profère une menace sans que son maître Calixte l'entende ("*Pues mándote yo, desatinado, que tras ti vamos*" – "Mais c'est moi qui te l'assure, insensé, nous te suivrons"). Calixte n'ayant pas entendu les mots prononcés par Pármeno, interprète le geste comme un signe d'admiration face à l'habileté de Célestine. Cette même distance entre Calixte et ses valets est montrée une deuxième fois par l'interprétation décalée d'un geste, mais cette fois avec un effet comique plus prononcé (ex. 6) : *dar higas*, c'est-à-dire 'soulever les poings fermés, avec le pouce entre l'index et le medium, en signe de mépris ou de moquerie,' avec une forte valeur obscène,[20] peut être confondu par Calixte dans son étourdissement amoureux, avec le geste de lever les mains aux cieux, pour prier Dieu.

1. *AREUSA : ... No te messes, no te rascuñes ni maltrates*

   Ne t'arrache pas les cheveux, ne te griffe pas. Ne te maltraite pas ainsi

   (*Cél*, Acte 15, p. 522).

2. *LUCRECIA : Señora, no rasgues tu cara ni meses tus cabellos ... ¡Qué poco corazón es éste! Leuanta, por Dios ... Señora, señora, ¿no me oyes? No te amortezcas, por Dios ...*

[18] "*Hacer una raya en el agua*" ("tracer une ligne dans l'eau") est un proverbe exprimant également la surprise, en particulier lorsque la situation évoquée est considérée par le locuteur comme provisoire. Voir : RUSSELL, *Comedia o Tragicomedia,* p. 289, en note.

[19] Le serment formel juridique s'accompagnait de gestes codifiés qui attestaient la bonne foi du prêteur du serment. Pour une étude des formes verbales et des marqueurs discursifs exprimant l'adhésion dans des actes d'engagement et sur les gestes pouvant les accompagner, voir : M. LÓPEZ IZQUIERDO, "Variaciones diafásicas y diastráticas en Castilla a finales de la Edad Media : Marcadores discursivos formados con el sustantivo *fe*", in : *Lenguas, reinos y dialectos en la Etad Media ibérica: La construcción de la identidad: Homenaje a Ivan Ramón Lodares*, éd. J. ELVIRA *et al.* (Madrid et Frankfurt, 2008), p. 409-434.

[20] "*Higa* : Amulette avec laquelle les païens croyaient vainement pouvoir se libérer du charme et du mauvais œil, et qu'ils écartaient les maux que les envieux pouvaient faire, quand ils regardaient les personnes ou les choses. La figure consistait à montrer une main, le poing fermé, avec le pouce entre l'index et le medium. La signification et la représentation de cette figure sont celles d'une chose honteuse; cette figure était dédiée à Priape ..." (Real Academia Española, *Diccionario de Autoridades* [1723] (Madrid, 1990), s.v. *higa*).

Ne meurtris pas ton visage, ne t'arrache pas les cheveux ... Quel manque de coeur est là! Lève-toi, pour l'amour du ciel ... Madame, madame, ne m'entends-tu pas? Ne t'évanouis pas, pour l'amour de Dieu

(*Cél*, Acte 19, p. 577).

3. *CELESTINA : ¿Lobitos en tal gestico?*

   Monsieur faisait sa mauvaise tête?

   (*Cél*, Acte 1, p. 253).

4. *ELICIA: ¡Santiguarme quiero, Sempronio! ¡Quiero hazer vna raya en el agua! ¿Qué nouedad es esta, venir oy acá dos vezes?*

   Je peux faire le signe de la croix, Sempronio, les bras m'en tombent, quelle nouveauté est ceci, venir deux fois dans la journée

   (*Cél,* Acte 3, p. 289).

5. *PÁRMENO : ¡O sancta María! ¡Y qué rodeos busca este loco por huyr de nosotros, para poder llorar a su plazer con Celestina de gozo y por descubrirle mill secretos de su liuiano e desuariado apetito, por preguntar y responder seys vezes cada cosa, sin que esté presente quien le pueda dezir que es prolixo! Pues mándote yo, desatinado, que tras ti vamos.*
   CALISTO : Mirá, señora, qué fablar trae Pármeno, cómo se viene santiguando de oyr lo que has hecho con tu gran diligencia. Espantado está, por mi fe, señora Celestina. Otra vez se santigua.

   Par. O Sainte Marie! Quel détour cherche ce fou pour nous fuir, pour pouvoir pleurer tout son soûl avec Célestine, pour lui découvrir les mille secrets de son appétit impudique et aberrant, pour lui demander et lui répondre six fois la même chose, sans la présence de qui pourrait lui dire qu'il est prolixe. Mais c'est moi qui te l'assure, insensé, nous te suivrons. Cal. Vois donc, madame, comme Parmeno en jase, comme il se signe en apprenant ce que ta grande promptitude a pu faire. Par ma foi, madame Célestine, il est tout ébahi, il se signe à nouveau

   (*Cél*, Acte 6, p. 341).

6. *PÁRMENO : ¡Oyrá el diablo! Está colgado de la boca de la vieja, sordo e mudo e ciego, hecho personaje sin son que, aunque le diésemos higas, diría que alçáuamos las manos a Dios, rogando por buen fin de sus amores.*

   Et que le diable écoute lui-même! Regarde-le, suspendu aux lèvres de la vieille, sourd, muet, aveugle, comme un pantin sans voix. Même si nous lui faisions la figue, il dirait que nous élevons les mains vers Dieu pour demander une fin heureuse à ses amours

   (*Cél,* Acte 11, p. 447).

De façon similaire, les personnages commentent les modalités de parole ou l'intonation des interventions : chuchotements, lamentations, pleurs, cris, marmonnements ...

7. *Tu suaue fabla e alegre gesto*

   ton doux parler et cet air de gaieté

   (*Cél*, Acte 4, p. 312).

8. *Estó yo escuchando atento que me va la vida, ¿vosotros sussuráys ...?*

   Je suis là à écouter tout attentif, et il y va de ma vie et vous, vous marmonnez ...

   (*Cél*, Acte 6, p. 343).

9. *¿Qué te dice esse señor a la oreja?*

   Que dit ce seigneur à ton oreille?

   (*Cél*, Acte 7, p. 378).

10. *Parece que viene llorando ¿Qué es esto, Sosia? ¿Por qué lloras? ¿De dó vienes?*

    Mais on dirait qu'il pleure. Que se passe-t-il, Sosie? Pourquoi pleures-tu? D'où viens-tu?

    (*Cél*, Acte 13, p. 490).

Le texte écrit, dès son élaboration, porte la trace de l'oralité à venir. Plutôt que de simples descriptions narratives des gestes et attitudes des personnages, il s'agit ici d'une anticipation de mise en parole du texte au moment de la lecture.

Ces derniers exemples montrent que l'oralité dans le texte de *La Célestine* concerne également le mode du discours. Plus précisément, ils montrent comment se conditionnent mutuellement le moyen et le mode dans La Célestine. Cette interrelation apparaît également à travers le style du texte.

Style et régistre dans La Célestine

Du point de vue de l'expression, le style est en littérature ce que le registre est en langue. De fait, style et registre sont parfois employés indistinctement en linguistique. Mais parlons-nous d'un même phénomène exprimé par deux moyens différents ou de deux réalités différentes, l'une associée au mode écrit, l'autre au mode parlé?

Le terme *registre* est utilisé en linguistique pour désigner l'une des quatre formes de variation linguistique décrites par Eugenio Coseriu :[21] variation diachronique (selon l'époque), diatopique (selon les lieux : dialectes), diastratique (selon le niveau social des locuteurs : sociolectes), diaphasique (selon la situation communicative : registres de langue).

Le mode discursif oral ou écrit conditionne les variétés de langue dont les locuteurs peuvent faire usage : ainsi, certains dialectes ont longtemps été exclus des traditions écrites et ne sont attestés qu'à l'oral. Il en va de même pour certains sociolectes et registres de langue.

Par son étymologie, le terme *style* est directement apparenté à l'activité d'écrire : le *stilus* était le 'stylo' des romains, avec une pointe en os ou en fer pour écrire sur les tablettes cirées, et l'autre extrémité plate pour corriger, en grattant, l'écrit. D'où l'expression *stilum vertere* 'corriger' (littéralement, 'retourner le stylo'). Le style impliquerait donc une série de choix et de corrections, possibles seulement dans le mode discursif de l'écrit : les paroles prononcées ne pouvant pas s'effacer.

[21] E. Coseriu utilisait le terme style pour définir les variantes diaphasiques : E. COSERIU, "Introducción al estudio estructural del léxico", in : *Principios de semántica estructural* (Madrid, 1966), p. 87-142; ID., "Los conceptos de 'dialecto', 'nivel' y 'estilo de lengua' y el sentido propio de la dialectología", in : *Lingüística española actual*, éd. M. ALVAR (Madrid, 1981 : *Publicacion del Centro Iberoamericano de Cooperacion* 3), p. 1-32.

En littérature, le style d'un auteur (ou d'une œuvre) renvoie au choix d'une forme d'expression, d'une variété de langue, parmi un ensemble disponible : le répertoire stylistique et littéraire d'un individu ou d'une époque.[22] Il représenterait alors un sous-ensemble des variétés littéraires d'une langue qui seraient, à leur tour, un sous-ensemble de toutes les variétés d'une langue. Ce que Eugenio Coseriu appelait la 'langue exemplaire'.

Cette conception semble laisser, a priori, peu de place pour l'oral dans l'écrit. Mais les répertoires littéraires ne sont pas figés une fois pour toutes, ils se renouvellent à chaque nouvelle œuvre. Si, selon José Jesús Bustos,[23] les usages linguistiques sont le résultat d'une tension permanente entre oralité et scripturalité, n'en ira-t-il pas de même pour les usages littéraires? Qu'en est-il dans *La Célestine*?

Le langue de *La Célestine* semble répondre à un besoin stylistique nouveau. C'est peut-être la raison pour laquelle elle n'est pas très bien comprise par ses contemporains, qui la trouvent en même temps admirable et excessive sur certains aspects. Ainsi, l'écrivain et humaniste espagnol Juan de Valdés écrit en 1537 :

> *El estilo, en la verdad, va muy acomodado a las personas que hablan. Es verdad que peca de dos cosas, las quales fácilmente se podrían remediar, y quien las remediasse le haría gran honra. La una es en el amontonar de vocablos algunas vezes tan fuera de propósito como "magnificat a maitines". La otra es en que pone algunos vocablos tan latinos que no s'entienden en el castellano, y en partes adonde podría poner propios castellanos, que los ay. Corregidas estas dos cosas en Celestina, soy de opinión que ningún libro ay escrito en castellano donde la lengua sté más natural, más propia, ni más elegante.*[24]
>
> Le style, en vérité, est très bien adapté aux personnes qui parlent. Il est vrai qu'il pèche sur deux aspects, qui pourraient facilement se corriger, et si quelqu'un le faisait, ce serait d'un grand profit. La première est l'accumulation de vocables, parfois si hors propos que le 'magnificat aux matines'. La deuxième est qu'il met quelques vocables si latinisés que l'on ne les comprend pas en castillan, et par ailleurs, ils apparaissent à des endroits où il pourrait mettre les vocables propres du castillan, car ils existent. Après correction de ces deux aspects dans *Celestina*, je

[22] Pour une étude de la notion de répertoire dans le monde hispanique, voir : *Répertoire(s)*, éd. V. LITVAN et M. LÓPEZ IZQUIERDO = *Pandora* 7 (2007).

[23] J.J.B. TOVAR, "La presencia de la oralidad en los textos romances primitivos", in : *Historia de la Lengua española en América y España* (Valencia, 1995), p. 219-235.

[24] J. de Valdés, *Diálogo de la lengua*, in : Juan de Valdés, *Obras completas*, 1, éd. Á. ALCALÁ (Madrid, 1997), p. 258.

> suis d'avis qu'aucun livre castillan n'a une langue aussi naturelle, aussi adéquate, aussi élégante.

Pour Valdés, *La Célestine* répond à l'idéal de langue 'naturelle' apparu avec l'humanisme, bien qu'elle conserve des formes rhétoriques de l'ancienne école, en particulier l'emploi trop fréquent de l'*amplificatio* ("*amontonar de vocablos*") et le goût pour les latinismes ("*vocablos tan latinos que no se entienden en castellano*"). Juan de Valdés fut le premier à énoncer en espagnol les caractéristiques de ce nouveau style, qu'il résuma avec la formule : "j'écris comme je parle". Il ne s'agissait pas cependant de prétendre à transposer directement la langue parlée dans les nouveaux écrits, mais plutôt d'atteindre une norme commune de prestige, sans abus d'érudition. L'idéal du *communis sermo*, développé par Lorenzo Valla pour le latin au milieu du XVe siècle, est ainsi appliqué à la langue vernaculaire de Castille.

Cependant, un style mixte ou multiple connaissait en même temps un grand succès parmi les écrivains italiens en latin, et concurrençait le modèle de la 'langue commune'. À l'instar d'Agnolo Poliziano, certains écrivains se plaisaient à réunir les éléments d'érudition les plus divers, en provenance d'époques et de niveaux de langue hétérogènes.[25]

Selon Francisco Rico, *La Célestine* s'inscrit dans cette mouvance 'mixte' :

> La température dramatique et la nature du thème comportent parfois des éléments savants ou érudits et une expansion rhétorique; d'autres fois, une démarche fluide, conversationnelle, et avoisinant la langue populaire. Le résultat n'est sans rappeler le style mixte alors en vogue et dont la popularité parmi de nombreux humanistes (tels Hernán Núñez et Alonso de Proaza, proches de Rojas) contribua sans doute au bon accueil que reçut très tôt *La Célestine*.[26]

Mais il ne s'agit que d'une ressemblance accidentelle, selon le même F. Rico.

[25] Angelo Poliziano décrivait ainsi son style : "*Itaque cum maximum sit uitium unum tantum aliquem solumque imitari uelle, haud ab re profecto facimus, si non minus hos nobis quam illos praeponimus, si quae ad nostrum usum faciunt elicimus atque, ut est apud Lucretium* :

> *Floriferis ut apes in saltibus omnia libant,*
> *Omnia nos itidem depascimur aurea dicta*",

cité dans : F.L. CARRETER, "Imitación compuesta y diseño retórico en la Oda a Juan de Grial", *Anuario de Estudios Filológicos* 2 (1979), p. 89-119, à la page 95.

[26] *La Celestina : Tragicomedia de Calisto et Melibea*, XLI (notre traduction).

Le caractère novateur de la langue de *La Célestine* ne pouvait échapper à ses auteurs. F. de Rojas introduit quelques commentaires à ce propos dans ses prologues mais aussi à travers la bouche de ses personnages, dans une scène souvent citée :

> ... *su estilo elegante, jamás en nuestra castellana lengua visto ni oydo*
>
> l'élégance de leur style, jamais encore vu ni ouï en notre parler castillan]
>
> (*Cél*, 1er Prologue, p. 185).
>
> *Jamás no vi sino en terenciana,*
> *después que me acuerdo, ni nadie la vido,*
> *obra de estilo tan alto y sobido*
> *en lengua común vulgar castellana*
>
> Il n'existe pas en langue romaine / Tant d'esprit ni de style aussi riches, aussi beaux. / Dans tous mes souvenirs et dans ceux de personne / Aucune œuvre n'est digne de cela / en langue commune vulgaire castillane
>
> (*Cél*, Strophes initiales, p. 192).
>
> *CALISTO : ... Ni comeré hasta entonce, aunque primero sean los cavallos de Febo apacentados en aquellos verdes prados que suelen, quando han dado fin a su jornada.*
> *SEMPRONIO : Dexa, señor, esos rodeos; dexa essas poesías, que no es fabla conveniente la que a todos no es común, la que todos no participan, la que pocos entienden. Di "aunque se ponga el sol" y sabrán todos lo que dices.*
>
> Cal. Je ne mangerai rien jusque-là. Même si d'abord Phébus doit faire paître ses chevaux dans les vertes prairies qui sont leur séjour, quand il a mis fin à leur course. Sem. Laisse, laisse là ces détours, ces poésies. Il n'est pas convenant de parler un langage qui n'est pas commun à tous, auquel tous ne participent pas et que peu comprennent ... Dis : "même si le soleil se couche", et tous comprendront et tous sauront ce que tu dis
>
> (*Cél*, Acte 8, p. 398).

Il nous semble que *La Célestine* participe de façon plus fondamentale au 'style mixte' défini par Erich Auerbach.[27] Par opposition à la séparation de

[27] E. AUERBACH, *Mimesis : La representación de la realidad en la literatura occidental*,

styles de la tradition classique, selon laquelle les réalités quotidiennes, relatives aux personnages populaires, ne pouvaient apparaître que dans les genres comiques, les écrits de la tradition judéo-chrétienne, et en particulier, le Nouveau Testament, traitent de façon sérieuse des sujets humbles et font apparaître au premier plan les conversations banales de simples pêcheurs, de femmes et hommes du peuple, de prostituées ... en leur accordant une dimension problématique, tragique.

Le conflit (moral, psychologique, mais aussi social) est sans doute le mot clé dans la construction de *La Célestine.* Tous ses personnages, du plus bas au plus noble, sont concernés par cette dimension tragique. Fernando de Rojas lui-même devient l'objet de polémiques après la publication de la première version de l'œuvre. Il devra alors s'expliquer dans un deuxième prologue qui commence ainsi :

> *Todas las cosas ser criadas a manera de contienda o batalla dize aquel gran sabio Eráclito en este modo : "*Omnia secundum litem fiunt*" – sentencia a mi ver digna de perpetua y recordable memoria.*
>
> Héraclite dit, dans sa grande sagesse, toute chose être créée en manière de combat ou bataille et dit de la sorte : *omnia secundum litem fiunt.* Sentence, selon moi, digne d'un souvenir mémorable et perpétuel
>
> (*Cél*, 2e Prologue, p. 195).

Le 'combat' semble avoir été particulièrement vif à propos du genre de l'œuvre : le titre de comédie, choisi par le premier auteur et conservé dans un premier temps par Rojas, ne semble pas satisfaire les attentes du public de l'époque, notamment à cause du dénouement tragique. Rojas, non sans ironie, décide alors de changer le titre en 'tragicomédie', un mot valise qui révèle la conception 'mixte' présente dans l'œuvre.

La parole dans La Célestine

La *mimesis* de la parole dans La Célestine est le résultat d'un mélange inhabituel de registres et de styles : il interpelle non seulement les lecteurs-

trad. I. VILLANUEVA y E. ÍMAZ (Mexico et Buenos Aires, 1950).

auditeurs contemporains de Rojas, mais aussi les critiques modernes. Mieux que personne, Maria Rosa Lida de Malkiel exprimait ce décalage en 1962 :

> L'érudition, condamnable aux yeux du lecteur moderne en tant qu'intrusion savante, l'est également en tant qu'ajout incompatible avec l'idéal artistique de réalisme vraisemblable qui a présidé à la création de *La Célestine*. Est particulièrement choquante l'abondance de sentences, citations, anecdotes et mythes dans la bouche de tous les personnages ... . Car quand bien même l'influence de l'environnement universitaire ou de la Cour ... aurait permis d'expliquer la pédanterie personnelle des auteurs, elle ne peut en aucun cas résoudre l'incongruité artistique d'une œuvre réaliste qui écarte soigneusement l'Université et la Cour, mais où les valets débordent d'érudition et où la vieille entremetteuse qui recompose les virginités pour deux sous, cite Aristote, Virgile, Sénèque et les Évangiles.[28]

En tant qu'œuvre dramatique, *La Célestine* supposait une récréation de la conversation. Pour ce faire, les auteurs castillans ne disposaient pas de modèles littéraires vernaculaires, car d'un côté le théâtre profane en langue vulgaire est encore sous-développé en Castille, et de l'autre, les comédies humanistiques dont ils s'inspirent n'existaient alors qu'en latin. C'est donc dans une véritable recherche stylistique et linguistique que s'engagent Rojas et son co-auteur. Quels choix réalisent-ils? Dans quelle mesure reprennent-ils les formes conversationnelles de leur époque?

Un dialogue ou, de façon plus technique, une interaction verbale consiste en un échange de mots entre, au moins, un locuteur et un allocutaire. Plusieurs types d'interaction verbale ont été décrits selon le site, c'est-à-dire, le cadre spatio-temporel, selon le nombre des participants, selon leur rôle, leur statut, le type de relation qui les lie, le but de l'interaction, le degré de formalité, le style ... La conversation peut être considérée comme le prototype d'une interaction verbale. Elle se définit comme un échange communicatif qui implique :

> un nombre relativement restreint de participants, dont les rôles ne sont pas prédéterminés, qui jouissent tous en principe des mêmes droits et devoirs (l'interaction est de type 'symétrique' et 'égalitaire') et qui n'ont pas d'autre but avoué que le seul plaisir de converser; elle a enfin un caractère familier, et improvisé : thèmes abordés, durée de l'échange, ordre des prises de parole, tout cela se détermine au coup par coup, de façon relativement libre.[29]

[28] DE MALKIEL, *La originalidad artística*, p. 332-333, notre traduction.
[29] Voir : C. KERBRAT-ORECCHIONI, *La conversation* (Paris, 1996), p. 20.

Dans *La Célestine*, les dialogues se caractérisent par une extrême mixité : de situations, de thèmes, de registres, de styles, d'échos populaires ou érudits ... La relation égalitaire, typique de la conversation, apparaît parfois marquée par certains 'indices' verbaux. Ainsi, les chuchotements dans les apartés sont fréquents entre les valets Pármeno et Sempronio, complices contre leur maître, dont ils se moquent ou qu'ils insultent dans une langue souvent familière et vulgaire :

> *CALISTO : Sempronio, mi fiel criado, mi buen consejero, mi leal servidor, sea como a ti te paresce; porque cierto tengo, según tu limpieza de servicio, quieres tanto mi vida como la tuya.*
> *SEMPRONIO : (Aparte) ¿Créeslo tú, Pármeno? Bien sé que no lo jurarías. Acuérdate, si fueres por conserva, apañes un bote para aquella gentezilla que nos va más. Y a buen entendedor ... En la bragueta cabrá.*
> *CALISTO : ¿Qué dizes, Sempronio?*
> *SEMPRONIO : Dixe, señor, a Pármeno que fuesse por una tajada de diacitrón.*
> *PÁRMENO : Hela aquí.*
> *CALISTO : ¡Daca!*
> *SEMPRONIO : (Aparte) Verás qué engullir haze el diablo. Entero lo quería tragar por más apriesa hazer.*
>
> Cal. Sempronio, mon fidèle valet, mon bon conseiller, mon loyal serviteur, qu'il en soit comme il te semble. Je suis sûr, si j'en crois un service fort désintéressé, que tu tiens autant à ma vie qu'à la tienne. Sem. (à part) Tu crois ça, toi, Parmeno? Je suis sûr que tu n'en jurerais pas. N'oublie pas, si tu vas chercher la conserve, d'en empoigner un pot pour notre joli monde, c'est le plus important. A bon entendeur ... Tu le mettras dans ta braguette. Cal. Que dis-tu, Sempronio? Sem. Je disais à Parmeno d'aller chercher une tranche de citron confit. Par. La voici, seigneur. Cal. Donne. Sem. (à part) Diable, comme il engloutit! Il veut l'avaler tout entière pour faire plus vite
>
> (*Cél*, Acte 8, p. 398-399).

Certains thèmes, également, sont traités seulement entre pairs et indiquent une intimité qui peut induire le choix d'une registre informel, par exemple lorsque Célestine visite Areúsa, malade au lit, et lui conseille de prendre un nouvel amant (acte 7), ou lorsque Pleberio et Alisa, les parents de Melibée, font des projets pour le mariage de leur fille (acte 16).

Les formes d'adresse sont caractéristiques également des choix stylistiques des auteurs de l'œuvre car on y trouve un tutoiement généralisé, ce qui ne s'accorde pas aux usages de l'époque. Au XVe siècle, le castillan différenciait au singulier un pronom de confiance et d'égalité (*tú* – 'tu') et un pronom de distance et de respect (*vos* – 'vous'). Au pluriel, il existait une seule forme, sans distinction : *vos* ('vous'). Même si *La Célestine* reprend ici probablement un trait latin de la comédie humanistique, comme c'est généralement rappelé, elle n'introduit pas moins par ce trait une sorte d'égalitarisme entre tous les personnages, nobles ou serviles, qui devait provoquer un sentiment d'étrangeté chez les lecteurs – auditeurs de l'époque.

Plusieurs niveaux de langue sont utilisés par les mêmes personnages. Signalons en particulier la présence d'interjections populaires ou savantes (*¡anda!*, *¡sus!*, *¡ce!* vs. *¡O!*, *¡Guay!*); d'archaïsmes, caractéristiques d'une variété de langue populaire ou régionale (*gela* vs. *sela*, *posiste* vs. *pusiste*, *oyo* vs. *oigo*, *escurecer* vs. *oscurecer*, *so* vs. *baxo* ...); d'un lexique populaire (*tetas* 'nichons', *porrada* 'sornette', *parlería* 'bavardage', *huevos asados* 'testicules du cocu',); de termes d'injure familiers ou vulgaires (*fi de puta* 'fils de pute', *puta vieja* 'vieille putain', *asno* 'âne', *vellaquillo* 'petit fripon'); de dictons populaires et d'expressions imagées ("*A tuerto o a derecho, nuestra casa hasta el techo*" – "À tort ou à raison, et jusqu'au toit de ma maison]"; "*Da Dios havas a quien no tiene quixadas*" – "Dieu donne des fèves à qui n'a point de dents"; "*¡En sus trece está el necio!*" – "Il n'en démord pas, l'imbécile").

À côté de ces expressions familières ou populaires, on trouve des formes savantes, empruntées directement du latin (*premia*, *turbación*, *autorizantes*) ou du jargon juridique (*clientula*, *aparejo*), ainsi que des sentences d'origine érudite (Aristote, Sénèque, Pétrarque) ou biblique.

Quant à la construction des dialogues, au style proprement dit, Lida de Malkiel[30] a différencié cinq types :

1. Dialogue oratoire : caractérisé par des répliques longues, avec présence modérée de figures stylistiques comme l'anaphore, l'antiphrase ou l'interrogation rhétorique. Ses antécédents sont la tragédie de Sénèque, mais surtout la comédie élégiaque et le roman sentimental. L'originalité de ce type de dialogue dans *La Célestine* réside dans son apparition autant dans la bouche des maîtres que des serviteurs ainsi que des personnages humbles dans son ensemble.
2. Dialogue de longues interventions suivies de brèves répliques par un autre personnage : souvent, il permet de développer un lieu commun de la littérature médiévale (*topoï* contre les femmes, sur la nécessité d'aimer, sur maîtres et valets ...) Ces dialogues sont le lieu par excellence pour les amplifications rhétoriques. On y trouve une constante utilisation d'autres textes : Pétrarque,

[30] DE MALKIEL, *La originalidad artística*, p. 108-135.

Mena, ou d'autres sources : collections de sentences. Lida de Malkiel souligne leur fonction dynamique : ils s'inscrivent parfaitement dans l'action. Avant *La Célestine*, ce type de dialogue était surtout connu de la comédie humanistique.

3. Dialogue de répliques brèves : avec trois ou quatre lignes par personnage, il présente un style que Lida de Malkiel qualifie de 'naturel' et 'moderne'. Elle arrive même à l'appeler 'dialogue conversationnel'. Dans la pièce, il permet de relier des masses dialoguées plus longues ou, de façon indépendante, d'évoquer un environnement de type réaliste ou une scène de mœurs. Ce type de dialogue était déjà essentiel dans la comédie humanistique, par sa tendance réaliste et sa peinture des situations quotidiennes. *La Célestine* l'utilise de façon novatrice en alternance avec les dialogues plus longs mentionnés plus haut.
4. Dialogue très rapide : utilisé à des moments où la tension dramatique est plus forte. Ce type apparaît souvent chez Térence, mais ici aussi *La Célestine* en fait un usage particulier lorsqu'il apparaît dans les apartés entre deux personnages, signe de complicité (*v. supra*).
5. Monologues : peu abondants, ils peuvent être prononcés par des personnages nobles ou humbles pour exprimer leurs sentiments.

Le caractère mixte du style de *La Célestine* semble s'imposer : non seulement parce que cette œuvre réunit des modes dialogiques provenant de traditions très différentes, mais surtout parce qu'ils sont utilisés par des personnages nobles ou humbles indistinctement. En cela, la 'mixité' de l'œuvre dépasse le simple 'mélange de styles' dont parle F. Rico pour entrer dans une dimension 'problématique' dans le sens d'E. Auerbach.

Mais ce sont surtout les personnages humbles, les valets, les prostituées, et avant tout Célestine, qui montrent une plus grande 'mobilité' linguistique. Il est peut-être utile de rappeler ici que la figure de l'entremetteuse dans la tradition médiévale hispanique se caractérise par deux attributs : l'habileté de parole et la marche incessante, allant de l'homme à la femme. Ainsi, dans le *Livre de Bon Amour*, la vieille entremetteuse est identifiée avec la 'trotte-couvents', ou bien avec celle qui a les 'pattes noires' à cause de la marche constante, ou encore avec celle que l'on récompense par de nouvelles sandales pour marcher.[31] Dans *La Célestine*, les déplacements entre les quartiers pauvres ou riches se font en marchant, avec les pieds, mais aussi, en parlant, avec les langues : Célestine et ses disciples changent de style de dialogue, c'est-à-dire de registre, de niveau de langue, en fonction de leurs situations et de leurs objectifs.

[31] Bernard DARBORD, communication personnelle.

Nous ne sommes pas loin de ce que le linguiste J. Gumperz décrivait comme la situation la plus ordinaire dans la langue parlée :

> la situation la mieux attestée est celle où les membres de cette société disposent d'une panoplie de 'styles' différents, de dialectes différents, voire de langues différentes, avec lesquels ils jonglent en fonction de leurs objectifs du moment.[32]

Dans une transposition littéraire admirable, Rojas et l'ancien auteur élaborent une mimésis de la parole et de sa variation en mettant à leur service différents styles rhétoriques et plusieurs registres de langue. Dans *La Célestine*, la maîtrise de la langue prend la forme d'une maîtrise de ses variétés de parole, et le pouvoir qu'elle confère permet de satisfaire, provisoirement, les ambitions et les désirs des personnages. Mais en même temps, l'abus de ce pouvoir finira par provoquer leur perte.

La langue de la Célestine est ainsi le résultat d'un croisement sur plusieurs niveaux entre oralité et scripturalité : par le double moyen de transmission (la lecture individuelle, silencieuse, et la lecture publique, à haute voix), par la conception du texte écrit qui anticipe sa mise en paroles, et surtout, par la recherche d'un style nouveau modulable en fonction des objectifs conversationnels des personnages à chaque moment. Les auteurs font usage d'un large répertoire linguistique, multiforme, parfois contradictoire, capable de se plier aux besoins de la bataille verbale qui se livre dans *La Célestine.*

[32] Cité dans : KERBRAT-ORECCHIONI, *La conversation*, p. 24.

Performance in Late Medieval Turkish Texts: Signs of Orality in Literary and Historical Sources

ARZU ÖZTÜRKMEN

Research in written and oral traditions in the late medieval Anatolian-Turkish context is a complicated domain. Geographically speaking, 'Anatolia' – or Asia Minor – has not been a geographical unit of its own, but a crossroads giving way to other regions such as the Caucasus, the Aegean, the Arabian peninsula, etc. As a place at the crossroads of different regions, it was multi-cultural and multi-lingual, with a significant co-existence of Turks, Armenians, Greeks, Kurds, Arabs, Assyrians, Laz and others. The settlement of Turkic tribes in the Anatolian lands largely happened after the Seljuki army defeated the Byzantines at Mantzikert (1071), a development that changed the political landscape of medieval Anatolia. From the eleventh through the fifteenth centuries, medieval Anatolia was in a process of constant change and negotiation in terms of its political structures. This was a period when the Anatolian Seljuki order was not only threatened by Mongolian invasions but by Turkoman tribes, giving way to small principalities (the *beylik*s).[1]

To understand the ways in which it has been studied, it is important to remember that Turkish Anatolia has historically been first a European construct, which has been finally adopted by the Republican thought of modern Turkey.[2]

The earliest written texts that could give us insights into the origins of the Turks in Anatolia are not abundant. Under the effects of war and migration,

[1] C. KAFADAR, *Between Two Worlds* (Berkeley, 1995), p. 5-9.

[2] For a detailed analysis of European approach to archaeological studies in Anatolia, see: A. ÖZYAR, "Anatolian civilizations? European perceptions on ancient cultures in Turkey", in: *Placing Turkey on the Map of Europe,* ed. H. YILMAZ (Istanbul, 2005), p. 43-69.

written texts may have been in short supply, and of those which were produced many may have perished. However limited it is, the existing literature has been so far approached by different disciplines in Turkey, including Folklore, History of Literature and Drama, and Art history. In the early years of the Republic, the boundaries between these disciplines were rather permeable; they changed drastically in the following decades, resulting in the segregation of different scholarly domains and approaches. Interest in the history of the early Turkish settlements in Anatolia became for instance a right-wing approach within the revival of a Turkist movement during the Second World War, and the subject remained until very recently overlooked by respectable historians. The distancing of the early Republican elite from Islam and the shift from the Arabic alphabet to the Latin one also consolidated scholarly interest in the history of Islam as a subject of right-wing research. This is why, ironically, scholarship produced in the early Republican era (e.g. the works of Abdülbaki Gölpınarlı, Fuad Köprülü, Orhan Şaik Gökyay or Pertev Naili Boratav) still remains the principal inspiration for the study of late medieval Anatolia. As children of the Empire, these scholars had not yet developed the Republican taboos about the 'others' in the Anatolian world. In other words, it was easier for them to acknowledge the complex demography and intercultural borrowings among the diverse social, political, regional, religious and ethnic communities of the Ottoman world. One should add that they all knew how to read the old script, and that the subject matter they studied was indeed closely bound to their personal experience. In other words, their biographies reflected their subject matter.

Aware as they were of the complexities of the medieval world, early Republican scholars also wrote for Republican audiences. Their writings thus reflected to a great extent an effort to constitute the 'pillars' of Turkish literature by writing its history and determining its genres.[3] Scholars such as Fuad Köprülü (1890-1966) Abdülbaki Gölpınarlı (1900-1982) and Pertev N. Boratav (1907-1998) produced fruitful first attempts to bring to light late medieval texts created in Turkish in the Anatolian context. It is this corpus of works, researched with curiosity and written about with scholarly acumen, which deserves our interest here. The later literature on late medieval Anatolia, which developed through the 1940s and continued up to the 1980s, consists of a 'Turkist' trend, pioneered by Nihal Atsız, and has a conspicuous nationalist

[3] Through the process, once the main 'grand-narrative' of Turkish national history was formed, and genres of Turkish literature were consolidated, these late medieval texts made their way into textbooks in an 'ahistoricized' way.

agenda.[4] It is only after the 1980s that the works of scholars such as Şerif Mardin, Suraiya Faroqhi and Cemal Kafadar transcended the politics of scholarship on the late medieval era.

Given the fact that medieval Anatolia was a complex cultural domain, with moving populations, subject to different rulers, cultural assimilations, borrowings and negotiations, orality emerged as the most dominant form of communication, be it social, commercial or artistic. Needless to say, the pursuit of orality in the late medieval world needs a multi-sided look at the relics and folkloric residues that survived, as much as at written texts which contain references to oral performances or at times may reveal signs of orality. To study the corpus of the late medieval Turkish manuscripts, comparing its different cultural forms and genres and their emergence among different communities, would be an overwhelming project. What I will try to do here is just to give a glimpse of a selected – and perhaps representative – part of that corpus, and to look at the dynamics between orality and literacy in different types of sources. More particularly, this essay will examine the signs of orality in three late medieval manuscripts that reflect the world of Turkish late medieval Anatolia. Each can be situated within the framework of a different genre, i.e. 'epic', 'hagiography' and 'chronicle': (1) the *Book of Dede Korkut,* (2) the *Vilayetname* of Hacı Bektaş-ı Veli, and (3) *Tarih-i Ali Osmani* of Aşıkpaşazade. Although the manuscripts of each of these texts date back only to the fifteenth and sixteenth centuries, they are all valuable sources for us to trace the oral traditions of late medieval Anatolia, dating back to the twelfth and thirteenth centuries.

The Book of Dede Korkut

Let us begin with the *Book of Dede Korkut*, a collection of twelve stories first discovered by V. Diez in 1815 in the Royal Library of Dresden. A second discovery – of an unfortunately incomplete manuscript, containing only six stories – was later made by Ettore Rossi in 1950 in the Library of Vatican. According to Geoffrey Lewis, who translated the manuscript into English in 1974, these two manuscripts are not copies of one exemplar, as the divergences between the two are substantial. G. Lewis said:

[4] For the revival of Turkism during the 1940s, see: G.G. ÖZDOĞAN, *Turan'dan 'Bozkurt'a: Tek Parti Döneminde Türkçülük, 1931-1946* (İstanbul, 2002).

> This is precisely what one would expect if a cycle of stories that had long been transmitted orally with much time-honoured phraseology but also with variations introduced by different narrators, happened to be twice recorded in writing.[5]

Because of its reference to the Akkoyunlu ruler Uzun Hasan (reigned 1453-1478), the Turkish folklorist Pertev Naili Boratav dated the manuscript to the late fifteenth century, while G. Lewis concluded that the date of the compilation could be fairly early in the fifteenth century. As for their literary tradition, Abdülbaki Gölpınarlı (1958/1992) situated the Dede Korkut narratives as the beginning of a series of literary texts which reflected the encounters of newly Islamized communities with the settled Christian communities of Asia Minor, like the *Battalname* and the *Danişmendname*, texts which this essay will leave aside.

The written text of the *Book of Dede Korkut* includes many signs of orality and references to oral performances. To start with, there are a good number of stories which, before telling the main story, begin by introducing the same known characters to the audience. This repetition of already known characters of the stories suggests that each story may have been recited separately, probably in different storytelling sessions. In other words, every story emerges as a narrative unit in itself.

Orhan Şaik Gökyay, who studied the manuscript in 1976, praised the language of the text as "having no useless literary embellishment", a well-known Republican critique of Ottoman *divan* literature.[6] The text, which is mainly a prose narrative, also includes "rhythmic, alliterative, and assonant or rhyming passages of *soylama*[s], declamation". That the text itself refers to musical performances[7] suggests that these *soylama*s both could have been sung and recited.

The text of the *Book of Dede Korkut* also reveals oral storytelling techniques. Narrated in the voice of Dede Korkut, the author often addresses his ruler as *"Hanım"* or *"Sultanım"* ("My Khan", "My Sultan"), in such a way that he not only acknowledges him as the main audience but uses his address to increase the excitement in the story: "When he said so, my Khan, twenty more unmanly scoundrels appeared! ...".[8] At times the narrative is sequenced with the

[5] *The Book of Dede Korkut*, ed. and trans. G. Lewis (London, 1974), p. 19-20.

[6] *Dede Korkut hikâyeleri*, ed. O.Ş. Gökyay (İstanbul, 1976), p. 66. For Ottoman *Divan* tradition, see: V.R. Hollbrook, *The Unreadable Shores of Love: Turkish Modernity and Mystic Love* (Austin, 1994).

[7] See: *Dede Korkut hikâyeleri*, p. 97.

[8] *"Böyle deyince Hanım, o namertlerin 20si daha çıka geldi"* – *Dede Korkut hikâyeleri*,

repetition of the following phrase: "Following this, my Khan, let us see who came next!".[9] As a technique of excitement, questions are also used to animate the text: "Away went Bamsı Beyrek after one of them. He chased it to a place and what do you think they saw? My Sultan, they saw a red tent pitched on the green grass".[10]

Orhan Şaik Gökyay states that the *soylama* also functions in the narrative as an element that marks a shift in emotions. That the prose leaves room for poetry is interpreted by Gökyay as a mark of "the pouring out of excess excitement".[11]

The text of the *Book of Dede Korkut* also reflects colloquial usage, including elements of daily conversational rites such as greetings, repeated proverbial terms and sayings ("I send you God's blessings",[12] "You the Infidel, there is no doubt of God's uniqueness",[13]), curses,[14] or formulaic compositions to end the stories in the form of prayers.[15] As a sign of orality, one should also mention a large number of dialogues that take place within the story narrated in the *Book of Dede Korkut.* The story of the plundering of Salur Kazan's home, for instance, cites dialogues between the main characters of different scenes in the story.[16] The story of Kam Büre's son Bamsı Beyrek is loaded with dialogues between Bay Büre, his wife, his son Bamsı Beyrek, and his lover Banıçiçek.[17]

The Vilayetname *of Hacı Bektaş-ı Veli*

The historian Fuad Köprülü, the pioneer who wrote extensively on the history of the minstrel storytelling tradition (*aşık edebiyatı*), described the heterodox cultural domain of medieval Anatolia. There, he reminded us, Turkish had to compete with two other languages, Arabic and Persian, which were both used in the state circles of late medieval Anatolia.[18] Köprülü also re-

p. 35.

9 "*Bunun ardınca hanım, görelim kimler yetişti?*" – *ibid.*, p. 52-53.

10 "*Bamsı Beyrek birinin ardından kovarak gitti. Kovarken bir yere geldi. Ne gördü? Gördi ki Sultanım, gök çayırın üzerine bir kırmızı otak dikilmiş*". – *ibid.*, p. 63.

11 *Ibid.*, p. 14.

12 "*Sizi Hakka ısmarladım*" – *ibid.*, p. 61.

13 "*Bre Kafir aman, Tanrının birliğine yoktur güman*" – *ibid.*, p. 50.

14 *Ibid.*, p. 51.

15 *Ibid.*, p. 81.

16 *The Book of Dede Korkut*, p. 42-43.

17 *Ibid.*, p. 57-81.

18 M.F. KÖPRÜLÜ, *Anadoluda Türk dil ve edebiyatının tekâmülüne bir bakış* (İstanbul,

minded us how the old Uygur alphabet was gradually replaced by the Arabic alphabet among the Turkic communities as they settled, dating the development of a written literature in the Turkish language to the thirteenth century. Although there are references to a set of written texts mentioned in other sources, many written texts could not survive the chaotic warrior and migrant milieu of late medieval Anatolia. Köprülü argued that this state of chaos was indeed one of the main reasons why Sufism, rooted in the Ahmed Yesevi tradition, originated in Turkestan and developed in Anatolia.[19] To appeal to larger audiences, Sufi leaders, who had long been under the influence of the Persian language, felt the need to adopt Turkish in their teaching.

The presence of the Sufi orders is extremely important in the analysis of orality and textuality throughout late medieval Anatolia. In this period, when different social and political organizations were being formed in the process of spreading Islam over Eastern Christendom, military state powers were in constant negotiation with the social networks established through the religious orders. In his book *Between Two Worlds*, Cemal Kafadar[20] reminds us that the cultural life of the frontiers was clearly dominated by oral traditions, while many *begs* in need of prestige and information about the developing networking of Sufi Islam commissioned written works to be produced for the minuscule courts in their principalities.[21] This brings us to the second genre this essay will discuss, that of *menakıbname,* the hagiography of Muslim saints. The genre of *menakıbname* reflects another aspect of late medieval social life in Anatolia under war and chaos, a genre that developed mainly in the circles of the Sufi orders.

In his analysis of the genre of *menakıbname*, Ahmet Yaşar Ocak[22] suggested that *menakıbnames* were texts primarily written for educational purposes, to constitute the unity of the order, but also to propagate it. One major motivation was also to impress the Ulema, the religious elite within the state apparatus. To get the support of the state elite was naturally important in the establishment of new Sufi orders. Ocak states that the text of the *menakıbnames*

1930).

[19] Ahmed Yesevi was the influential Sufi leader in the twelfth century, whose teaching was composed in Turkish in poetry form and was put into writing in the fifteenth century as *Divan-ı Hikmet*. Yesevi's usage of Turkish language was very influential in spreading his teaching throughout Turkish speaking communities.

[20] KAFADAR, *Between Two Worlds*.

[21] *Ibid.*, p. 62, 66.

[22] A.Y. OCAK, *Kültür tarihi kaynağı olarak menâkıbnâmeler: metodolojik bir yaklaşım* (Ankara, 1992).

was usually compiled by one of the followers. The compiler would base his narrative upon oral narratives of the life and episodes of miracle-working by his religious leader. The compilation would be recited continuously and repeatedly by the incoming followers (the *mürid*s), making this recitation practice a conventional ritual of the Sufi order. Ocak also argues that, if the *menakıbname* was put into writing right after the death of the saint, its historical reliability is higher than that of manuscripts written much later. In those cases, stories may, Ocak thinks, have been deformed in the transmission processes of collective memory.

The *menakıbname* which will be analyzed in this essay is the *Vilayetname, Menakıb-ı Hünkar Hacı Bektaş-ı Veli*, whose oldest manuscript dates back to the early seventeenth century.[23] In his periodization of the late medieval literary tradition, Gölpınarlı states that this manuscript is the successor of a series of texts that address the daily struggles of a community. It begins with *Dede Korkut,* continues with Gazi frontier narratives of heroic-religious nature as the *Battalname & Danişmendname*,[24] and ends with more religiously focused hagiographies such as the *Vilayetname*s of Hacı Bektaş-ı Veli, Hacım Sultan and Abdal Musa.

Vilayetname-i Hacı Bektaş-ı Veli consists of the life story of the saintly figure of Hacı Bektaş, his family genealogy, his attachment to Ahmed Yesevi, his journey to Anatolia, his settling in Sulucakaraöyük, and his miracles. The text contains more than 50 stories, each being a separate narrative unit. As in the *Book of Dede Korkut*, there are many repetitions in the text. These repetitions consist of references to historical contexts already mentioned in the text in previous stories. This suggests that, similar to the stories in the *Book of Dede Korkut*, each episode may be the outcome of a storytelling session. To give an example, many stories open up with a statement that "the fame of Hacı Bektaş-ı Veli had spread everywhere".[25] The narrative of the stories is often broken with statements such as "Let us come to our saying", "Let us come to the other side", or "No time will suffice to tell", which gives us hints of an oral performance, the storytelling scene.[26]

[23] *Manakıb-ı Hacı Bektâş-ı Velî, Vilâyetnâme,* ed. A. GÖLPINARLI (İstanbul, 1958-1995).

[24] For *Battalname*, see: *Battalname*, ed. Y. DEDES (Cambridge, 1996). For *Danişmendname,* see: *La geste de Melik Danişmend: Étude critique du Danişmendname*, ed. and trans. I. MÉLIKOFF (Paris, 1960).

[25] See: *Manakıb-ı Hacı Bektâş-ı Velî, Vilâyetnâme,* ed. A. GÖLPINARLI, p. 48, 49, 79.

[26] "*Biz gene sözümüze gelelim*" (*Manakıb-ı Hacı Bektâş-ı Velî*, p. 46, 84), "*Biz gelelim bu yana*" (*ibid.*, p. 68), or "*Anlatmaya vakit kalmaz*" (*ibid.*, p. 50).

There are references in the text of *Vilayetname* to a number of scenes of Koran recitations, such as the one with Hacı Bektaş's teacher Lokman seeing his pupil being taught the Koran by the prophet Mohammed and his favourite Caliph Ali,[27] or that of the gathering of the community to collectively read and recite the Koran so that their sultan has a son.[28] At times references are made to Sufi musical performances, called *nefes*.[29] In one of the episodes, Molla Sadeddin, following forty days of meditation, sings in ecstasy a series of *nefes* which later formed his *divan*, his anthology of poems.[30]

As in the case of the *divan* of Sadeddin, *Vilayetname* gives references to other written texts as well. Among them are the *menakıbname* of Ahi Evren and that of the *divan* consisting of Yunus Emre's hymns.[31] It is important to underline a paradoxical stance vis-à-vis the 'written book'. In some episodes, there surfaces a reverent acknowledgement of written works. One of the stories, for instance, condemns the Baghdad ruler who throws a valuable astronomy book in the river.[32] But in the world of the Sufis, the written book has also a clear association with the *ulema*, scholars trained in Islam and Islamic law, who had the authority to interpret Islamic doctrines. The *ulema* were in close rapport with the state's political order, maintaining a rival position vis-à-vis the Sufi orders. There are therefore many episodes in the *Vilayetname* in which conflict surfaces around 'the book'. One such conflict happens in the story related to Mevlana Celaleddin Rumi. Here, the *ulema* of the town who resented the fact that Rumi, under the influence of Şems Tebrizi, distanced himself from them, complained to the Sultan, asking him to interfere. The Sultan renounced their request on the basis that Rumi is a lettered man:

> The sultan said, "he who has read so many books, such a knowledgeable man, some one of saintly wisdom has come, made him a follower, so he joins their order, now, I cannot say come, come back, do not join them, this would not be right, I cannot say it".[33]

[27] *Manakıb-ı Hacı Bektâş-ı Velî*, p. 5.

[28] *Manakıb-ı Hacı Bektâş-ı Velî*, p. 3.

[29] *Ibid.*, p. 60-62.

[30] *Ibid.*, p. 63.

[31] See respectively: *Manakıb-ı Hacı Bektâş-ı Velî*, p. 48, 51.

[32] *Ibid.*, p. 38.

[33] "*Padişah, o dedi, bunca kitap okumuş, bunca bilgili bir er, erenlerden biri gelmiş, onu derviş yapmış, o da dervişlere katılmış, şimdi ben gel, dön, onlara katılma diyemem, bu doğru bir şey değil ben diyemem*" – *Manakıb-ı Hacı Bektâş-ı Velî*, p. 50.

While the Sultan respects 'the book', Rumi himself esteems his own 'words' more than 'the book'.[34] The story is as follows: One day Saru İsmail volunteers to wash Hacı Bektaş, who declines his offer to send him to Rumi to collect a book from him. When İsmail goes to Rumi, he is told that saints such as Hacı Bektaş have many rivers in their service and do not need to be washed. When İsmail asks for the book, Rumi replies: "my words were the book you were sent for".[35] The conflict between the scholar and the dervish, symbolized by the 'book' and the 'word', also appears in another story about Molla Sadeddin, a former scientist turned follower of Hacı Bektaş. It happened that one day Sadeddin resents his submission to Hacı Bektaş while leaving all his scientific work behind, and attempts to kill him with a stone. Hacı Bektaş stops him, stating:

> I washed you seventy times with the holy water, I could not get out the black of the ink from the cavity of your tooth.[36]

In another episode a *kadı*, the local judge, comes to the town with the claim of 'inspecting' it. Hacı Bektaş tells him: "We tried to inspect it for some time, but at the end we were surprised and unsuccessful!"[37] The *kadı* comes to his senses, leaves his powerful political post to submit to Hacı Bektaş-ı Veli and joins his order.

As with the text of the *Book of Dede Korkut,* the narrative of *Vilayetname* naturally displays many elements of colloquial language. Through the telling of extraordinary events and miracles of Hacı Bektaş-ı Veli (such as turning into a stone, a man giving birth, resurrection, or getting time out of time), the *Vilayetname* includes proverbs ("That it grows and not to diminish"),[38] rumour ("İdris has a brother by the name of Saru. He told in a mean way to peasants why Hacı Bektaş stayed in İdris's house. The peasants began gossiping about how this dervish loved İdris's wife Kadıncık, and this is why he settled in their house"),[39] curses, blessings, prayers and legends.[40]

[34] *Manakıb-ı Hacı Bektâş-ı Velî*, p. 48.

[35] *Ibid.*, p. 48.

[36] "*Seni 70 kere rahmet suyuyla yudum, dişinin kovuğundan mürekkep karasını çıkaramadım*" – *Manakıb-ı Hacı Bektâş-ı Velî*, p. 60. Following this confrontation, the narrative continues with Sadeddin turning back to the service of Hacı Bektaş and later translating his work *Makalat* into Turkish.

[37] "*Hünkar, biz dedi bunca zamandır teftiş edelim dedik, bu düşünceyi güttük, fakat sonucunda şaşırdık kaldık, künhüne eremedik gitti*" – *Manakıb-ı Hacı Bektâş-ı Velî*, p. 52.

[38] *Artsın eksilmesin*, p. 23, 27, 35.

[39] "*İdris'in Saru adlı bir kardeşi varı. Hacı Bektaş'ın İdris'in evinde karar kıldığını*

Tarih-i Ali Osmani *of Aşıkpaşazade*

As a hagiography in which the narrative is more epic than historical, *Vilayetname* differs from an example of a third genre to be focused on here, that of 'chronicle': Aşıkpaşazade's *Tarih-i Ali Osman*, dating to the fifteenth century (*c.* 1400-1490). The genre of chronicle is complex in the Ottoman context, as its early examples may differ markedly from later ones. Early Ottoman chronicles were often criticized for their lack of historicity, having a "tendentious presentation" and "cavalier attitude toward dates".[41] These early examples differ from the works of official court historians, *vakanüvist*s, which developed by the seventeenth century.[42] V.L. Ménage, who thoroughly studied the early chronicles,[43] concluded that "they are basically compilations from popular tales and calendars". However elaborate their style, Ménage argued, they fail "to conceal the transitions from a catalogue of names and dates to a story and back again".[44]

Colin Imber, who analyzed the sources for the early stages of Ottoman history, concluded that both Ottoman and non-Ottoman sources were based on a common body of oral traditions, that should be used in conjunction.[45]

V.L. Ménage considered Aşıkpaşazade's *Tarih-i Ali Osman* as the first work to survive as a coherent whole that was exclusively devoted to the Ottomans and signed by a particular author.[46] In his seminal article "How to read Ashık Pasha-Zade's History", Halil İnalcık situated Aşıkpaşazade's work within a general genre of *Menakib-i Al-i Osman*, the series of anonymous chronicles on the foundation of the Ottoman House during the fifteenth and sixteenth centuries.[47] Nihal Atsız, one of the leading figures of the Turkist movement of

köylülere kötü sözlerle anlattı. Köylü de derviş Kadıncık'I seviyor da onun için evinde oturuyor diye dedi-koduya başladı". – *Artsın eksilmesin*, p. 28.

40 *Ibid.*, p. 66-67.

41 R.P. LINDNER, "Book Review (The Ottoman Empire: 1300-1481)", *The Journal of the American Oriental Society* 113 (1993), p. 508-509, at p. 508.

42 See: S. FAROQHI, *Approaching Ottoman History: An Introduction to the Sources* (Cambridge, 1999).

43 See the bibliography of V.L. Ménage in: *Studies in Ottoman History in Honour of Professor V.L. Ménage,* ed. C. HEYWOOD and C. IMBER (Istanbul, 1994), p. XI-XIX.

44 V.L. MENAGE, "The beginnings of Ottoman historiography", in: *Historians of the Middle East*, ed. B. LEWIS and P.M. HOLT (London, 1962), p. 168-179, at p. 174.

45 C. IMBER, *The Ottoman Empire, 1300-1481* (İstanbul, 1990); ID., "Canon and apocrypha in early Ottoman history", in: *Studies in Ottoman History*, p. 117-137.

46 MÉNAGE, "The beginnings of Ottoman historiography", p. 174.

47 H. İNALCIK, "How to read Ashıkpasha-zade's History", in: *Studies in Ottoman History*, p. 139-156.

the 1940s, had earlier analyzed the set of various copies of Aşıkpaşazade's *Tarih-i Ali Osman*, and had commented on the linguistic and stylistic differences between the texts of Mordtmann, the Uppsala and Istanbul manuscripts.[48] Comparing these different manuscripts, Atsız stated that each copy lacked some words or sentences. He observed that Turkish words were at times replaced by Persian or Arabic synonyms, and that in some cases there were additions inserted by the scribes.[49] In his article "The rise of Ottoman historiography", Halil İnalcık compared the narrative differences between Aşıkpaşazade's chronicle and two other manuscripts of *Tarih-i Ali Osman*, one anonymous and the other by Oruç Bey. In that last manuscript, İnalcık observed, Aşıkpaşazade's text included chapters which the others lacked altogether, showing in a way how the author's additions from oral sources were not included in the two other texts.[50]

Born at the turn of the fourteenth century, Aşıkpaşazade was a descendant of the mystic poet Ashık Pasha. Aşıkpaşazade was a dervish in the army of Çelebi Mehmed and took part in the raids and campaigns into Christian territories with the gazi leaders throughout the reign of Murat II and in the first years of Mehmet II.[51] Halil İnalcık observed that the historical context and the socio-political dynamics in which Aşıkpaşazade wrote his *Tarih-i Ali Osman* were those of violent conflicts between the elite and the state. That Aşıkpaşazade was critical of Mehmed II's taxation and landholding policies, while praising his forefathers, İnalcık argued, was due to the fact that these contemporary policies obviously challenged his own community of gazi-dervishes. İnalcık also asserted that a number of dervishes from the Wafaiyya order requested Aşıkpaşazade to write down his knowledge of Ottoman history.[52]

In his seminal book *Between Two Worlds*, Cemal Kafadar distinguished Aşıkpaşazade from contemporaneous chroniclers such as Neşri, coming from

[48] Although he himself uses Atsız's edition of Aşıkpaşazade's *Tarih-i Ali Osman*, Halil İnalcık admits that a new critical edition is necessary. Just as the two former editions in old script (by Ali and by F. Giese), Atsız's edition too has misreadings and skipped phrases (İNALCIK, "How to read Ashıkpasha-zade's History", p. 139). It is important to note that a new edition of Aşıkpaşazade's work came out in 2003, edited by K. YAVUZ and M.A. YEKTA (Aşıkpaşazade, *Osmanoğullarinin tarihi* (Istanbul, 2003)).

[49] N. ATSIZ, *Osmanlı tarihleri* (İstanbul, 1949). In the Uppsala copy, for instance, the fact that there is a reference to Prince Korkut, the son of Beyazıt II who never reigned, makes Atsız think that this copy may have been particularly written for Korkut.

[50] H. İNALCIK, "The rise of Ottoman historiography", in: *Historians of the Middle East*, p. 152-167.

[51] MÉNAGE, "The beginnings of Ottoman historiography", in: *Historians of the Middle East*, p. 168-174; KAFADAR, *Between Two Worlds*.

[52] İNALCIK, "How to read Ashıkpasha-zade's History", p. 144.

a more *ulema*-inspired background. In Kafadar's words, Aşıkpaşazade used images and nuances which clearly reflect an "insider's understanding of gazi mentality".[53] At the beginning of his chronicle, Aşıkpaşazade gives information on his own genealogy and credits a written source by Yahşi Fakih, a text that unfortunately does not survive today. As V.L. Ménage has suggested, after a long and active life, Aşıkpaşazade was "well qualified to write of what he had seen and heard". What made his book lively and vigorous, Ménage thought, was the coupling of his experiences with his gift for narration:

> It is evidently composed to be read aloud: much of it is cast in direct speech, and many of the short chapters have at the end an exchange of question and answer, when we are to imagine one of the circle of listeners interposing a question or an objection and the author clearing it up before reading on. It is very much a popular history, the author, no respecter of persons, making no attempt to hide his prejudices; the sultans are usually above reproach, but statesmen and generals receive scathing criticism when he thinks they deserve it. The second half of Asıkpashazade's history must derive from his own experiences or from first-hand accounts that he had received from his comrades-in-arms.[54]

Situating Aşıkpaşazade's work within the general genre of *Menakib-i Al-i Osman*, Halil İnalcık asserts that these historical narratives were "designed to be read and listened by groups during military campaigns, in *boza*-houses[55] or in other meeting places".[56] This tradition, İnalcık states, goes back to the courts of the Seljuki Sultans and Anatolian beys, where there existed professional *tarih-han*s ('history-readers'), and folk poets who recited stories from the *menakıbname*s. "It seems", İnalcık states, "that historical works in the form of *ghazavatnames* were written to be read aloud to the Sultan in his retreat to satisfy his pride and literary taste".[57]

Aşıkpaşazade's *Tarih-i Ali Osman* includes direct address to an audience consisting of the fighting *gazis*: "O *Ghazis*", Aşıkpaşazade writes,

> all these *menakibs* which I composed are based, I swear on God, on the knowledge and sources which I personally reached; do not think I have written from nothing.[58]

[53] KAFADAR, *Between Two Worlds*, p. 103.

[54] MÉNAGE, "The beginnings of Ottoman historiography", p. 174.

[55] *Boza*-houses were public places to drink *boza*, the zythum, malted millet.

[56] İNALCIK, "How to read Ashıkpasha-zade's History", p. 143.

[57] İNALCIK, "The rise of Ottoman historiography", p. 162-163.

[58] Quoted in English in: İNALCIK, "How to read Ashıkpasha-zade's History", p. 143. In Turkish: "*Hey Gaziler, bu menakıbı kim yazdum, vallahi cemi'ine ilmüm yetişüp yazdum,*

Aşıkpaşazade added that he had examined and summarized other books or reported events which he personally observed or heard.[59] He states his goal in writing this text as follows: "When people read or listen to the deeds of the Ottoman Sultans, they make their prayers to their souls".[60]

When compared to the texts of the *Book of Dede Korkut* and the *Vilayet-name* of Hacı Bektaş-ı Veli, Aşıkpaşazade's *Tarih-i Ali Osman* has a narrative which has a more deterministic tone in its narration technique: "The grandfather of Osman Gazi is Süleymanşah! He is the one who first came to the land of the Rum".[61] It also has a didactic tone, citing facts, peoples and places. As mentioned earlier, there are dialogues between the characters which bring a dramatic component in the reading/reciting of the narrative[62] and questions and answers clarifying curious instances, giving reasons for what happened or explaining consequences.[63] There are also reported events, quotations from earlier conversations between statesmen and sheiks. The narrative is in prose which is often interrupted by poetry of a sometimes of moralistic nature,[64] but which serves at times as a completion of the factual narrative.[65]

****

Literary and historical studies of late medieval Turkish culture often neglected the relationship of text and performance. Ideological discrepancies and methodological conservatism have long prevented scholars from historically imagining the ethnographic context of late medieval Anatolia, where orality was the essence of daily communicative processes. The study of signs of orality in late medieval written texts makes us aware of the historical ethnography of late medieval Anatolia. It will also hopefully arouse interest in the appreciation

sanmanuz kim yabandan yazdum" (quoted in: H. İNALCIK, "Aşıkpaşazade Tarihi Nasıl Okunmalı?", in: *Söğütten İstanbul'a*, ed. O. ÖZEL and M. ÖZ (Ankara, 2000), p. 119-145, at p. 126).

[59] "*Bilüp işitdüğümden, bazı hallerinden ve makallerinden*" (quoted in: İNALCIK, "Aşıkpaşazade Tarihi Nasıl Okunmalı?", p. 127).

[60] Quoted in: İNALCIK, "How to read Ashıkpasha-zade's History", p. 143. In Turkish: "*İnsanlar, Osmanlı sultanlarının kahramanlıklarını okudukları veya dinledikleri zaman, onların ruhlarına dua etsinler*" (quoted in: İNALCIK, "Aşıkpaşazade Tarihi Nasıl Okunmalı", p. 126).

[61] N. ATSIZ, *Osmanlı tarihleri* (İstanbul, 1949), p. 92.

[62] See, for instance: ATSIZ, *Osmanlı tarihleri*, p. 139.

[63] ATSIZ, *Osmanlı tarihleri*, p. 158, 238, 246, 254.

[64] See: ATSIZ, *op. cit.*, p. 95.

[65] See: ATSIZ, *op. cit.*, p. 138.

of folklore studies in those historical research circles dominated by an archive-centred approach.